COLLAGE

QUATRIÈME ÉDITION

COLLAGE

LECTURES LITTÉRAIRES

LUCIA F. BAKER
Professor Emeritus/University of
Colorado, Boulder

RUTH ALLEN BLEUZÉ
Intercultural Services,
Prudential Relocation

LAURA L.B. BORDER
University of Colorado, Boulder

CARMEN GRACE
University of Colorado, Boulder

JANICE BERTRAND OWEN
University of Colorado, Boulder

ANN WILLIAMS-GASCON
Metropolitan State College, Denver

THE McGRAW-HILL COMPANIES, INC.

New York   St. Louis   San Francisco
Auckland   Bogotá   Caracas   Lisbon
London   Madrid   Mexico City   Milan
Montreal   New Delhi   San Juan
Singapore   Sydney   Tokyo   Toronto

This is an  book.

Collage: Lectures littéraires

This book is printed on acid-free paper.

2 3 4 5 6 7 8 9 0   FGR   FGR   9 0 9 8 7 6

ISBN 0-07-005167-4

The editors were Leslie Berriman, Eileen LeVan, Caroline Jumper, and David Baker.
The production supervisor was Tanya Nigh.
Production and editorial assistance was provided by Linda McPhee Smith, Suzanne Montaver, and Melissa Gruzs.
The text and cover designer was BB&K Design, Inc.
The photo researcher was Stephen Forsling.
This book was set in Adobe Garamond by Jonathan Peck Typographers.
This book was printed and bound by Fairfield Graphics.

Library of Congress Cataloging-in-Publication data

Collage.   Lectures littéraires / Lucia F. Baker . . . [et al.].—4. éd.
   p.   cm.
   ISBN 0-07-005167-4
   1. French language—Readers—French literature. 2. French language—textbooks for foreign speakers. 3. French literature.
I. Baker, Lucia F.   II. Title.
PC2117.C685 1995   95–22290
448.6′421—dc20   CIP

Grateful acknowledgment is made for the use of the following:

Photographs

Page 2 © Ulrike Welsch; **14** Gustave Caillebotte, *Paris Street: Rainy Day,* 1876–77. Oil on canvas, 212.2 x 276.2 cm. Charles H. and Mary F. S. Worcester Collection, 1964.336. Photograph © 1994. The Art Institute of Chicago. All Rights Reserved; **19** © Lipnitzki-Viollet, Paris; **24** © Owen Franken; **26** Pierre Auguste Renoir, *Young Girls at the Piano.* Musée d'Orsay, Paris. Photograph © Giraudon/Art Resource, N.Y.; **37** Edouard Manet, *Portrait of Emile Zola,* 1868. Musée d'Orsay, Paris. Photograph © Giraudon/Art Resource, N.Y.; **44** © ND-Viollet, Paris; **51** © Spencer Grant/ Photo Researchers, Inc.; **55** © Hugh Rogers/Monkmeyer Press Photos; **56** © Chris Haigh/Fotogram/ Tony Stone Images; **58** Georges de la Tour, *The Nativity* (c. 1645). Musée des Beaux-Arts, Rennes, France. © Giraudon/Art Resource, N.Y.; **61** © Collection Viollet, Paris; **63** *Le blé en herbe,* 1953. Directed by Claude Autant-Lara. Photograph courtesy BFI Stills, Posters and Designs, London; **68** *Antigone* by Jean Anouilh. Repertory Theatre of Lincoln Center production. Photograph © Martha

(*continued on page 255*)

Table des matières

General Preface to the Fourth Edition

THE *COLLAGE* SERIES

The *Collage* series is intended for use in second-year French programs. The three books of the series—a core grammar textbook, a literary reader, and a cultural reader—share a common grammatical and thematic organization. Across all three components, a given chapter emphasizes the same structures and related lexical items, and has a similar cultural focus. The component structure of the series offers instructors a program with greater coherence and clarity, and with more flexibility and variety, than is possible with a single textbook (whether or not it is supplemented by a reader).

The series aims to develop communicative language ability while helping learners strengthen their skills in each of the four traditional areas: listening, reading, writing, and speaking. The *Collage* program is sufficiently flexible to allow the teacher an individual and creative approach in the classroom. Each book in the series can be used alone; however, used together, the three books give students diverse models of language use, ranging from colloquial to literary, and expose students to varying points of view on culture and civilization.

The series consists of

- **Révision de grammaire**   The pivotal element of the program, this all-French textbook reviews essential first-year grammatical structures, and introduces new second-year structures and vocabulary. It encourages students to express their own ideas while using new material. It provides many opportunities for speaking and—with the *Cahier d'exercices*—writing, in real-life contexts.

- **Lectures littéraires**   Assembled with the abilities of the intermediate French student in mind, this anthology includes poetry, short stories, and excerpts from dramatic works and novels taken from a variety of periods. All chapters are coordinated in theme and vocabulary with those of the other two textbooks.

- **Variétés culturelles**   A rich collection of authentic readings from magazines, newspapers, and books, *Variétés culturelles* invites students to explore the culture, customs, history, and traditions of France and the francophone world.

Major Changes in the Fourth Edition

- Three of the twelve chapters have entirely new themes.

- Information about the French-speaking world is woven through all chapters of all books, in natural contexts.

- The total amount of grammatical material has been reduced, and grammar explanations streamlined.

- Single-answer exercises in *Révision de grammaire* are contextualized, and new **Mise en pratique** activities focus on meaningful, communicative language use.

- All readings in *Variétés culturelles* are authentic, and new to this edition.

- Twelve of the readings in *Lectures littéraires* are new.

- In both *Variétés culturelles* and *Lectures littéraires,* pre-reading guidelines and tasks help make reading texts more accessible.

- All three main components emphasize pair and group work.

- New pre-writing and pre-listening strategies and activities have been integrated into the revised workbook and laboratory manual.

Supplements to *Collage*

Cahier d'exercices oraux et écrits   This combined workbook and laboratory manual is coordinated with the thematic content of the grammar textbook. The *exercices écrits* provide practice in vocabulary, grammar, syntax, and guided writing. Most exercises are self-correcting; sketches, realia, and personalized questions enliven the activities.

The laboratory section of the *Cahier* promotes the development of speaking and listening comprehension skills, using a variety of exercises and activities including work with pronunciation, dialogues with pre-listening tasks, and some excerpts from *Lectures littéraires.* Focused exercises also provide extensive grammar and vocabulary review, correlated with the material presented in *Révision de grammaire.*

Audiocassette Program   Audiocassette tapes to accompany the *Cahier d'exercices oraux et écrits* are available free to adopting institutions. The audiocassette program may be made available for purchase by students through university and college bookstores. A tapescript to accompany the audiocassette program is also available free to instructors.

Instructor's Manual   This manual offers instructors suggestions on using the *Collage* series in a variety of teaching situations. Coordinated with each of the three main volumes in the series, it provides general background information about language learning, a set of guidelines for developing a syllabus, guidance in building discrete skills (reading, listening, etc.), a revised section on evaluation and testing, a set of chapter-by-chapter comments on using the materials in the classroom, and an answer key to many of the questions and exercises in the student texts.

Computer Materials   The *McGraw-Hill Electronic Language Tutor* (*MHELT* 2.0), containing all the single-answer exercises from the grammar textbook, is available for use with *Collage: Révision de grammaire.*

Videos   A variety of McGraw-Hill videotapes are available to instructors who wish to offer their students additional perspectives on the French language and French-speaking cultures and civilization. Instructors may request a list of the videos or order the tapes through their McGraw-Hill sales representative.

ACKNOWLEDGMENTS

The authors would like to thank all of the instructors who participated in the development of previous editions of *Collage.* We are also indebted to the following instructors who completed various surveys that were indispensable to the development of the fourth edition. (The appearance of their names here does not constitute endorsement of these texts and their methodology.)

Nicole Aas-Rouxparis
Lewis and Clark College

Nicole R. Amon
San Jose City College

Pat Aplevich
University of Waterloo,
Ontario, Canada

Phillip Douglas Bailey
Union College

Robin Diane Ballard
University of Utah

Karl-Heinrich Barsch
University of Central Florida

Evelyne Charvier Berman
El Camino College

Ines Bucknam
Modesto Junior College

Catherine Burk
Medicine Hat College,
Alberta, Canada

Karen Byrd
St. Joseph's College

Ruth L. Caldwell
Luther College

Glen W. Campbell
University of Calgary,
Alberta, Canada

Jennie Celona
Worcester State College

Peter Consenstein
Borough of Manhattan Community
College, The City University of
New York

Anne C. Cummings
El Camino College

Dominick A. DeFilippis
Wheeling College

Emilie Patton deLuca
Peace College

Michele G. Diaféries
Augustana College

Roseanna L. Dufault
Ohio Northern University

M. LeRoy Ellis
Lamar University

Linda J. Emanuel
Lock Haven University

Christiane Fleig-Hamm
Queen's University, Ontario, Canada

Paul G. Foucré
Stonehill College

Jean T. Fourchereaux
Franklin College of Indiana

Catherine H. Fraley
University of Evansville

Patricia Frederick
Northern Arizona University

Peter Frey
Holy Family College

Carl L. Garrott
Chowan College

Gloria Thomas Gilmore
University of Utah

Serge Gingras
Red Deer College, Alberta, Canada

Kenneth A. Gordon
Central Missouri State University

Claude Guillemard
The Johns Hopkins University

Martine Guyot-Bender
Hamilton College

Imane A. Hakam
University of Michigan, Flint

Barbara Hergianto
South Florida Community College

Ellen Hofmann
Highline Community College

Paul Hukportie
Hunter College,
The City University of New York

Brent L. Jameson
Phoenix College

Hannelore Jarausch
University of North Carolina,
Chapel Hill

Andréa M. Javel
Boston University

Barbara Jessome-Nance
California State University, Chico

Sophie M. Kingsbury
University of Utah

Paul Kinzel
California State University, Fresno

Tiina Ann Kirss
Wesleyan College

Lynne Klausenburger
University of Washington

Milan Kovacovic
University of Minnesota, Duluth

Jacques M. Laroche
New Mexico State University,
Las Cruces

Natalie Lefkowitz
Western Washington University

Rolande L. Léguillon
University of St. Thomas,
Houston

Gang Lian
University of Utah

Susan Deomand Linz
Solano Community College

Anne Lutkus
University of Rochester

Nelly Lycurgue-Bateman
University of Utah

K. Melissa Marcus
Northern Arizona University

Ann McElaney-Johnson
Ripon College

Virginia McKinley
Warren Wilson College

Hélène McLenaghan
University of Waterloo,
Ontario, Canada

Susan Merchanthouse
Indiana University East

Robert Terry Moore

Deborah Nelson
Rice University

Mary Jo Netherton

Matuku Ndunga Ngame
University of Vermont

Phyllis B. Nimmons
Houston Baptist University

Mary Pagliero
Livingston University

Nguyen Phuong
Lansing Community College

Valérie S. Putnam
University of New Mexico, Albuquerque

Lia Raileanu
Irvine Valley College

Esther Rashkin
University of Utah

Zakia Robana
Alfred University

Martha Rocca
Santa Monica College, University of
California Extension, Los Angeles

Peggy L. Rocha
San Joaquin Delta College

Enrique Romaguera
University of Dayton

Elizabeth A. Rubino
Northeastern University

Ann Masters Salomone
Ohio University, Chillicothe

Joanne Schmidt
California State University, Bakersfield

Ingrid R. Sixberry
Community College of Aurora

G. Todd Slone
Fitchburg State College

Alison Thelma Smith
Wake Forest University

Robert O. Steele
Wilkes University

Susan Stringer
University of Michigan, Flint

Joseph Sungolowsky
Queen's College,
The City University of New York

Richard Switzer
California State University,
San Bernardino

Michelle Szkilnik
De Anza College

Eva Van Ginneken
California State University, Fullerton

Patricia L. Van Sickel
Emporia State University

Robert M. Viti
Gettysburg College

Timothy J. Williams
Pittsburg State University

Owen Wollam
Arizona State University

J. Thomas York
University of Nebraska, Kearney

We are grateful to Nicole Dicop-Hineline, Sophie Halvin, and Jehanne-Marie Gavarini, each of whom read parts of the manuscripts for linguistic and cultural accuracy; to Nicole Cormen for her useful suggestions on *Variétés culturelles;* and to Andréa M. Javel, for her insightful comments on *Lectures littéraires.* Gilles

Carjuzaa and Hélène Casanova, at the University of Colorado, helped bring the perspective of the graduate instructor to the fourth edition of *Collage*.

Numerous people were involved in metamorphosing *Collage* from a set of manuscripts into the series of textbooks you have in your hands. Thank you especially to Karen Judd and Francis Owens at McGraw-Hill, to Caroline Jumper for her competent direction of the production process, to Marie Deer for important suggestions made at the copyediting stage, to Melissa Gruzs for her close reading of page proofs, and to photo researchers Stephen Forsling and Judy Mason.

Collage could never have been written without the encouragement and assistance of the staff at McGraw-Hill. We especially thank Leslie Berriman for her brilliant direction of this project from beginning to end, and Thalia Dorwick for her longtime support of *Collage*.

Finally, it is difficult to express in words our gratitude to two exceptional editors, Eileen LeVan and Myrna Rochester, for their guidance and support. Their wisdom and talent transformed *Collage*. For their patience, insights, questions, and answers, we offer our most sincere and profound thanks.

Preface to *Lectures littéraires*

Collage: Lectures littéraires is an intermediate literary anthology including works by men and women from throughout the French-speaking world. The selections cover several periods of French literature and a variety of authors and genres, including short stories, poetry, novels, and dramatic works. The chapter themes in *Lectures littéraires* correspond to those in *Révision de grammaire* and *Variétés culturelles.*

In the fourth edition, twelve of the readings are new. All were chosen with the hope that students would find them thought-provoking and enjoyable.

FEATURES

Each chapter features

- A section called **Lire en français,** devoted to reading skills (in chapters 1–6), or **Lire la littérature,** which helps students understand literary works (in chapters 7–12)

- A list of key words and expressions, **Mots et expressions,** with reinforcement activities

- Brief pre-reading tasks, **Mise en route,** designed to link an aspect of the reading to students' own lives

- One or more literary texts of varying difficulty

- Comprehension and discussion questions in **Avez-vous compris?** and **Commentaire du texte** to help students focus on the main ideas in the reading

- Topics in **De la littérature à la vie** to help students explore the relevance of the literature and its themes to their own lives (these are suitable for essay-writing as well as for small group or full-class discussion)
- Photos and realia to provide a general cultural context for the readings

Lectures littéraires also contains

- A **Chapitre préliminaire,** intended to be a reference for the beginning student of French literature (including a poem by Baudelaire, «Enivrez-vous»)
- A French–English vocabulary (**Lexique**).

COLLAGE

Une détente
instructive:
la lecture

CHAPITRE PRELIMINAIRE

Reading in French

Reading. That's what you are doing right now. You are probably reading this for information, to find out what is going to happen in your new French book. You also read for pleasure, and in order to think about things in new and different ways.

In your native language you are so used to reading that the process seems almost automatic. As your eyes scan the page, you make sense of it by establishing relationships between words, between the words and their context, and between the whole text and the world. In French, however, this process may seem a bit more difficult, at least at first. The flow of your reading may be interrupted by unfamiliar words or sentence structures, or even cultural references. Because you are still learning French, each text you encounter will present new challenges, both to your skills and to your imagination.

To help you develop reading skills in French, in this book you will find a different "reading strategy" in each chapter through Chapitre 6. These techniques are found in the section called **Lire en français,** which includes activities to help you practice them.

Reading French Literature

Reading literature from France and other French-speaking countries in the original can be exciting and enriching, but also challenging. Novels, plays, poetry, and short stories take you to places and times that you would otherwise never know. They broaden your view of the world and help you see French-speaking cultures from an insider's perspective.

Literary texts also call on you sometimes to use a different set of reading skills. Chapitres 7 through 12 include a section called **Lire la littérature,** to help you read and understand the conventions at work in a literary text. You may already know something about the topics treated here, such as characterization, setting, imagery, and so on. As you read in French, you can use what you have learned from reading literature or watching films in your native language. Literary conventions often transcend national and linguistic boundaries.

In any language, even advanced students of literature must read a text thoroughly several times, and you should not be surprised if you understand only a small portion of a text at first reading.

Each successive reading will seem clearer to you, even if you do not consult the **Lexique** at the back of the book. The **Lexique** contains most words and expressions found in this reader, together with meanings appropriate to their contexts.

The reading method outlined here may appear time-consuming, but it will help enhance your understanding and reading pleasure. In order to grasp all the nuances of the readings in this book, follow these steps:

- Work through the **Lire en français** reading strategy (in Chapitre préliminaire–Chapitre 6) or the **Lire la littérature** sections (Chapitres 7–12).
- Read the introduction to the author and the summary of the work from which the reading was taken.
- Do the **Mise en route** to prepare you for the reading and help you relate it to your own experience.
- Learn the **Mots et expressions,** and reinforce your understanding of the words by completing the exercises.
- Read the text straight through once without stopping. Try to form a general idea of what it is about. Ask yourself what the title means.
- Read the text again, more carefully this time. When you find unfamiliar words, try to guess their meaning from the context. Look up only those words you still find totally incomprehensible; look them up only if their meaning seems essential for understanding the passage as a whole. Resist the temptation to write English definitions in your book; they will prevent you from learning their French counterparts. Write the meanings of new French words or expressions on a separate sheet of paper if you find such notes helpful.
- Read the **Avez-vous compris?** questions to see how much you have understood. They will help you focus on the main points.
- Read the text again to tie any loose ends together.
- Close your book. Summarize what you have read in your own words.
- Talk and/or write about what you have read using the **Commentaire du texte** and **De la littérature à la vie** sections. Once you have understood the text, you can go on to interpret it. There are often several ways to interpret a literary work; keep in mind, however, that you must be able to support your interpretation with examples from the text itself.

One of the most important ways of making literature meaningful is by discussing our reactions to it with others and by relating its messages to our own lives. Coming to understand a literary work means learning more about ourselves.

Understanding and Using Literary Terms

Before you can write about or discuss the readings in this book, you need to become familiar with some terms and how they are used. Some French literary terms—**genre,** for example—are used in English. Others look similar in French and in English, and you can recognize their meanings immediately: **le héros, l'héroïne, une métaphore, un texte.** Among this group, there is one term that changes its meaning according to whether it is masculine or feminine: **un critique** is a literary *critic,* while **une critique** is a work of *literary criticism.* Can you guess what the following words mean?

> **un auteur   une comparaison   un extrait   un narrateur**

There are some English terms that do not have the French equivalents you might expect: *a composition* is **une rédaction;** *a reading* is **une lecture;** *a line* is **un vers** in poetry, **une ligne** in prose, and **une réplique** when spoken by an actor in a play. Likewise, some French terms may be **faux amis,** words that resemble each other but have different meanings: **un journal** is a personal *journal* or *diary,* or a *newspaper,* but not a journal in the sense of a periodical; **un exposé** is an *oral report* or *presentation,* not a sensational work of muckraking journalism; **une nouvelle** is a *short story,* not a novel.

The following list contains additional literary terms you will be using to discuss the readings. You may wish to refer to this list from time to time.

character in a play or a novel **un personnage**
the main character **le personnage principal**
masterpiece **un chef-d'œuvre**
(literary) method, technique, device **un procédé (littéraire)**
narration, narrative **un récit**
novel **un roman**
novelist **un romancier, une romancière**
play **une pièce de théâtre**
playwright **un dramaturge**

report of a book or a speech; report on proceedings **un compte-rendu**
newspaper report **un reportage**
story **une histoire, un récit**
short story, tale **un conte**
fairy tale **un conte de fées**
work (of literature, art) **une œuvre, un ouvrage**
the works (of a writer, an artist, as a whole) **l'œuvre (d'un écrivain, d'un artiste)**
writer **un écrivain**

As in English, there are also special literary terms in French that are used for discussing poetry. Even if you have never studied French poetry before, you can easily recognize what these mean: **un poème, un poète, la poésie, la rime, le rythme.**

Poetry has its origin in song. Greek poems of antiquity were sung to the accompaniment of the lyre, which has become the symbol of poetic expression. The lyre has given its name to *lyric* poetry, and the term *lyrics* designates the words of a song. Though we now think of music and poetry as two distinct art forms, the musical qualities of language are very much present in the mind of a poet as he or she composes verse. Sounds and rhythm are not merely accessories to the expression of thought; they are an integral part of it. A poem's "meaning," as well as its beauty, can be appreciated only by reading it aloud.

Writing Compositions

Writing is an exacting but rewarding task. You will soon be writing in French about subjects related to the *Collage* readings. The following suggestions will help you write clearly and correctly.

Analyze the Topic Carefully   Be sure you understand what the topic is before you begin to write. If the topic appears complex, restate it for yourself first in simpler terms and break it down into parts.

Make an Outline Before You Write   An outline will help you focus on the points you feel comfortable handling, give you direction as you write, and structure your composition so that a reader can follow your ideas.

Include an Introduction, Development, and a Conclusion   The *introduction* defines the topic and prepares the reader for what is to follow. *Development* is elaboration of the topic. The number of points you will discuss depends on the topic and the length of the composition you want to write, but you should always limit yourself to the points that you can develop adequately. Help the reader follow your ideas: treat each point in a separate paragraph, and begin each paragraph with a theme sentence that announces or summarizes the main idea. Each point you make must be expanded and supported by logical arguments or by examples from the text you are discussing. The *conclusion* of your composition should focus the reader's attention once more on the general topic. You may want to summarize briefly the ideas you have just developed, state your own opinions or conclusions, emphasize the importance of the topic and its value to the reader, suggest new points of departure for studying the same topic, or indicate related topics to explore.

Write Simply and Clearly   Your writing style in English may be sophisticated, but you must be content in the beginning with simpler sentences in French. If an idea is too complex for you to express in French, break it down or approach it from a different angle.

Do Not Translate from English into French   Translating usually results in incorrect or anglicized French. You must think in French from the outset; if only English words are coming to you, think of a French expression that conveys the same idea or that could be used in a similar context. Consult the text you are studying to see how the author expressed this idea. Use the French you already know, even if you must express your ideas simply. Try to write without consulting a dictionary.

Make a Rough Draft   Do not try to produce a finished composition in one sitting. Put your rough draft aside and come back to it later to correct and revise. You will find that this will make many wording and development problems easier to resolve, and that you will be able to approach your work from a fresh perspective.

Check Your Paper for Errors   Many errors are careless and avoidable. Take the time to check your paper for mistakes in these areas.

- **Spelling.**   Correct spelling includes proper use of accents and hyphens.
- **Elision and contracted forms.**   Be careful to make necessary elisions and to use the proper contracted forms of **de** and **à** with the definite articles (**du, des, au, aux**).

À LA BASE DE GRANDES DÉCOUVERTES, ON TROUVE
SOUVENT LES DICTIONNAIRES LE ROBERT.

DICTIONNAIRES LE ROBERT LA PASSION DES MOTS

- **Agreement.** Go through your composition and look for every subject, verb, noun, and noun determiner (articles, adjectives, possessive adjectives, and demonstrative adjectives). Make sure that every verb agrees in number with its subject, and that every noun agrees with its determiner(s) in number and gender.
- **Verb conjugations and tenses.** Consult the Appendices in *Collage: Grammaire* for conjugations. After you have corrected any conjugation errors, ask yourself if your use of verb tenses is logical and consistent. Have you referred appropriately and correctly to past, present, and future time? Have you used the subjunctive in constructions that require it?
- **Negatives.** Did you use the proper negative expressions? Did you remember to include both negative elements? Is the second element (**pas, rien, personne,** and so on) positioned correctly with respect to the verb? Positioning is especially important to check in compound tenses (for example, the **passé composé**).
- **Prepositions.** Consult Appendix A in *Collage: Grammaire* for verbs that are followed directly by an infinitive, as opposed to verbs that require the preposition **à** or **de** before the infinitive.
- **Pronouns.** Did you use direct- and indirect-object pronouns appropriately? Did you position them correctly with respect to each other and to the verb? Did you use the adverbial pronouns **y** and **en** when they were required?

Lire en français

Reading Actively

Good readers usually don't read passively, moving down the page word by word, waiting for everything to become clear at the end of the reading. From the moment they open a book or article, they begin a process of educated guessing, actively formulating hypotheses about the text, then testing their theories against new information they find as they read.

To read actively in this way, use all the clues available. Look carefully at the photographs and illustrations before you read, and guess what the topic and general approach will be if you can. Then read quickly, to get the gist, before you go back to clarify your ideas. Reading is not always a linear process; sometimes it helps to stop in the middle and go back to an earlier sentence or paragraph, or to skip to the next few sentences, when something doesn't make sense to you.

Because the readings in this book are literary texts, much of the content will seem unpredictable at first. Yet a closer look will show that many of the topics and themes are universal. Consider what the title might refer to, and keep these ideas in mind as you read the entire text. Ask yourself what genre the reading belongs to (satire? comedy? children's tale? prose poem?). At what historical moment was it written? What do you know about the author? These kinds of questions will help you start thinking *before* you start reading and will make you a better reader.

A. De quoi s'agit-il? Look at the covers of these books to help you answer the following questions.

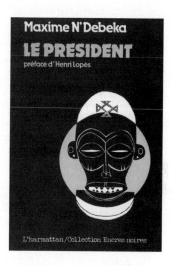

1. *Madame Bovary* will be about _____.

   a. an old woman   **b.** a young woman   **c.** a princess

2. In *Le Lion* there are two characters: a child and _____.

   a. a priest   **b.** a ghost   **c.** a lion

3. *Le Président* will take place in _____.

   a. Europe   **b.** Africa   **c.** South America

B. Jeu de titres

1. List the titles of two books or movies that you have read or seen.

   EXEMPLE: *Les Misérables*

   a. _____

   b. _____

2. What does each title tell about the work?

   EXEMPLE: *Les Misérables* will be about people who lead difficult lives.

   a. _____

   b. _____

3. What doesn't the title tell about the work?

EXEMPLE: It takes place during a revolution in France.

a. _____

b. _____

4. Write a new title that gives information about your response to question 3.

EXEMPLE: *Une Révolution ratée (failed)*

a. _____

b. _____

Why do you think the authors or filmmakers chose their titles? How do they prepare you for what is to come? Did one of the titles you listed make you want to read or see the work? Why or why not?

Enivrez-vous

CHARLES BAUDELAIRE

Baudelaire (1821–1867), whose work is both disturbing and majestic, is now considered by many critics to be the greatest nineteenth-century poet. His life of excess, involving women, substance abuse, and encounters with mystical philosophy, is often reflected in his poetry. His work influenced many other writers, most notably the twentieth-century Surrealists.

Baudelaire's poems in verse and in prose frequently contrast an idealized world of beauty and harmony (**l'idéal**) with one full of horror, corruption, and melancholy (**le spleen**). Through the senses, one must open oneself to everything, good and evil. In "Enivrez-vous," from *Le Spleen de Paris* (published in 1864), Baudelaire incites us to drink deeply from the cup of life, in whatever way we see fit.

Mise en route

De nos jours on parle souvent des dangers de la drogue et de l'alcool, et on propose d'autres moyens de se sentir très exalté. Sur la liste suivante, cochez les activités qui peuvent vous donner une grande émotion ou une sensation d'ivresse, dans le sens positif du mot.

1. _____ J'écoute une symphonie de Beethoven.

2. _____ Je cours très vite.

3. _____ Je regarde un très bon film.

4. _____ Je réussis à un examen très difficile.

5. _____ Je participe à mon sport préféré.

6. _____ Je me marie.

7. _____ Je fais quelque chose pour quelqu'un.

8. _____ _____

Maintenant, comparez vos réponses avec celles d'un(e) autre étudiant(e) en essayant de les expliquer.

Mots et expressions

briser to crush, to break
s'enivrer (de) to get drunk (on), to become elated or intoxicated (by)
l'esclave (*m., f.*) slave
l'étoile (*f.*) star
le fossé ditch
fuir to flee
gémir to moan, to groan

l'horloge (*f.*) clock
ivre drunk, intoxicated, elated
l'ivresse (*f.*) drunkenness, intoxication, elation
la marche step (*of a stairway*)
sans cesse unceasingly
sans trêve unceasingly
la vague wave (*e.g., in the sea*)
la vertu virtue

A. Trouvez l'équivalent approximatif de chaque mot ou expression.

APPLICATIONS

1. la bonté
2. boire trop d'alcool
3. casser

4. partir très vite
5. sans arrêt (*deux expressions*)
6. émettre un son plaintif

B. Faites correspondre un objet (colonne B) avec l'endroit où il peut se trouver (colonne A). Il y a parfois plus d'une réponse possible.

A	B
1. _____ en haut d'une tour au centre-ville	a. une étoile
2. _____ à côté d'une route	b. une vague
3. _____ dans un lac	c. une horloge
4. _____ sur le mur d'une salle de classe	d. une marche
5. _____ dans le ciel	e. un fossé
6. _____ devant une maison	
7. _____ dans la mer	

C. Complétez les phrases avec les mots qui conviennent.

1. On suppose que des _____ ont construit les pyramides en Egypte.

2. Un homme qui retrouve sa femme chérie après une longue absence est _____ de joie.
3. Après le match, dans _____ du moment, les spectateurs crient «On a gagné!»

Enivrez-vous

Il faut être toujours ivre. Tout est là: c'est l'unique question. Pour ne pas sentir l'horrible fardeau° du Temps qui brise vos épaules et vous penche° vers la terre, il faut vous enivrer sans trêve. *burden* / *et... and bends you down*

Mais de quoi? De vin, de poésie ou de vertu, à votre guise.° Mais enivrez- *à... comme vous voulez*

5   vous.

Et si quelquefois, sur les marches d'un palais, sur l'herbe verte d'un fossé, dans la solitude morne° de votre chambre, vous vous réveillez, l'ivresse déjà dimi- *triste* nuée ou disparue, demandez au vent, à la vague, à l'étoile, à l'oiseau, à l'horloge, à tout ce qui° fuit, à tout ce qui gémit, à tout ce qui roule, à tout ce qui chante, *tout... all (things) that*

10   à tout ce qui parle, demandez quelle heure il est; et le vent, la vague, l'étoile, l'oi- seau, l'horloge, vous répondront°: «Il est l'heure de s'enivrer! Pour n'être pas les *vous... will answer you* esclaves martyrisés° du Temps, enivrez-vous sans cesse! De vin, de poésie ou de *tortured* vertu, à votre guise.»

Découvrez l'ivresse du marcheur.

Avec Terres d'Aventure, la marche vous révèle la beauté de la terre ! Montagnes de France et du monde entier, Sahara et grands déserts, haute montagne et ski d'aventure avec les meilleurs guides et les plus beaux itinéraires de randonnée.

1. Selon le poème, pourquoi faut-il s'enivrer? Pour oublier les problèmes? les questions? le passage du temps? la terre?
2. De quoi peut-on s'enivrer, d'après le poème? Que représentent ces trois choses?
3. Quels sont les endroits où l'on peut se réveiller après l'ivresse?
4. Dans le poème, il y a une longue liste de choses auxquelles il faut poser une question très précise. Quelle est cette question?
5. Quelle est la réponse à la question?

1. Que veut dire le mot *ivre* dans le premier vers? Croyez-vous que le poète fasse allusion au sens traditionnel du mot? Quel est l'effet de ce choix de vocabulaire?
2. Trouvez les deux références au Temps et comparez-les. Est-ce que Baudelaire parle du Temps comme d'un ami ou d'un ennemi? Pourquoi?
3. Comparez les trois moyens de s'enivrer. Pourquoi est-ce que Baudelaire suggère ces choses en particulier? Qu'est-ce qu'elles ont en commun?
4. Pourquoi est-ce que Baudelaire demande à ses lecteurs de poser des questions à «l'étoile», «au vent», «à tout ce qui roule», etc.? Qu'est-ce qu'il veut démontrer?
5. Des phrases suivantes, laquelle résume le mieux l'idée principale du poème?

> Il faut accepter le passage du temps.
> Il faut parler aux objets autour de nous.
> Il faut être passionné par la vie.
> Il faut boire tout le temps.

Justifiez votre réponse.

Les sujets abordés dans **De la littérature à la vie** conviennent à la discussion en classe ou en petits groupes. Ils peuvent aussi servir comme point de départ pour une rédaction.

1. Les sentiments et les sensations sont souvent difficiles à définir. Comment définissez-vous l'ivresse? Est-ce que l'ivresse peut être un état naturel? Donnez l'exemple d'une situation où l'on est ivre. Quelles sont les caractéristiques de cet état? Dans la vie de tous les jours, est-ce toujours une chose désirable?
2. Parfois le temps semble passer très vite, et parfois très lentement. Comment pouvez-vous expliquer ce phénomène? Quand est-ce que vous considérez le temps comme «un fardeau»?

Gustave Caillebotte:
Rue de Paris—temps
de pluie (1876–1877)

LA VIE DE TOUS LES JOURS

For most of us, the notion of "daily life" implies routine, things we do each day, often without thinking. Routine patterns allow us to structure our lives, but they can also lead to complacency and a sense of going nowhere. The two readings in this chapter look at the conventions that govern daily life, the first to highlight their emptiness and absurdity, the second to emphasize their fragility.

Lire en français

Recognizing Related Words

English and French have many words in common. Some of these are spelled in the same way, but more commonly there are spelling differences. If you learn to recognize these words and the patterns of spelling differences, you will read French more easily and fluently. In this very paragraph, for example, you can find English words or expressions that correspond to the French words below. Write the English word on the line.

1. en commun _____

2. exemple _____

3. paragraphe _____

4. différences _____

Now look at the italicized words in the following sentence.

> Il avait les pieds si *sensibles* qu'il ne pouvait pas mettre de chaussures.

Although **sensible** looks like an English word, do you think it means "sensible" in English? What do you think it means?

Jot down your answer. _____

If you are not sure, check your dictionary. As you can see, you need to be on guard against some **faux amis** (*false friends*), words that resemble each other but have different meanings in French and English: **assister à,** for example, means *to attend,* not *to help;* **rester** means *to remain,* not *to rest.*

One key to recognizing related words is to look at some French spellings that have corresponding forms in English. What conclusions can you draw from the following word pairs? Write a sentence to describe what you've found.

EXEMPLE: école/*school* écossais/*Scottish* écarlate/*scarlet* écran/*screen*

Rule: French words beginning with **éc** sometimes correspond to English words beginning with **sc.**

1. ancêtre/*ancestor* hôpital/*hospital* forêt/*forest* île/*isle*

   Your rule: _____

   _____

2. ambitieux/*ambitious* courageux/*courageous*
   délicieux/*delicious* victorieux/*victorious*

   Your rule: _____

   _____

3. fantastique/*fantastic*   classique/*classical*
   dynamique/*dynamic*   typique/*typical*
   classique/*classic*   *and*   logique/*logical*
   romantique/*romantic*   historique/*historical*
   tragique/*tragic*

   Your rule: _____

   _____

4. rapidement/*rapidly* calmement/*calmly* sérieusement/*seriously*
   rarement/*rarely* directement/*directly*

   Your rule: _____

   _____

Look over the rules you've written for these few examples. Using your rules, and what you learned earlier about recognizing similarities between French and English, quickly read the following paragraph and circle all words that resemble English words.

Pour la grande soirée du 14 juillet, Marie va inviter des collègues chez elle. Elle va engager un orchestre célèbre qui joue de la musique classique et elle va servir des hors-d'œuvre délicieux. Le champagne va certainement être excellent. Elle va préparer une fête splendide pour l'Ambassadeur de France.

Did you find at least 15 words that are similar in French and in English?

As you read, rely on what you already know and look for word patterns to help you avoid using a dictionary too often. It will make reading faster, smoother, and far more enjoyable!

Deuxième Conte pour enfants de moins de trois ans

EUGÈNE IONESCO

Eugène Ionesco (1912–1994) was born in Roumania to a French mother and a Roumanian father. He began his career as a teacher of French at the Lycée of Bucharest. In 1938 he moved to Paris. After World War II, he began to write plays, which were performed in a small theater before hardly more than a dozen people. He finally attracted the attention of the critics, and several of his plays—*La Cantatrice chauve, La Leçon, Le Nouveau Locataire, Rhinocéros*—are now considered among the most representative works of the Theater of the Absurd.

Ionesco's *Deuxième Conte pour enfants de moins de trois ans* calls attention to the ways people get caught up in the routine of daily living. Here he also shows how we sometimes let that routine help us to hide from what we don't want to see or do. Although the author often uses childish language in the narration and in the dialogue («tu laves ton dos, tu laves ton "dérère"»), careful reading reveals complex overtones behind the silly games of father and daughter.

Mise en route

Beaucoup de gens font la même chose à la même heure tous les jours, surtout du lundi au vendredi. Les Parisiens se plaignent de cette routine en parlant de «métro, boulot, dodo». Ils prennent le métro pour aller au travail, ils font leur «boulot» (leur travail), et ils rentrent pour faire «dodo» (pour dormir).

Mettez-vous à la place des personnes suivantes. Que font-elles tous les jours? Nommez au moins deux choses par personne.

1. un garçon de 6 ans _____

_____

2. un monsieur de 70 ans à la retraite _____

_____

3. un joueur de tennis _____

_____

4. une vedette de cinéma _____

_____

5. votre professeur _____

_____

Mots et expressions

autre part somewhere else
avoir mal à to have a pain, ache (*in some part of the body*)
le canapé sofa
le couloir corridor
se débarrasser de to get rid of; to rid oneself of
empêcher (quelqu'un de faire quelque chose) to prevent (someone from doing something)

l'endroit (*m.*) place
le fauteuil armchair
le four oven
profiter de to take advantage of
raconter to tell, relate, narrate
tout(e) nu(e) completely naked

- -

APPLICATIONS   **A.** Trouvez l'équivalent de chaque expression.

1. une chaise confortable
2. là où on fait cuire les gâteaux
3. un lieu
4. un lieu différent
5. faire le récit de
6. sans vêtements

B. Complétez les phrases avec les mots qui conviennent.

1. Pour _____ de ses invités ennuyeux, Gertrude dit qu'elle a très _____ à la tête.
2. Maman m'_____ de jouer dans le salon. Je _____ de son absence pour m'amuser.
3. Papa s'endort sur _____ en regardant la télévision.
4. _____ entre les chambres et le salon est très long.

Deuxième Conte pour enfants de moins de trois ans

Ce matin, comme d'habitude, Josette frappe à la porte de la chambre à coucher de ses parents. Papa n'a pas très bien dormi. Maman est partie à la campagne pour quelques jours. Alors papa a profité de cette absence pour manger beaucoup de saucisson, pour boire de la bière, pour manger du pâté de
5   cochon,° et beaucoup d'autres choses que maman l'empêche de manger parce que c'est pas bon pour la santé. Alors, voilà, papa a mal au foie,° il a mal à l'estomac, il a mal à la tête, et ne voudrait pas se réveiller. Mais Josette frappe toujours° à la porte. Alors papa lui dit d'entrer. Elle entre, elle va chez° son papa. Il n'y a pas maman. Josette demande: —Où elle est maman?*

porc

liver (mal au foie *is used to describe many ailments*)
encore / vers

----

* *Note:* Quotation marks are usually not used in dialogue in French; a dash introducing a paragraph denotes a new speaker.

Eugène Ionesco, écrivain du Théâtre de l'Absurde

10   Papa répond: Ta maman est allée se reposer à la campagne chez sa maman à elle.

    Josette répond: Chez Mémée?

    Papa répond: Oui, chez Mémée.

    —Ecris à maman, dit Josette. Téléphone à maman, dit Josette.

15   Papa dit: Faut pas téléphoner. Et puis papa dit pour lui-même: parce qu'elle est peut-être autre part...

    Josette dit: Raconte une histoire avec maman et toi, et moi.

    —Non, dit papa, je vais aller au travail. Je me lève, je vais m'habiller.

Et papa se lève. Il met sa robe de chambre rouge, par-dessus son pyjama, il
20 met dans les pieds ses «poutouffles».° Il va dans la salle de bains. Il ferme la   pantoufles (*slippers*)
porte de la salle de bains. Josette est à la porte de la salle de bains. Elle frappe
avec ses petits poings,° elle pleure.   *fists*

    Josette dit: Ouvre-moi la porte.

    Papa répond: Je ne peux pas. Je suis tout nu, je me lave, après je me rase.

25   Josette dit: Et tu fais pipi-caca.

    —Je me lave, dit papa.

    Josette dit: Tu laves ta figure, tu laves tes épaules, tu laves tes bras, tu laves
ton dos, tu laves ton «dérère»,° tu laves tes pieds.   derrière

    —Je rase ma barbe, dit papa.

30   —Tu rases ta barbe avec du savon, dit Josette. Je veux entrer. Je veux voir.

    Papa dit: Tu ne peux pas me voir, parce que je ne suis plus dans la salle de
bains.

Josette dit (*derrière la porte*): Alors, où tu es?

Papa répond: Je ne sais pas, va voir. Je suis peut-être dans la salle à manger,
35 va me chercher.

Josette court dans la salle à manger, et papa commence sa toilette. Josette
court avec ses petites jambes, elle va dans la salle à manger. Papa est tranquille,
mais pas longtemps. Josette arrive de nouveau devant la porte de la salle de
bains, elle crie à travers la porte:

40   Josette: Je t'ai cherché. Tu n'es pas dans la salle à manger.

Papa dit: Tu n'as pas bien cherché. Regarde sous la table.

Josette retourne dans la salle à manger. Elle revient.

Elle dit: Tu n'es pas sous la table.

Papa dit: Alors va voir dans le salon. Regarde bien si je suis sur le fauteuil,
45 sur le canapé, derrière les livres, à la fenêtre.

Josette s'en va. Papa est tranquille, mais pas pour longtemps.

Josette revient.

Elle dit: Non, tu n'es pas dans le fauteuil, tu n'es pas à la fenêtre, tu n'es pas
sur le canapé, tu n'es pas derrière les livres, tu n'es pas dans la télévision, tu n'es
50 pas dans le salon.

Papa dit: Alors, va voir si je suis dans la cuisine.

Josette court à la cuisine. Papa est tranquille, mais pas pour longtemps.

Josette revient.

Elle dit: Tu n'es pas dans la cuisine.

55 Papa dit: Regarde bien, sous la table de la cuisine, regarde bien si je suis dans
le buffet, regarde bien si je suis dans les casseroles, regarde bien si je suis dans le
four avec le poulet.

Josette va et vient. Papa n'est pas dans le four, papa n'est pas dans les casseroles, papa n'est pas dans le buffet, papa n'est pas sous le paillasson,° papa n'est   *doormat*
60 pas dans la poche de son pantalon, dans la poche du pantalon, il y a seulement
le mouchoir.°   *handkerchief*

Josette revient devant la porte de la salle de bains.

Josette dit: J'ai cherché partout. Je ne t'ai pas trouvé. Où tu es?

Papa dit: Je suis là. Et papa, qui a eu le temps de faire sa toilette, qui s'est
65 rasé, qui s'est habillé, ouvre la porte.

Il dit: Je suis là. Il prend Josette dans ses bras, et voilà aussi la porte de la
maison qui s'ouvre, au fond du couloir, et c'est maman qui arrive. Josette saute
des bras de son papa, elle se jette dans les bras de sa maman, elle l'embrasse,
elle dit:

70   —Maman, j'ai cherché papa sous la table, dans l'armoire, sous le tapis,° der-   *carpet*
rière la glace,° dans la cuisine, dans la poubelle,° il n'était pas là.   miroir / *trash can*

Papa dit à maman: Je suis content que tu sois revenue.° Il faisait beau à la   tu... *you came back*
campagne? Comment va ta mère?   *home*

Josette dit: Et Mémée, elle va bien? On va chez elle? ✿

1. Que fait papa quand maman n'est pas à la maison?
2. Pourquoi ne veut-il pas se réveiller?
3. Pourquoi ne veut-il pas téléphoner à Mémée? Comment interprétez-vous ce qu'il dit?
4. Quel jeu invente-t-il pour se débarrasser de Josette? Dans quels endroits Josette doit-elle chercher son père?
5. Pourquoi ne peut-il pas rester longtemps tranquille?
6. Comment le jeu se termine-t-il?
7. Décrivez le retour de maman. Comment Josette réagit-elle? Et son père?

1. Notez que quand papa dit à Josette où aller le chercher, elle va le chercher dans les endroits les plus curieux. Quels endroits semblent raisonnables pour la petite et absurdes pour l'adulte?
2. Trouvez quelques exemples de langage enfantin. Pourquoi Ionesco utilise-t-il ce langage?
3. A votre avis, quels sont les rapports entre père et mère? Citez les mots ou passages dans le texte qui justifient vos conclusions.
4. Quels détails indiquent que le conte n'est pas vraiment pour enfants? Quel est l'objectif d'Ionesco? A quoi veut-il que nous pensions?

Les sujets abordés dans **De la littérature à la vie** conviennent à la discussion en classe ou en petits groupes. Ils peuvent aussi servir comme point de départ pour une rédaction.

1. Maintenant que vous êtes à l'université, votre vie est sans doute très différente. Avez-vous une routine comme le papa de Josette? Parlez de votre routine quotidienne. Faites-vous la même chose tous les jours? Etes-vous content(e) quand quelqu'un dérange vos habitudes? Pourquoi (pas)?
2. Dans le texte, Josette veut tout savoir en ce qui concerne l'absence de sa maman. Le père de Josette, par contre, semble vouloir éviter le sujet, et refuse d'en parler. Dans quelles circonstances est-ce qu'il est préférable de garder le silence, ne pas parler de ses sentiments ou de ses problèmes? Quand est-ce qu'il vaut mieux en parler?
3. Quand papa dit à maman «Je suis content que tu sois revenue. Il faisait beau à la campagne?» est-ce qu'il s'intéresse vraiment à la réponse? Le fait-il simplement pour avoir quelque chose à dire? Quand est-ce que nous utilisons des clichés pour parler aux autres? Quand nous sommes à l'aise? Quand la situation est difficile? Donnez quelques exemples. Pourquoi est-ce que nous en utilisons?

Chez la fleuriste

JACQUES PRÉVERT

One of the most widely read French poets of the twentieth century, Jacques Prévert (1900–1977) uses a mixture of tenderness and biting wit to speak of such traditional themes as war, love, and the passage of time. His poetry looks at a broad spectrum of everyday human experiences, ranging from childhood fantasies and dreams to adult disappointments and realities. His use of simple terms to show the close relationship between the commonplace and the poignant makes his work rich in meaning and emotion. In «Chez la fleuriste», the simple scene of a man buying flowers leads quickly to a matter of infinitely greater importance.

Mise en route

Parfois, au cours d'une journée tout à fait normale, quelque chose d'étrange se passe. Nous nous arrêtons. Nous réfléchissons. Nous réagissons. Parfois même, cet événement change notre perception de la vie.

Voici une liste d'incidents qui peuvent interrompre le train-train d'une journée. Pour chaque événement, imaginez votre réaction.

EXEMPLE: Il y a un hold-up dans une banque. →
Je téléphone à la police.

1. Il y a un chien qui court sur l'autoroute.

   Je _____

2. Une vedette de cinéma passe à côté de vous.

   Je _____

3. Quelqu'un vous regarde de façon bizarre.

   Je _____

4. Une personne tombe inconsciente dans la rue.

   Je _____

5. Il y a un petit accident de voiture. Les conducteurs sont très fâchés et vont se battre.

   Je _____

Comparez vos réactions avec celles d'un(e) partenaire. Réagissez-vous de la même manière? Parlez de toutes les réactions qui sont différentes.

Mots et expressions

s'abîmer to become damaged
envelopper to wrap
évidemment obviously
la poche pocket
savoir comment s'y prendre to know what to do (*often used in the negative*)

savoir par quel bout commencer to know how to begin (*something*) (*often used in the negative*)
subitement suddenly
tant de so many; so much

A. Choisissez la réponse qui convient.

1. Parfois quand j'ai un devoir très difficile à faire, je _____.

   a. ne sait pas par quel bout commencer.
   b. ne savent pas par quel bout commencer.
   c. ne sais pas par quel bout commencer.

2. En général, pour consoler une personne très triste il est difficile de _____.

   a. savoir comment m'y prendre.
   b. savoir comment nous prendre.
   c. savoir comment s'y prendre.

3. Si on laisse un livre dehors sous la pluie, _____.

   a. elle s'abîme.
   b. il s'abîme.
   c. il nous abîme.

B. Complétez les phrases avec les mots ou les expressions qui conviennent.

Pour l'anniversaire de sa femme, Paul achète un bracelet chez le bijoutier. Il y a _____[1] belles choses qu'il a du mal à se décider. Le bijoutier met le bracelet dans une boîte et l' _____[2] d'un très joli papier. A la maison, Paul sort le petit paquet de la _____[3] de son manteau, et _____[4] sa femme commence à pleurer. Pauvre Paul! Il ne comprend pas tout de suite. _____[5] sa femme est heureuse, et elle pleure de joie!

Chez la fleuriste

Un homme entre chez une fleuriste
et choisit des fleurs
la fleuriste enveloppe les fleurs
l'homme met la main à sa poche

<pre>
 5   pour chercher l'argent
     l'argent pour payer les fleurs
     mais il met en même temps
     subitement
     la main sur son cœur
10   et il tombe

     En même temps qu'il tombe
     l'argent roule à terre
     et puis les fleurs tombent
     en même temps que l'homme
15   en même temps que l'argent
     et la fleuriste reste là
     avec l'argent qui roule
     avec les fleurs qui s'abîment
     avec l'homme qui meurt
20   évidemment tout cela est très triste
     et il faut qu'elle fasse quelque chose°   il... *she must do something*
     la fleuriste
     mais elle ne sait pas comment s'y prendre
     elle ne sait pas
25   par quel bout commencer

     Il y a tant de choses à faire
     avec cet homme qui meurt
     ces fleurs qui s'abîment
     et cet argent
30   cet argent qui roule
     qui n'arrête pas de rouler. ✿
</pre>

Chez la fleuriste

1. Au début de la première strophe, que font les personnages? Jusqu'à quel vers ne se passe-t-il rien de surprenant?
2. Quels sont les deux gestes de l'homme? Qu'est-ce qui se passe à ce moment-là?
3. Quelles sont les trois choses qui tombent par terre en même temps? Qu'est-ce qui leur arrive, une fois par terre?
4. Quelle est la réaction de la fleuriste face à ce qui se passe dans son magasin? Comment fait-elle face à la situation?
5. Quelle est la seule chose qui bouge à la fin du poème?

1. Quel est le rôle du titre dans ce poème? Est-ce qu'il crée une impression de tranquillité? de tristesse? de danger? Essayez de comparer vos premières impressions du titre avec le sentiment que vous avez après avoir lu le poème.
2. Prévert répète certains mots et phrases plusieurs fois. Quels sont ces mots et phrases? Quel effet ont ces répétitions?
3. A partir du vers 15, quels verbes s'associent avec l'homme? avec les fleurs? avec l'argent? avec la fleuriste? Que pensez-vous du fait que la seule chose qui bouge n'est pas (et n'a jamais été) vivante?
4. A quoi attribuez-vous l'immobilité de la fleuriste?
5. Est-ce important que l'homme meure en achetant des fleurs (et pas autre chose)? Commentez.

Les sujets abordés dans **De la littérature à la vie** conviennent à la discussion en classe ou en petits groupes. Ils peuvent aussi servir comme point de départ pour une rédaction.

1. En France, on a tendance à acheter des fleurs plus souvent qu'aux Etats-Unis, et dans les rues des villes françaises on voit plus de fleuristes qu'ici. Dans quelles circonstances achète-t-on des fleurs chez vous? Que signifient les fleurs dans ces différentes circonstances? Achetez-vous quelquefois des fleurs? Pourquoi ou pourquoi pas?
2. Dans ce pòeme, Prévert nous oblige à regarder la mort en face, ce qui peut nous rendre mal à l'aise. Que pensez-vous de cette tactique du poète? Faut-il penser à la mort? Faut-il en parler? Pourquoi ou pourquoi pas?
3. En suivant le modèle de «Chez la fleuriste», écrivez un poème basé sur une activité normale interrompue par un événement inattendu. Vous pouvez vous inspirer de vos discussions de la section **Mise en route.**

CHAPITRE 2

Pierre-Auguste Renoir:
Jeunes filles au piano

FAMILLE ET AMIS

In France, as in many countries, the family is the primordial social unit. The French concept of family is broad; it includes not only parents and children, but also grandparents, aunts and uncles, cousins, and in-laws. In fact, the word **parents** in French means *relatives* as well as *parents.*

The two readings in this chapter show a variety of interpersonal relationships. The first is told from a child's point of view; in the selection from *Le Petit Nicolas,* stereotypical gender roles are literally tossed out the window. Emile Zola's «Voyage circulaire» depicts the seemingly universal conflict between a young married couple and the bride's hard-to-please mother.

Lire en français

Recognizing Word Families

Just as human families are made up of people who are related to a common ancestor, word families are groups of words with a common root. By adding prefixes and suffixes, or by other modifications, a single word can lead to a group of words with related meanings but different functions. If you can recognize one of the words in the "family," familiarity with prefixes and suffixes will often allow you to deduce the meaning of a new word.

Take the verb **punir,** for example. If you know that this means *to punish,* and that the ending **-tion** turns a verb into a noun, you can guess the meaning of **la punition.** And because the prefix **im-** often corresponds to the English *un-,* **une personne impunie** is one who did not receive punishment.

Here are some common French prefixes and suffixes and the corresponding English meanings.

PREFIXES		
French	*Meaning*	*Example*
dé-	implies the opposite	caféiné/décaféiné (*decaffeinated*)
im-	" "	puissant/impuissant (*powerless*)
in-	" "	variable/invariable
ir-	" "	régularité/irrégularité
pré-	precedes	dire/prédire (*predict*)
re-	to do again	commencer/recommencer

SUFFIXES		
French	*Meaning*	*Example*
-et, -ette	implies small size	fille → fillette
-tion	verb to noun	exagérer → exagération
-eur	verb to noun/adjective	travailler → travailleur
-euse	" "	chanter → chanteuse
-té	adjective to noun	beau → beauté
-ité	" "	féroce → férocité

Look at the group of words below. Can you find the related ones? Put the word families together, using the blank lines.

la pêche	bon	pêcher	la bonté
lever	l'assurance	enrichir	la levure
assurer	le bonheur	se lever	assureur
le pêcheur	riche	la richesse	

Family No. 1 _____ _____ _____

Family No. 2 _____ _____ _____

Family No. 3 _____ _____ _____

Family No. 4 _____ _____ _____

Family No. 5 _____ _____ _____

Here are a few definitions: **la pêche** fishing **riche** wealthy
 lever to raise **l'assurance** insurance

With a partner, try to figure out the meanings of the other words in each family. Jot them down next to each word.

These are just a few examples to show how some word families work together. By using your skills in recognizing groups, you will be able to read faster and at the same time enrich your vocabulary.

Le Petit Nicolas: Louisette

RENE GOSCINNY ET JEAN-JACQUES SEMPE

Jean-Jacques Sempé (1932–) became a successful professional cartoonist at the age of eighteen. Besides appearing in newspapers and magazines all over Europe, his work has been exhibited in galleries in France and abroad.

René Goscinny (1926–1977) worked in New York as an editor of children's books in 1949 and in 1953. He is known to millions of French children as the author of *Astérix*, the series of illustrated storybooks. He was a member of the Académie de l'humour. *Le Petit Nicolas* might be considered the French equivalent of Charlie Brown in Charles Schulz's *Peanuts*.

Mise en route

Même à notre époque, nous considérons encore certaines activités typiquement «masculines» et d'autres typiquement «féminines», surtout en ce qui concerne les petites filles et les petits garçons. Parfois injustes, ces stéréotypes peuvent influencer toute la vie d'une jeune personne.

Pourtant, c'est en reconnaissant ces idées restrictives des rôles des deux sexes que l'on peut les corriger. Pour cette activité, imaginez un petit garçon et une petite fille typiques. Imaginez lequel des deux est plus apte à dire les phrases suivantes. (N'oubliez pas que ce sont des stéréotypes!)

		LE GARÇON	LA FILLE
1.	Je porte la couleur rose.	☐	☐
2.	J'aime jouer dehors.	☐	☐
3.	J'aime les maths.	☐	☐
4.	Je joue à la poupée (*doll*).	☐	☐
5.	Je me bats avec mes amis.	☐	☐
6.	Je veux être médecin.	☐	☐
7.	J'adore jouer au football.	☐	☐
8.	Je fais du piano.	☐	☐

Maintenant, regardez votre liste de stéréotypes. Lesquels vous semblent absurdes? Y en a-t-il qui vous paraissent justifiables? Pourquoi? Parlez-en avec un(e) partenaire.

Mots et expressions

casser to break
emmener to take away, along
essayer (**de** + *inf.*) to try
   (*to do something*)
fâché(e) angry
la gifle slap
le goûter snack; afternoon tea
le jouet toy
se mettre à to begin to
   (*do something*)
pleurer to cry

la poupée doll
ramasser to pick up
rire to laugh
le sourire smile
tirer to pull

VOCABULAIRE FAMILIER

chouette = gentil(le)
embêté(e) = ennuyé(e)
rigolo = amusant(e)
terrible = extraordinaire

A. Trouvez l'équivalent de chaque expression.

1. mettre en morceaux
2. un petit repas dans l'après-midi
3. commencer
4. mécontent, en colère

B. Complétez les phrases avec les mots qui conviennent.

1. A Noël on offre des _____ aux enfants.
2. Pourquoi est-ce que les petites filles aiment jouer à la _____?
3. Je vais _____ finir mon travail avant midi.
4. Les enfants _____ beaucoup quand ils voient des clowns.
5. Nicolas _____ Louisette dans le jardin.
6. J'aime _____ les fruits quand ils tombent de l'arbre.
7. Est-ce que vous _____ quand on vous donne une _____?
8. Le cheval _____ la charrette.
9. Elle reçoit ses invités avec un grand _____.

Le Petit Nicolas: Louisette

Je n'étais pas content quand maman m'a dit qu'une de ses amies viendrait prendre le thé avec sa petite fille. Moi, je n'aime pas les filles. C'est bête,° ça ne sait pas jouer à autre chose qu'à la poupée et à la marchande et ça pleure tout le temps. [...]

5 «Tu seras bien gentil avec Louisette, m'a dit maman, c'est une charmante petite fille et je veux que tu lui montres que tu es bien élevé.°»

Quand maman veut montrer que je suis bien élevé, elle m'habille avec le costume bleu et la chemise blanche et j'ai l'air d'un guignol.° [...]

«Et je te prie de ne pas être brutal avec cette petite fille, sinon, tu auras
10 affaire à moi,° a dit maman, compris?» A quatre heures, l'amie de maman est venue avec sa petite fille. L'amie de maman m'a embrassé, elle m'a dit, comme tout le monde, que j'étais un grand garçon, elle m'a dit aussi: «Voilà Louisette.» Louisette et moi, on s'est regardés. Elle avait des cheveux jaunes, avec des nattes,° des yeux bleus, un nez et une robe rouges. On s'est donné les doigts,°
15 très vite. Maman a servi le thé, et ça, c'était très bien, parce que, quand il y a du monde° pour le thé, il y a des gâteaux au chocolat et on peut en reprendre deux fois.° Pendant le goûter, Louisette et moi on n'a rien dit. [...]

Maman a dit: «Maintenant, les enfants, allez vous amuser. Nicolas, emmène Louisette dans ta chambre et montre-lui tes beaux jouets.» Maman elle a dit ça
20 avec un grand sourire, mais en même temps elle m'a fait des yeux,° ceux avec lesquels il vaut mieux ne pas rigoler.° Louisette et moi on est allés dans ma chambre, et là, je ne savais pas quoi lui dire. C'est Louisette qui a dit, elle a dit: «Tu

C'est... *They are silly*

bien... *well brought up*

j'ai... *je parais ridicule*

tu... *tu devras m'expliquer pourquoi*

braids / On... *We barely shook hands*

du... (ici) *des invités*

on... *it's okay to have second and third helpings*

elle... *she gave me one of those looks*
ceux... *which meant she wasn't kidding*

as l'air d'un singe.°» Ça ne m'a pas plu, ça, alors je lui ai répondu: «Et toi, tu
n'es qu'une fille!» et elle m'a donné une gifle. J'avais bien envie de me mettre à
25 pleurer, mais je me suis retenu, parce que maman voulait que je sois bien élevé,
alors, j'ai tiré une des nattes de Louisette et elle m'a donné un coup de pied à
la cheville.° [...] J'allais lui donner une gifle, quand Louisette a changé de conversation, elle m'a dit: «Alors, ces jouets, tu me les montres?» J'allais lui dire que
c'était des jouets de garçon, quand elle a vu mon ours en peluche,° celui que°
30 j'avais rasé à moitié une fois avec le rasoir de papa. Je l'avais rasé à moitié seulement, parce que le rasoir de papa n'avait pas tenu le coup.° «Tu joues à la
poupée?» elle m'a demandé Louisette, et puis elle s'est mise à rire. J'allais lui tirer
une natte et Louisette levait la main pour me la mettre sur la figure,° quand la
porte s'est ouverte et nos deux mamans sont entrées. «Alors, les enfants, a dit
35 maman, vous vous amusez bien? —Oh, oui madame!» a dit Louisette avec des
yeux tout ouverts et puis elle a fait bouger ses paupières° très vite et maman l'a
embrassée en disant: «Adorable, elle est adorable! C'est un vrai petit poussin°!» et
Louisette travaillait dur avec les paupières. «Montre tes beaux livres d'images à
Louisette», m'a dit ma maman, et l'autre maman a dit que nous étions deux
40 petits poussins et elles sont parties.

[...] «Ça ne m'intéresse pas tes livres, elle m'a dit, Louisette, t'as pas quelque
chose de plus rigolo?» et puis elle a regardé dans le placard et elle a vu mon
avion, le chouette, celui qui° a un élastique, qui est rouge et qui vole. «Laisse ça,
j'ai dit, c'est pas pour les filles, c'est mon avion!» [...] «Je suis l'invitée, elle a dit,
45 j'ai le droit de jouer avec tous tes jouets, et si tu n'es pas d'accord, j'appelle ma
maman et on verra qui a raison!» Moi, je ne savais pas quoi faire, je ne voulais
pas qu'elle le casse, mon avion, mais je n'avais pas envie qu'elle appelle sa
maman, parce que ça ferait des histoires.° Pendant que j'étais là, à penser, Louisette a fait tourner l'hélice° pour remonter l'élastique et puis elle a lâché l'avion.
50 Elle l'a lâché par la fenêtre de ma chambre qui était ouverte, et l'avion est parti.
«Regarde ce que tu as fait, j'ai crié. Mon avion est perdu!» et je me suis mis à
pleurer. «Il n'est pas perdu, ton avion, bêta,° m'a dit Louisette, regarde, il est
tombé dans le jardin, on n'a qu'à aller le chercher.°» [...]

monkey

*m'a... kicked me in the
ankle*

*ours... teddy bear /
celui... the one that*

n'avait... gave out

*pour... pour me donner
une gifle*

a... batted her eyelashes

petit... little chick

celui... the one that

*ça... that would cause
problems
propeller*

idiot

*on... we just have to go
get it*

Dans le jardin, j'ai ramassé l'avion, qui n'avait rien,° heureusement, et Louisette m'a dit: «Qu'est-ce qu'on fait?» [...] «Je n'ai pas de jouets, ici, sauf le ballon
de football, dans le garage.» Louisette m'a dit que ça, c'était une bonne idée. On
est allés chercher le ballon et moi j'étais très embêté, j'avais peur que les copains
me voient jouer avec une fille. «Tu te mets entre les arbres, m'a dit Louisette, et
tu essaies d'arrêter le ballon.»

Là, elle m'a fait rire, Louisette, et puis, elle a pris de l'élan° et, boum! un
shoot terrible°! La balle, je n'ai pas pu l'arrêter, elle a cassé la vitre de la fenêtre
du garage.

Les mamans sont sorties de la maison en courant. Ma maman a vu la fenêtre
du garage et elle a compris tout de suite. «Nicolas! elle m'a dit, au lieu de jouer
à des jeux brutaux, tu ferais mieux de° t'occuper de tes invités, surtout quand ils

qui... which had nothing broken

a... took a running start
un... a sensational kick

ferais... devrais

sont aussi gentils que Louisette!» Moi, j'ai regardé Louisette, elle était plus loin, dans le jardin, en train de sentir les bégonias.

Le soir, j'ai été privé° de dessert, mais ça ne fait rien, elle est chouette, Louisette, et quand on sera grands, on se mariera.

70   Elle a un shoot terrible!

j'ai... *I wasn't allowed to have*

1. Pourquoi Nicolas n'aime-t-il pas les petites filles?
2. Quelles recommandations sa maman lui fait-elle avant l'arrivée de leurs invitées?
3. Comment les enfants se comportent-ils quand ils se rencontrent? Comment Nicolas décrit-il Louisette?
4. Une fois seule avec Nicolas, comment Louisette se comporte-t-elle? Donnez-en plusieurs exemples.
5. Comment Louisette fait-elle bonne impression sur la maman de Nicolas?
6. Quels jouets Louisette préfère-t-elle? Que se passe-t-il quand elle trouve l'avion de Nicolas?
7. Pourquoi Nicolas n'a-t-il pas envie de jouer au ballon avec Louisette? Que fait-elle du ballon?
8. Pourquoi la maman de Nicolas est-elle fâchée contre lui et non contre Louisette?
9. Pourquoi Nicolas décide-t-il que Louisette est chouette?

1. D'après ce texte, quelle est la définition de l'enfant bien élevé?
2. Comment Nicolas voit-il les adultes?
3. Quels sont les préjugés de Nicolas à l'égard des petites filles? Croyez-vous que ses préjugés représentent l'attitude typique des garçons de nos jours?
4. Louisette change de comportement quand les adultes sont là. Qu'en pensez-vous? Est-ce que vous la trouvez gentille? hypocrite? intelligente? Pourquoi?
5. Relevez des phrases ou paragraphes que vous trouvez drôles. Pourquoi les trouvez-vous drôles?

1. Analysez les rôles des garçons et des filles dans le monde moderne. Ces rôles ont-ils changé depuis l'enfance de vos parents? Dans quel sens?
2. Nicolas pense épouser Louisette parce qu'elle a «un shoot terrible». A votre avis, pourquoi arrive-t-on à la décision de se marier? Parce qu'on s'aime beaucoup? parce qu'on est amis d'enfance? parce qu'on se connaît

bien et qu'on n'aura pas de mauvaises surprises? parce qu'on veut avoir des enfants? parce que la vie à deux offre des avantages économiques?

3. Qu'est-ce qui rend un homme (une femme) intéressant(e)? Quelles qualités considérez-vous importantes? La personnalité? l'intelligence? l'ambition? du goût pour le sport? des intérêts intellectuels ou culturels? un bon caractère? le sens de l'humour? la douceur? l'esprit d'initiative? le calme?

Voyage circulaire

EMILE ZOLA

Emile Zola (1840–1902) is the acknowledged master of the Naturalist movement in European literature. As a theory of fiction, Naturalism emphasizes faithful representation of everyday life, insisting on a scientific analysis of the most basic human drives, such as sex and hunger, and on thorough documentation of each character's social environment. Zola's major work, *Les Rougon-Macquart,* is a series of some twenty novels dealing with, as he put it, "the natural and social history of a family under the Second Empire." He focuses his attention on the working class and the rising bourgeoisie as they struggle against decadent social structures under Napoleon III.

Pour la première fois, les **Rougon-Macquart** d'**Emile Zola** en édition d'art reliée plein cuir, décor à l'or véritable. Illustrations de l'époque à toutes les pages.

Les **Rougon-Macquart : 1200** personnages d'un réalisme hallucinant pétris d'amour, de haine, de vanité, d'angoisse, de noblesse et d'espoir.

In the following short story, Zola moves away from his frequently pessimistic attitude toward life and shows a young couple rejecting family and social pressures to enjoy a few moments of freedom and happiness.*

---

*The story has been slightly abridged; it has also been divided into two sections in this text, with questions following each section.

Mise en route

Les conflits entre parents et enfants rendent souvent la vie difficile pour toute la famille, même quand les «enfants» sont de jeunes adultes. Mais à propos de quoi est-ce qu'on se dispute? (des sorties le soir? des devoirs? d'autre chose?) En pensant à vos parents ou aux parents d'un(e) ami(e), trouvez trois ou quatre sujets de dispute typiques.

1. _____
2. _____
3. _____
4. _____

Comparez ces sujets de dispute avec ceux d'un(e) partenaire, et discutez ensemble du rôle des parents dans la vie de jeunes adultes. A quel point les parents ont-ils le droit (ou la responsabilité) d'intervenir? Dans quels aspects de la vie?

En lisant «Voyage circulaire», pensez au rôle de Mme Larivière dans la vie du jeune couple.

Mots et expressions

l'auberge (*f.*) inn
le beau-père father-in-law
la belle-mère mother-in-law
le bonheur happiness
le chemin de fer railroad
le coin corner
le comptoir counter
de bonne heure early
s'écrier to cry out; to exclaim
le fond background; end; bottom

le lendemain the next day
loger to lodge; to quarter
la lune de miel honeymoon
se mêler de to meddle in
ne... point (*litt.*) not at all
oser to dare
le quartier neighborhood
réagir to react
se sentir to feel
la voix voice

A. Trouvez l'équivalent de chaque expression.

APPLICATIONS

1. la joie de vivre
2. une partie de la ville
3. tôt le matin
4. le jour suivant
5. dire d'une voix forte
6. avoir une réaction

B. Complétez les phrases avec les mots qui conviennent.

1. Comment te _____-tu aujourd'hui?
2. Cette chanteuse a une _____ merveilleuse.
3. A quelle adresse _____-vous?

4. Mon _____ est le père de mon mari.
5. Les enfants n'_____ pas parler pendant le repas.
6. La boutique se trouve au _____ de la rue.
7. Une boutiquière passe sa vie derrière le _____.
8. Nous touchons ici au _____ du problème.
9. Yvonne est discrète. Elle ne _____ jamais des affaires de ses amis.
10. Mme Leduc _____ est _____ discrète. Elle se mêle de toutes les affaires de ses amis.

6. Définissez les mots suivants.

1. une auberge
2. un chemin de fer
3. une lune de miel
4. une belle-mère

Voyage circulaire

Partie I

Il y a huit jours que Lucien Bérard et Hortense Larivière sont mariés. Mme veuve Larivière, la mère, tient,° depuis trente ans, un commerce de bimbelo-terie,° rue de la Chaussée-D'Antin. C'est une femme sèche et pointue, de caractère despotique, qui n'a pu refuser sa fille à Lucien, le fils unique d'un quin-
5 caillier° du quartier, mais qui entend surveiller de près° le jeune ménage. Dans le contrat,* elle a cédé la boutique de bimbeloterie à Hortense, tout en se réservant une chambre dans l'appartement; et en réalité, c'est elle qui continue à diriger la maison, sous le prétexte de mettre les enfants au courant de la vente.°

On est au mois d'août, la chaleur est intense, les affaires vont fort mal. Aussi°
10 Mme Larivière est-elle plus aigre° que jamais. Elle ne tolère point que Lucien s'oublie une seule minute près d'Hortense. Ne les a-t-elle pas surpris, un matin, en train de s'embrasser dans la boutique! Et cela, huit jours après la noce°! Voilà qui est propre° et qui donne tout de suite une bonne renommée° à une maison! Jamais elle n'a permis à M. Larivière de la toucher du bout des doigts dans la
15 boutique. Il n'y pensait guère, d'ailleurs. Et c'était ainsi qu'ils avaient fondé leur établissement.

Lucien, n'osant encore se révolter, envoie des baisers à sa femme, quand sa belle-mère a le dos tourné. Un jour, pourtant, il se permet de rappeler° que les

s'occupe de

knickknacks

hardware merchant / entend... *intends to keep a close watch on*

mettre... *telling the children about the business*
Donc
plus... de plus mauvaise humeur

le mariage

Voilà... *There's a fine (proper) thing / reputation*

il... *he takes the liberty of reminding (her)*

***Le contrat** refers to the marriage contract listing the property and personal assets of the spouses.

Edouard Manet:
Portrait d'Emile Zola (1868)

familles, avant la noce, ont promis de leur payer un voyage, pour leur lune de
20 miel. Mme Larivière pince ses lèvres minces.

—Eh bien! leur dit-elle, allez vous promener une après-midi au bois de
Vincennes.

Les nouveaux mariés se regardent d'un air consterné. Hortense commence à
trouver sa mère vraiment ridicule. C'est à peine, si, la nuit, elle est seule° avec
25 son mari. Au moindre° bruit, Mme Larivière vient, pieds nus, frapper à leur
porte, pour leur demander s'ils ne sont pas malades. Et lorsqu'ils répondent
qu'ils se portent très bien, elle leur crie:

—Vous feriez mieux de dormir, alors... Demain, vous dormirez encore dans
le comptoir.

30 Ce n'est plus tolérable. Lucien cite tous les boutiquiers du quartier qui se
permettent de petits voyages, tandis que° des parents ou des commis° fidèles
tiennent les magasins. Il y a le marchand de gants du coin de la rue La Fayette
qui est à Dieppe, le coutelier° de la rue Saint-Nicolas qui vient de partir pour
Luchon, le bijoutier près du boulevard qui a emmené sa femme en Suisse. Main-
35 tenant, tous les gens à leur aise° s'accordent° un mois de villégiature.°

—C'est la mort du commerce, monsieur, entendez-vous! crie Mme Larivière.
Du temps de M. Larivière, nous allions à Vincennes une fois par an, le lundi de
Pâques, et nous ne nous en portions pas plus mal°... Voulez-vous que je vous
dise une chose? eh bien! vous perdrez la maison, avec ces goûts de courir le
40 monde.° Oui, la maison est perdue.

C'est... *Even at night she
is rarely alone*
Au... Au plus petit

tandis... *whereas /
assistants*

cutler

à... *well-off /* se
permettent / vacances

nous... *we weren't any
the worse for it*

ces... *these ideas of gad-
ding about*

—Pourtant, il était bien convenu° que nous ferions un voyage, ose dire Hor- *agreed*
tense. Souviens-toi, maman, tu avais consenti.

—Peut-être, mais c'était avant la noce. Avant la noce, on dit comme ça
toutes sortes de bêtises... Hein? Soyons sérieux, maintenant!

45   Lucien est sorti pour éviter une querelle. Il se sent une envie féroce d'étrangler sa belle-mère. Mais quand il rentre, au bout de° deux heures, il est tout *au... après*
changé, il parle d'une voix douce à Mme Larivière, avec un petit sourire au coin
des lèvres.

    Le soir, il demande à sa femme:

50   —Est-ce que tu connais la Normandie?

—Tu sais bien que non, répond Hortense. Je ne suis jamais allée qu'au bois
de Vincennes.

    Le lendemain, un coup de tonnerre éclate° dans la boutique de bimbeloterie. *coup... thunderclap bursts*
Le père de Lucien, le père Bérard, comme on le nomme dans le quartier, où il
55 est connu pour un bon vivant° menant rondement les affaires,° vient s'inviter à *bon... someone who enjoys life / menant... conducting business briskly*
déjeuner. Au café, il s'écrie:

—J'apporte un cadeau à nos enfants. Et il tire triomphalement deux tickets
de chemin de fer.

—Qu'est-ce que c'est que ça? demande la belle-mère d'une voix étranglée.

60   —Ça, ce sont deux places de première classe pour un voyage circulaire en
Normandie... Hein? mes petits, un mois au grand air°! Vous allez revenir frais *au... en plein air*
comme des roses.

    Mme Larivière est atterrée.° Elle veut protester; mais au fond, elle ne se sou- *stunned*
cie pas d'une° querelle avec le père Bérard qui a toujours le dernier mot. Ce qui *ne... doesn't look forward to a*
65 achève de l'ahurir,° c'est que le quincaillier° parle de mener tout de suite les voya- *Ce... What really flabbergasts her / Bérard quittera pas exprimée*
geurs à la gare. Il ne les lâchera° que lorsqu'il les verra dans le wagon.

—C'est bien, déclare-t-elle avec une rage sourde,° enlevez-moi ma fille. *je... je m'occuperai de*
J'aime mieux ça, ils ne s'embrasseront plus dans la boutique, et je veillerai à°
l'honneur de la maison!

70   Enfin, les mariés sont à la gare Saint-Lazare, accompagnés du beau-père, qui
leur a laissé le temps tout juste de jeter un peu de linge et quelques vêtements
au fond d'une malle°. Il leur pose sur les joues des baisers sonores, en leur re- *trunk*
commandant de bien tout regarder, pour lui raconter ensuite ce qu'ils auront vu.
Ça l'amusera!

AVEZ-VOUS
COMPRIS?

1. Décrivez le caractère de Mme Larivière, puis parlez de son apparence.
Quel rôle joue-t-elle dans le mariage de sa fille et dans les affaires de la
maison?
2. Lucien et Hortense viennent de se marier. Que font-ils après la noce?
Qu'est-ce qu'ils ont envie de faire?

3. Qu'est-ce que Mme Larivière pense de la lune de miel traditionnelle?
4. Comment Mme Larivière se mêle-t-elle de l'intimité du jeune couple? A votre avis, pourquoi le fait-elle?
5. Comment les autres commerçants du quartier organisent-ils leurs vacances?
6. Quelle est l'opinion de Mme Larivière à ce sujet?
7. Comment Lucien réagit-il aux idées de sa belle-mère?
8. De quelle façon le père Bérard devient-il l'allié de son fils? Que fait-il pour le jeune couple?
9. A votre avis, pourquoi Lucien et Hortense doivent-ils partir en voyage le jour même où ils reçoivent les tickets?
10. Quelle recommandation le père Bérard fait-il aux époux quand il les accompagne à la gare?

Voyage circulaire

Partie II

Sur le quai du départ, Lucien et Hortense se hâtent° le long du° train, cherchant un compartiment vide. Ils ont l'heureuse chance d'en trouver un, ils s'y précipitent° et s'arrangent déjà pour un tête-à-tête, lorsqu'ils ont la douleur° de voir monter avec eux un monsieur à lunettes qui, aussitôt assis, les regarde
5 d'un air sévère.

[...] On arrive à Rouen.

Lucien, en quittant Paris, a acheté un Guide. Ils descendent dans un hôtel recommandé, et ils sont aussitôt la proie° des garçons. A la table d'hôte, c'est à peine s'ils° osent échanger une parole,° devant tout ce monde° qui les regarde.
10 Enfin, ils se couchent de bonne heure; mais les cloisons° sont si minces, que leurs voisins, à droite et à gauche, ne peuvent faire un mouvement sans qu'ils l'entendent. Alors, ils n'osent plus remuer, ni même tousser dans leur lit.

—Visitons la ville, dit Lucien, le matin, en se levant, et partons vite pour Le Havre.
15 Toute la journée, ils restent sur pied. [...] Hortense surtout s'ennuie à mourir, et elle est tellement lasse,° qu'elle dort le lendemain en chemin de fer.

Au Havre, une autre contrariété les attend. Les lits de l'hôtel où ils descendent sont si étroits, qu'on les loge dans une chambre à deux lits. Hortense voit là une insulte et se met à pleurer. Il faut que Lucien la console, en lui
20 jurant° qu'ils ne resteront au Havre que le temps de voir la ville. Et les courses folles° recommencent.

se... se dépêchent / le... à côté du

s'y... *rush into it* / *distress*

prey, at the mercy

c'est... *they hardly* / *word; remark* / tout... tous ces gens

murs

fatiguée

en... *promising her*

courses... *mad rushing about*

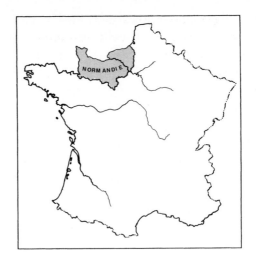

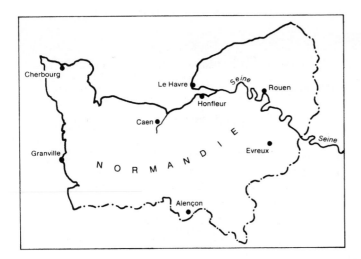

[...] Nulle part,° ils n'ont encore trouvé un coin de paix et de bonheur, où ils
pourraient s'embrasser loin des oreilles indiscrètes. Ils en sont venus à° ne plus
rien regarder, continuant strictement leur voyage, ainsi qu'une corvée° dont ils
25 ne savent comment se débarrasser. Puisqu'ils sont partis, il faut bien qu'ils reviennent. Un soir, à Cherbourg, Lucien laisse échapper° cette parole grave:—«Je
crois que je préfère ta mère.» Le lendemain, ils partent pour Granville. Mais
Lucien reste sombre et jette des regards farouches° sur la campagne, dont les
champs se déploient en éventail,° aux deux côtés de la voie.° Tout d'un coup,
30 comme le train s'arrête à une petite station, dont le nom ne leur arrive même
pas aux oreilles,° un trou adorable de verdure° perdu dans les arbres, Lucien
s'écrie:

Nulle... *Nowhere*

en... *reached the point of*
obligation désagréable

laisse... exprime

fierce, grim

dont... *whose fields
spread out like a fan /
track*
dont... *whose name they
don't even hear /*
trou... *lovely green
hideaway*

—Descendons, ma chère, descendons vite!

—Mais cette station n'est pas sur le Guide, dit Hortense stupéfaite.

35 —Le Guide! le Guide! reprend-il,° tu vas voir ce que je vais en faire du Guide! Allons, vite, descends!

—Mais nos bagages?

—Je me moque bien de° nos bagages!

Et Hortense descend, le train file° et les laisse tous les deux dans le trou ado-
40 rable de verdure. Ils se trouvent en pleine campagne,° au sortir de la petite gare. Pas un bruit. Des oiseaux chantent dans les arbres, un clair ruisseau coule° au fond d'un vallon. Le premier soin° de Lucien est de lancer le Guide au milieu d'une mare.° Enfin, c'est fini, ils sont libres!

A trois cents pas, il y a une auberge isolée, dont l'hôtesse leur donne une
45 chambre blanchie à la chaux,° d'une gaîté printanière.° Les murs ont un mètre d'épaisseur. D'ailleurs, il n'y a pas un voyageur dans cette auberge, et seules, les poules les regardent d'un air curieux.

—Nos billets sont encore valables° pour huit jours, dit Lucien; eh bien! nous passerons nos huit jours ici.

50 Quelle délicieuse semaine! Ils s'en vont dès le matin par les sentiers perdus, ils s'enfoncent dans° un bois, sur la pente d'une colline,° et là ils vivent leurs journées, cachés au fond des herbes qui abritent° leurs jeunes amours. D'autres fois, ils suivent le ruisseau, Hortense court comme une écolière échappée; puis, elle ôte ses bottines° et prend des bains de pieds, tandis que Lucien lui fait pous-
55 ser° de petits cris, en lui posant sur la nuque de brusques baisers.

[...] Leur chambre est si gaie. Ils s'y enferment dès huit heures,° lorsque la campagne noire et silencieuse ne les tente° plus. Surtout, ils recommandent qu'on ne les réveille pas. Lucien descend parfois en pantoufles, remonte° lui-
même le déjeuner, des œufs et des côtelettes, sans permettre à personne d'entrer
60 dans la chambre. Et ce sont des déjeuners exquis, mangés au bord du lit, et qui n'en finissent pas,° grâce aux baisers plus nombreux que les bouchées° de pain.

Le septième jour, ils restent surpris et désolés d'avoir vécu si vite. Et ils par-
tent sans même vouloir connaître le nom du pays° où ils se sont aimés. Au moins, ils auront eu° un quartier° de leur lune de miel. C'est à Paris seulement
65 qu'ils rattrapent° leurs bagages.

Quand le père Bérard les interroge, ils s'embrouillent.° Ils ont vu la mer à Caen, et ils placent la tour de Beurre au Havre.

—Mais que diable! s'écrie le quincaillier, vous ne me parlez pas de Cherbourg... et l'arsenal°?

70 —Oh! un tout petit arsenal, répond tranquillement Lucien. Ça manque° d'arbres.

Alors, Mme Larivière, toujours sévère, hausse les épaules° en murmurant:

—Si ça vaut la peine de voyager°! Ils ne connaissent seulement° pas les monu-
ments... Allons, Hortense, assez de folies, mets-toi au comptoir. ✹

---

répond-il

Je... *I couldn't care less about*
part
en... *in the middle of nowhere*
ruisseau... *brook flows*
concern

pond

blanchie... *whitewashed / springlike*

valid

s'enfoncent... *plunge into / sur... on the side of a hill*
shelter
ôte... *takes off her boots, high shoes*
lui... *makes her utter*
Ils... *They lock themselves in from 8:00 on*
tempts
carries up

n'en... *go on and on / mouthfuls*

(forme paysanne) village
auront... *will have had / part*
catch up with
get confused

navy shipyard

Ça... *It lacks*

hausse... *shrugs her shoulders*
Si... *What's the use of traveling? / même*

AVEZ-VOUS COMPRIS?

1. Pourquoi Lucien et Hortense sont-ils déçus (*disappointed*) quand le monsieur entre dans leur compartiment?
2. Décrivez le début du voyage (à Rouen, au Havre, à Cherbourg). S'amusent-ils? Pourquoi (pas)?
3. Quelle décision Lucien prend-il enfin?
4. Pourquoi le premier soin de Lucien est-il de se débarrasser du Guide?
5. Comparez la petite auberge de campagne avec les hôtels des grandes villes.
6. Qu'est-ce qui rend la dernière semaine de leur voyage si heureuse? Comment passent-ils le temps?
7. Quand Lucien et Hortense rentrent à Paris, le père Bérard leur pose toutes sortes de questions sur le voyage. Sont-ils capables de bien répondre? Expliquez.
8. Comment la mère d'Hortense voit-elle les voyages?

COMMENTAIRE DU TEXTE

1. Pourquoi Lucien et Hortense ne parlent-ils pas à leurs parents de la dernière semaine de leur voyage?
2. Pourquoi le nom du lieu où ils ont passé la dernière semaine n'est-il pas important?
3. Lucien et Hortense appartiennent à la petite bourgeoisie parisienne. D'après ce conte, quelle idée vous faites-vous des valeurs de cette classe sociale? Est-elle traditionnelle? matérialiste? ouverte? conservatrice? stable? économe? travailleuse? intellectuelle? Contre quelles attitudes le jeune couple essaie-t-il de se révolter?
4. Emile Zola réussit à créer des personnages réels avec bien peu de description. Il nous donne par exemple une peinture très précise de la mère d'Hortense: ses traits physiques—«une femme sèche et pointue»—reflètent ses traits moraux. Elle a, en effet, un «caractère despotique». Par quels autres détails son caractère se révèle-t-il? Essayez maintenant de faire le portrait d'Hortense, de Lucien et du père Bérard en ajoutant ce que l'auteur a laissé à votre imagination.

DE LA LITTERATURE A LA VIE

Dans le conte que vous venez de lire, Zola vous montre un milieu bien français comme il en existe encore aujourd'hui, surtout dans les vieux quartiers des grandes villes. Pour mieux le comprendre, essayez de répondre à ces questions. Cela vous permettra aussi de relever des différences sociales entre votre pays et la France.

1. Dans le quartier décrit dans le conte, tout le monde semble se connaître, on sait ce que font (ou ne font pas) les autres. Y a-t-il de tels quartiers chez vous?

2. Quelle est l'activité professionnelle ou commerciale de votre père? de votre mère? Dans quelle mesure vous y intéressez-vous?

3. D'après ce conte, quelles différences pouvez-vous remarquer entre une famille française et une famille chez vous du même niveau social?

4. Le voyage de noces est une tradition qui dure encore de nos jours. Autrefois les nouveaux mariés faisaient un voyage de noces pour mieux se connaître, pour passer quelques moments seuls et apprendre à vivre ensemble, pour s'amuser un peu avant de se mettre sérieusement au travail. Est-ce que ces raisons sont encore valables aujourd'hui? Justifiez votre réponse.

3

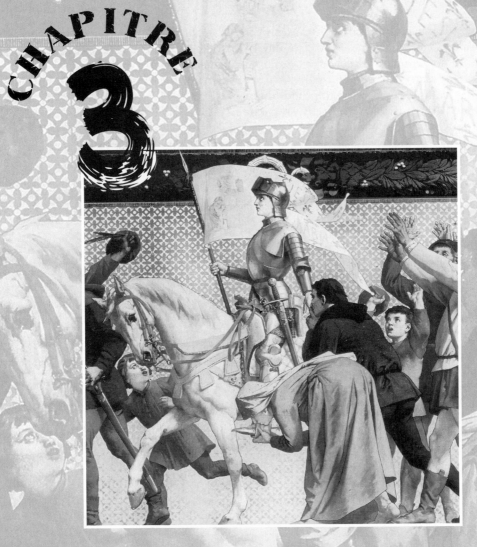

Lenepveu: Vie de Jeanne d'Arc (Elle est acclamée par la population.)

LA FRANCE D'AUTREFOIS

French literature and French history are two closely entwined aspects of French culture. While history often provides the background for works of literature, fiction and poetry can, in turn, shed new light on historical moments, interpreting them and making them come alive.

In «La Dernière Classe», the first reading in the chapter, Alphonse Daudet tells of the difficult period in 1871 when the Prussians took over the border region of Alsace, next to Germany, as spoils of war.

In «Châteaux de Loire», the poet Charles Péguy takes us on a brief tour of the historically rich Loire Valley, south of Paris. In 1429 it was here, in the town of Orléans, that Joan of Arc led the French in battle against the English, saving the country from foreign rule.

Lire en français

Recognizing the *Passé simple*

In spoken French and in much written French, we speak of completed actions in the past by using the **passé composé.** In literary and historical writing, however, the **passé simple,** a tense consisting of one word, is often used in place of the **passé composé** for the narration of past events. In order to read most French literature, you need to be able to recognize the **passé simple** by identifying the stems of the verbs and the verb endings. You only need to identify verbs in the **passé simple.** You do not need to use them. Note in particular the difference between two common verbs: the third-person singular of **faire (fit)** and **être (fut).** Following is a brief summary of the forms of this literary past tense.

Regular Verbs

parler			
je	parl**ai**	nous	parl**âmes**
tu	parl**as**	vous	parl**âtes**
il/elle/on	parl**a**	ils/elles	parl**èrent**

choisir			
je chois**is**	nous	chois**îmes**	
tu chois**is**	vous	chois**îtes**	
il/elle/on chois**it**	ils/elles	chois**irent**	

attendre			
j' attend**is**	nous	attend**îmes**	
tu attend**is**	vous	attend**îtes**	
il/elle/on attend**it**	ils/elles	attend**irent**	

Auxiliary Verbs

avoir				être			
j'	eus	nous	eûmes	je	fus	nous	fûmes
tu	eus	vous	eûtes	tu	fus	vous	fûtes
il/elle/on	eut	ils/elles	eurent	il/elle/on	fut	ils/elles	furent

Some Irregular Verbs

devoir				faire			
je	dus	nous	dûmes	je	fis	nous	fîmes
tu	dus	vous	dûtes	tu	fis	vous	fîtes
il/elle/on	dut	ils/elles	durent	il/elle/on	fit	ils/elles	firent

mettre				pouvoir			
je	mis	nous	mîmes	je	pus	nous	pûmes
tu	mis	vous	mîtes	tu	pus	vous	pûtes
il/elle/on	mit	ils/elles	mirent	il/elle/on	put	ils/elles	purent

prendre				savoir			
je	pris	nous	prîmes	je	sus	nous	sûmes
tu	pris	vous	prîtes	tu	sus	vous	sûtes
il/elle/on	prit	ils/elles	prirent	il/elle/on	sut	ils/elles	surent

venir				vivre			
je	vins	nous	vînmes	je	vécus	nous	vécûmes
tu	vins	vous	vîntes	tu	vécus	vous	vécûtes
il/elle/on	vint	ils/elles	vinrent	il/elle/on	vécut	ils/elles	vécurent

voir			
je	vis	nous	vîmes
tu	vis	vous	vîtes
il/elle/on	vit	ils/elles	virent

In the following paragraph, replace the verbs in the **passé simple** by the **passé composé**.

Jeanne d'Arc naquit _____¹ dans un petit village

de Lorraine vers 1412. Ses parents furent _____²

étonnés lorsqu'un jour elle vint _____³ leur

dire qu'elle avait entendu des voix venant du ciel. Les voix lui dirent

_____⁴ d'aider le roi de France qui se battait con-

tre les Anglais. Elle mit _____⁵ une armure et se

présenta _____⁶ à la cour. Le roi et les nobles

acceptèrent _____⁷ l'aide de la jeune fille

courageuse. Les Français gagnèrent _____⁸

la bataille d'Orléans. Malheureusement, Jeanne d'Arc tomba

_____⁹ dans les mains des Anglais. Ils accusèrent

_____¹⁰ Jeanne d'être sorcière, et ils l'ont brulée.

Elle mourut _____¹¹ le 29 mai 1431.

La Dernière Classe

ALPHONSE DAUDET

Alphonse Daudet (1840–1897) was a writer whose great attention to detail gives readers a glimpse of French life during the second half of the nineteenth century. At this time of great political and social upheaval a particularly sorrowful issue preoccupied Daudet. His beloved France fought the Prussian invasion that led, in 1871, to the defeat of the French. His indignation at the loss of the war and at the Prussian annexation of the two provinces of Alsace and Lorraine is at the heart of a group of short stories, the *Contes de lundi*, the first of which takes place in a small Alsatian village just after the Prussians have won the war. Alsace was no longer to be in France, and French no longer the language spoken in school.

Mise en route

Pour certaines familles en France, et dans d'autres pays du monde, la langue que les enfants parlent à la maison n'est pas la langue utilisée à l'école. Cela vient du fait que ces familles essaient de préserver leurs traditions. Selon vous, quelle est la relation entre la langue et l'identité culturelle?

Indiquez votre réaction aux phrases suivantes.

1. On peut comprendre une culture sans parler la langue utilisée par ses membres.

   Je suis   entièrement d'accord / d'accord / pas du tout d'accord.

2. Il est important de parler la langue maternelle de ses parents.

   Je suis   entièrement d'accord / d'accord / pas du tout d'accord.

3. Il est important de parler la langue maternelle de ses grands-parents.

   Je suis   entièrement d'accord / d'accord / pas du tout d'accord.

4. Il est préférable d'avoir une seule langue nationale.

   Je suis   entièrement d'accord / d'accord / pas du tout d'accord.

5. Il est nécessaire de bien parler la langue du pays où on habite.

   Je suis   entièrement d'accord / d'accord / pas du tout d'accord.

Maintenant, comparez vos réponses avec celles d'un(e) partenaire. Pourquoi avez-vous répondu de cette manière?

Mots et expressions

achever to complete, finish (*a task*)
afficher to post, stick up (*on a wall*)
appuyer to push or lean against
le banc bench
bouleverser to overwhelm
éclater to explode or burst out

étouffer to smother, stifle
fixer to stare at
au fond (de) (at) the back, the bottom (of)
le maître primary school teacher
le pupitre student desk
le savoir knowledge
faire signe to gesture

APPLICATIONS   **A.** Complétez les paragraphes avec les mots qui conviennent. Utilisez le passé composé pour les verbes.

Un jour quand j'avais huit ans, le jeune _____¹ qui enseignait le français a décidé de changer la salle de classe. Sur le mur _____² la salle, il _____³ les meilleurs devoirs des élèves. Ensuite, il a mis tous _____⁴ des élèves dans un grand cercle. Quand il _____⁵ ce travail, il était tout content de ses efforts.

maître
au fond de
afficher
pupitre
achever

Il nous a expliqué la raison de ce changement. Il a dit que comme ça nous pourrions nous parler plus facilement. Evidemment, cette nouvelle situation _____⁶ certains élèves qui avaient l'habitude d'une salle de classe très structurée. Lorsqu'ils se sont regardés, ils _____⁷ de rire. Mais le maître _____⁸ ces jeunes gens d'un œil très sévère et leur _____⁹ de se calmer. A partir de ce jour-là, la classe a semblé moins froide et plus humaine.

faire signe
bouleverser
fixer
éclater

B. Trouvez l'équivalent de chaque expression.

1. un endroit où l'on s'assied
2. l'ensemble des connaissances d'une personne
3. pousser
4. empêcher d'éclater

La Dernière Classe

Dans ce conte le jeune narrateur est, comme d'habitude, en retard pour l'école. En traversant le village, il passe devant les soldats prussiens qui l'occupent et il voit de nouveaux ordres venus de Berlin affichés sur le mur. Quand il arrive à l'école, juste au début de la leçon de français, il aperçoit certaines choses étranges. . . .

—Va vite à ta place, mon petit Franz; nous allions commencer sans toi.

J'enjambai° le banc et je m'assis tout de suite à mon pupitre. Alors seulement, un peu remis de ma frayeur,° je remarquai que notre maître avait sa belle redingote° verte, son jabot plissé fin et la calotte de soie noire brodée° qu'il

5 ne mettait que les jours d'inspection ou de distribution de prix.° Du reste, toute la classe avait quelque chose d'extraordinaire et de solennel. Mais ce qui me surprit le plus, ce fut de voir au fond de la salle, sur les bancs qui restaient vides d'habitude, des gens du village assis et silencieux comme nous, le vieux Hauser avec son tricorne,° l'ancien maire,° l'ancien facteur,° et puis d'autres personnes

10 encore. Tout ce monde-là paraissait triste; et Hauser avait apporté un vieil abécédaire mangé aux bords° qu'il tenait grand ouvert sur ses genoux, avec ses grosses lunettes posées en travers des pages.

Pendant que je m'étonnais de tout cela, M. Hamel était monté dans sa chaire,° et de la même voix douce et grave dont il m'avait reçu, il nous dit:

15 —Mes enfants, c'est la dernière fois que je vous fais la classe.° L'ordre est venu de Berlin de ne plus enseigner que l'allemand° dans les écoles de l'Alsace et de la Lorraine... Le nouveau maître arrive demain. Aujourd'hui, c'est votre dernière leçon de français. Je vous prie d'être bien attentifs.

Ces quelques paroles me bouleversèrent. Ah! les misérables, voilà ce qu'ils

20 avaient affiché à la mairie.

Ma dernière leçon de français!...

• • •

climbed over

peur

frock coat / son... his neatly pleated neck ruffle and the embroidered black silk skullcap
prizes

chapeau / mayor / mailman

un vieil... an old, worn-out primary school reader

rostrum

je vous... I will teach your class
ne plus... to teach only German

Alors, d'une chose à l'autre,° M. Hamel se mit à nous parler de la langue française, disant que c'était la plus belle langue du monde, la plus claire, la plus solide; qu'il fallait la garder entre nous et ne jamais l'oublier, parce que, quand
25 un peuple tombe esclave, tant qu'il tient bien sa langue,° c'est comme s'il tenait la clé de sa prison...* Puis il prit une grammaire et nous lut notre leçon. J'étais étonné de voir comme je comprenais. Tout ce qu'il disait me semblait facile, facile. Je crois aussi que je n'avais jamais si bien écouté et que lui non plus n'avait jamais mis autant de patience à ses explications. On aurait dit° qu'avant
30 de s'en aller le pauvre homme voulait nous donner tout son savoir, nous le faire entrer dans la tête d'un seul coup.

La leçon finie, on passa à l'écriture.° Pour ce jour-là, M. Hamel nous avait préparé des exemples° tout neufs, sur lesquels était écrit en belle ronde: *France, Alsace, France, Alsace.* Cela faisait comme des petits drapeaux qui flottaient tout
35 autour de la classe, pendus à la tringle° de nos pupitres. Il fallait voir comme chacun s'appliquait, et quel silence! On n'entendait rien que le grincement des plumes sur le papier.° Un moment, des hannetons° entrèrent; mais personne n'y fit attention, pas même les tout-petits, qui s'appliquaient à tracer leurs *bâtons,°* avec un cœur, une conscience, comme si cela encore était du français...° Sur la
40 toiture de l'école, des pigeons roucoulaient tout bas, et je me disais en les écoutant: «Est-ce qu'on ne va pas les obliger à chanter en allemand, eux aussi?»

De temps en temps, quand je levais les yeux de dessus ma page, je voyais M. Hamel immobile dans sa chaire et fixant les objets autour de lui, comme s'il

*«S'il tient sa langue, il tient la clé qui, de ses chaînes, le délivre.» F. Mistral.

d'une... *one thing led to another*

tant... *as long as they hold on carefully to their language*

might have said

penmanship
models

pendus... *hung from rods*

le grincement... *the scratching of pens on paper* / *maybugs*
straight lines
comme si... *as though it were part of the French lesson, too*

avait voulu emporter dans son regard toute sa petite maison d'école... Pensez!
45 depuis quarante ans, il était là à la même place, avec sa cour° en face de lui et sa
classe toute pareille. Seulement les bancs, les pupitres s'étaient polis, frottés par
l'usage;° les noyers° de la cour avaient grandi, et le houblon° qu'il avait planté
lui-même enguirlandait° maintenant les fenêtres jusqu'au toit. Quel crève-cœur°
ça devait être pour ce pauvre homme de quitter toutes ces choses, et d'entendre
50 sa sœur qui allait, venait, dans la chambre au-dessus, en train de fermer leurs
malles!° Car ils devaient partir le lendemain, s'en aller du pays pour toujours.

   Tout de même, il eut le courage de nous faire la classe jusqu'au bout. Après
l'écriture, nous eûmes la leçon d'histoire; ensuite les petits chantèrent tous ensemble le *ba be bi bo bu*.° Là-bas, au fond de la salle, le vieux Hauser avait mis ses
55 lunettes, et, tenant son abécédaire à deux mains, il épelait les lettres avec eux.
On voyait qu'il s'appliquait lui aussi; sa voix tremblait d'émotion, et c'était si
drôle de l'entendre que nous avions tous envie de rire et de pleurer. Ah! je m'en
souviendrai de° cette dernière classe...

   Tout à coup, l'horloge de l'église sonna midi, puis l'angélus.° Au même
60 moment, les trompettes des Prussiens qui revenaient de l'exercice éclatèrent sous
nos fenêtres... M. Hamel se leva, tout pâle, dans sa chaire. Jamais il ne m'avait
paru si grand.

   —Mes amis, dit-il, mes... je... je...
   Mais quelque chose l'étouffait. Il ne pouvait pas achever sa phrase.
65 Alors il se tourna vers le tableau, prit un morceau de craie° et, en appuyant
de toutes ses forces, il écrivit aussi gros qu'il put:

                              Vive la France!

   Puis il resta là, la tête appuyée au mur, et, sans parler, avec sa main, il nous
faisait signe: «C'est fini... allez-vous-en.» 🌼

courtyard

*s'étaient... had become
   polished, worn with
   use / walnut trees /
   hops plant
   wreathed / heartbreak*

travel trunks

vowel sounds

will remember

noon call to prayer

*un morceau... a piece of
   chalk*

AVEZ-VOUS COMPRIS?

1. Quand le narrateur Franz arrive en classe, que remarque-t-il d'étrange? Est-ce que son maître est comme d'habitude? Et qui est assis au fond de la classe? Quelle est leur attitude?
2. Qu'est-ce que M. Hamel annonce à la classe? Qu'est-ce qui va être différent le lendemain? En quel sens est-ce «la dernière classe»?
3. Qu'est-ce que M. Hamel dit à propos de la langue française? Pourquoi, selon lui, faut-il garder sa langue?
4. Qu'est-ce que M. Hamel fait après avoir parlé de la langue française? Comment est-ce que le petit Franz réagit à cela? Est-ce qu'il comprend la leçon? Pourquoi?
5. Pendant la leçon d'écriture, quel est le modèle que M. Hamel leur donne à copier?
6. Est-ce que les enfants jouent et rient pendant la leçon d'écriture? Que font-ils?
7. Quand les pigeons roucoulent (ligne 40), quelle est la question que le narrateur se pose?
8. Qu'est-ce que M. Hamel va faire le lendemain?
9. Que se passe-t-il à midi? Comment est-ce que M. Hamel réagit?

COMMENTAIRE DU TEXTE

1. Quels sont les détails qui rendent le début de ce passage réaliste? Quelles sont les différences entre la description de cette salle de classe et une salle de classe moderne?
2. Qu'est-ce que Franz pense de l'ordre de Berlin? Quels mots en particulier vous indiquent ses sentiments?
3. Comment imaginez-vous la leçon de français et la leçon d'écriture ce jour-là? En quoi sont-elles différentes des sessions habituelles? Pourquoi?
4. Comment Daudet montre-t-il les sentiments des différents personnages et groupes? de Franz? du vieux Hauser? de M. Hamel? des petits?
5. Commentez la fin de l'histoire. Pourquoi M. Hamel réagit-il de cette manière? Comment imaginez-vous les minutes qui suivent sa dernière phrase?

DE LA LITTERATURE A LA VIE

1. Les Américains vivent dans un melting-pot, où sont réunies un grand nombre de cultures différentes. Dans quelle mesure doivent-ils rester conscients de la culture de leurs ancêtres? Est-ce qu'il faut plutôt essayer de se conformer à une culture unifiée?

2. Quel est le rôle de l'école dans l'enseignement des différences culturelles? Qu'est-ce que les professeurs doivent faire pour favoriser cette prise de conscience?

3. M. Hamel avait des opinions politiques très fortes, et il les communiquait à sa classe. De nos jours, comment doit-on traiter de politique et de questions sociales délicates en classe? Est-ce que le professeur a le droit de faire part de ses opinions à la classe? Comment faut-il le faire? Y a-t-il des dangers? Lesquels?

Châteaux de Loire

CHARLES PÉGUY

Born in Orléans in 1873, Charles Péguy resembles in courage the young woman who freed his native city over four hundred years before, Joan of Arc. He was an ardent spokesman for the rights of Captain Dreyfus, a Jewish soldier falsely accused of treason, and for a time was an adamant socialist pamphleteer. He lived his beliefs until, on a World War I battlefield, he died defending France. His devotion to Catholicism is obvious in his poetry and poetic plays, where religious figures play an important role. His strong sense of the spiritual is set in a worldly context, however, as we shall see in the poem «Châteaux de Loire». Whereas the first two stanzas of the poem describe Péguy's native region in concrete detail, the final four stanzas lead into a more spiritual realm. The poet shows us how the memory of Joan of Arc stands as strong as any fortress, withstanding the test of time.

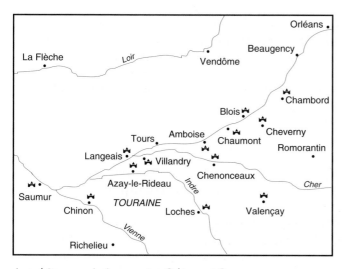

Les châteaux principaux entre Orléans et Saumur

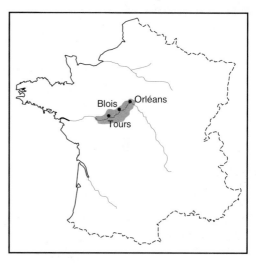

La vallée de la Loire

Mise en route

On associe souvent un endroit avec une personne. Trouvez, dans la colonne B, les endroits qui correspondent aux personnages de la colonne A.

A	B
Napoléon	Les Alpes françaises
les sorcières	Versailles
John F. Kennedy	Notre-Dame de Paris
Quasimodo	Waterloo
Louis XIV	Salem, Massachusetts
Jean-Claude Killy	Dallas, Texas

Pourquoi associe-t-on ces personnes et ces endroits? Avec un(e) partenaire, essayez de trouver d'autres associations, et expliquez-les.

En lisant «Châteaux de Loire» essayez de découvrir l'identité du personnage historique dont Péguy parle dans les deux dernières strophes (une enfant qui...).

Mots et expressions

le coteau hillside
s'élever to raise, to rise up
fin(e) delicate
gouverner to rule
grave serious
graver to engrave, to carve

inscrire to inscribe
léger/légère light
le long du (de la) the length of
semer to scatter, to sow
le sort destiny, fate

APPLICATIONS   **A.** Complétez les phrases avec les mots qui conviennent.

1. _____ d'un roi est de gouverner son pays.
2. _____ était couvert de fleurs, mais plus haut, près du sommet, il y avait encore de la neige.
3. La tour Eiffel _____ plus haut que les autres bâtiments de son quartier à Paris.
4. J'ai marché _____ rue avant de trouver sa maison.

B. Trouvez le verbe qui correspond aux noms suivants.

1. la gravure (*engraving*)
2. l'inscription (*f.*)
3. le gouvernement
4. la semence (*seeds*)

C. Trouvez le contraire des adjectifs suivants.

1. joyeux
2. lourd
3. gros

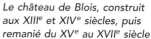

Châteaux de Loire

Le long du coteau courbe° et des nobles vallées   *curved*
Les châteaux sont semés comme des reposoirs,°   *small altars*
Et dans la majesté des matins et des soirs
4   La Loire et ses vassaux° s'en vont par ces allées.   *vassals*

Cent vingt châteaux lui font une suite courtoise,°   lui... *are a courtly following for it (the Loire)*
Plus nombreux, plus nerveux, plus fins que des palais.
Ils ont nom Valençay, Saint-Aignan et Langeais,
8   Chenonceaux et Chambord, Azay, le Lude, Amboise.

Et moi j'en connais un° dans les châteaux de Loire   Chinon, où Jeanne d'Arc a rencontré le roi de France
Qui s'élève plus haut que le château de Blois,
Plus haut que la terrasse où les derniers Valois°   *one of the French royal families*
12 Regardaient le soleil se coucher dans sa gloire.

La moulure° est plus fine et l'arceau° plus léger.   *molding / arch*
La dentelle de pierre° est plus dure et plus grave.   dentelle... *lacy sculpted stone*
La décence et l'honneur et la mort qui s'y grave
16 Ont inscrit leur histoire au cœur de ce verger.°   *orchard* (on appelle le val de Loire «le jardin de la France»)

Et c'est le souvenir qu'a laissé sur ces bords°   sur... dans cette région
Une enfant qui menait son cheval vers le fleuve.
Son âme était récente° et sa cotte° était neuve.   *pure* / *coat of mail*
20 Innocente elle allait vers le plus grand des sorts.

Car celle qui venait du pays tourangeau,°   pays... la Touraine
C'était la même enfant qui quelques jours plus tard,
Gouvernant d'un seul mot le rustre° et le soudard,°   *boor* / *old soldier, ruffian* (Elle
24 Descendait devers° Meung ou montait vers Jargeau.°    avait donc un pouvoir spécial.)
                                                                          vers / Meung... deux villes où les
                                                                          Français ont gagné des batailles
                                                                          contre les Anglais

*Le château de Chinon, où Jeanne
d'Arc a rencontré Charles VII*

**AVEZ-VOUS
COMPRIS?**

1. Comment est le paysage de la Vallée de la Loire? Est-ce une plaine? Y a-t-il des collines?

2. Quelle est l'attitude de Péguy envers les châteaux? Neutre? Ironique? Révérencielle? Citez des mots qui justifient votre conclusion.

3. A la troisième strophe, quel château impressionne Péguy le plus? Pour quelle raison?

4. Les vers 13 et 14 traitent des détails architecturaux des châteaux. De quel domaine parle le poète dans les vers 15 et 16?

5. Au vers 16, qu'est-ce qui a inscrit une histoire à cet endroit?
6. Regardez bien la cinquième strophe. Quel est le sujet du verbe *a laissé*? Et le sujet du verbe *menait*? Refaites la phrase des vers 17 et 18 à votre façon.
7. Comment Jeanne d'Arc était-elle? Marquez quelques mots et expressions qui la décrivent.
8. Qui a-t-elle mené en bataille?

....

COMMENTAIRE DU TEXTE

1. Péguy utilise un langage poétique pour parler du fleuve. Le mot *vassal* veut dire littéralement *serviteur*. Que veut dire *les vassaux* de la Loire dans ce contexte?
2. De quelle sorte de vocabulaire viennent les mots *noble, majesté, vassal* et *courtoise*? Pourquoi est-ce que ce vocabulaire est particulièrement approprié pour parler de cette région?
3. Dans ce poème, Péguy donne aux choses inanimées certaines capacités et caractéristiques humaines, par exemple «nobles vallées». Trouvez d'autres exemples de cette personnification dans le poème. Quel est l'effet de cette technique?

....

DE LA LITTERATURE A LA VIE

1. Jeanne d'Arc est une des plus grandes héroïnes de la France. Quelles sont les qualités d'un héros ou d'une héroïne? Quelles autres femmes méritent ce titre? Qu'ont-elles fait? Citez aussi quelques héros.
2. Les châteaux de la Loire ont une signification particulière pour Péguy. Est-ce qu'il y a un endroit qui a une signification spéciale pour vous? Lequel? Pourquoi?

CHAPITRE 4

Georges de la Tour:
Le Nouveau-né
(c. 1645)

VIVRE SA VIE

Every day of our lives we are confronted with choices. When we make them, they demonstrate who we are and dictate who we will become. In literature, too, choices are often the pivots around which an entire work turns.

In the first chapter reading, an excerpt from Colette's novel *Le Blé en herbe,* we witness the coming of age of two adolescents, Phil and Vinca, who are struggling through the difficult passage from childhood to adulthood. Phil is impatient to seek his own way in the world, while Vinca is the voice of reason as she attempts to show him that all things come in their time.

In the second reading, the young woman Antigone is the main character in Jean Anouilh's play of the same name. She, like most of us at one time or another in our lives, is facing a moral dilemma. Should she be true to her beliefs about what is right and what is wrong, or should she obey her uncle? Her choice will mean life or death for her.

The universal questions raised by these two texts show how important it is to decide consciously how to lead one's life. When should we push forward whatever the cost? When should we compromise? Can we afford to wait for the "right" time to act? What effect do our choices have on our lives?

Lire en français

Using Sentence Structure to Derive Meaning

To help you discover the meaning of an unfamiliar word, one strategy is to determine what kind of grammatical function it has in the sentence. Is it a noun? An adjective? A verb? You know that an article (**le, la, les, un, une, des**) signals the presence of a noun, and you are already familiar with most verb tenses and their endings. You know that adjectives are found near the nouns they modify, and that they agree with those nouns in gender and number. Once you have determined the type of word you're looking at, you can guess at possible meanings from context, using other reading skills you have developed.

Read the following passage from the beginning of the play *Antigone* without your dictionary. Do not worry if there are a few words you don't understand.

Voilà. Ces personnages vont vou(jouer)l'histoire d'Antigone. Antigone, c'est la petite maigre qui est(assise)là-bas et qui ne(dit)rien. Elle
(regarde)droit devant elle. Elle(pense.)Elle(pense)qu'elle(va)être Antigone tout à l'heure, qu'elle(va)surgir de la maigre jeune fille noiraude
et renfermée que personne ne(prenait)au sérieux dans la famille.

Now go back and circle all the verbs. Did you find all ten actions or states-
of-being (with **aller** + *infinitive* counting as one action)? How did you know
that they were verbs?

Go through the paragraph again and this time underline the nouns and pronouns. Write "s" above each noun or pronoun that is the subject of a verb. Compare your findings with those of a partner.

Here's the same paragraph again. This time, look at the underlined expressions and write the part of speech for each item (noun? verb? adjective?) in the
blanks below. Let the structure help you.

Voilà. Ces <u>personnages</u> vont vous jouer l'histoire d'Antigone. Antigone, c'est la petite <u>maigre</u> qui est assise là-bas et qui ne dit rien. Elle
regarde droit devant elle. Elle pense. Elle pense qu'elle va être Antigone tout à l'heure, qu'elle <u>va surgir</u> de la maigre jeune fille <u>noiraude</u>
et <u>renfermée</u> que personne ne prenait au sérieux dans la famille.

1. personnages   ———————————————
2. maigre   ———————————————
3. va surgir   ———————————————
4. noiraude   ———————————————
5. renfermée   ———————————————

Once you have determined the type of word you're looking at, you can guess
at possible meanings. Is the word related to an English word you know? Is it
part of a word family you have met? Can the context help you? Read the paragraph once again and look at the expressions below. Circle the one you think
could best be substituted for each of the underlined words.

1. personnages (*noun, m. pl.*) auteurs (acteurs) musiciens
2. maigre (*noun, f. sing.*) idée Mexicaine (femme mince)
3. va surgir (*verb, near future*) va sourire va sortir va parler
4. noiraude (*adj., f. sing.*) (sombre) heureuse gentille
5. renfermée (*adj., f. sing.*) (silencieuse) active courageuse

Now, if there are still unfamiliar words that you believe are important to understanding the passage, consult the dictionary. Discuss your interpretation of the whole passage with another student. What is it telling you about Antigone?

By using grammatical categories to help you read, you will find it easier to guess the meanings of new words. As you add this to the other strategies you've been practicing, you will need to rely less and less on your dictionary.

Le Blé en herbe

COLETTE

Sidonie Gabrielle Colette (1873–1954), now best known by her pen name Colette, is recognized as one of the outstanding writers of the early twentieth century. Of particular interest to her are people's psychological reactions to the world around them, both to the natural world and to the morality society imposes on its members. She looks carefully at the relationships between men and women, and although she portrays women as having more depth and generosity, her harsher view of men is tempered with sympathy. Underlying each of her works, including *Le Blé en herbe*, is a tenderness for all human beings.

La jeune Colette

Mise en route

Dans le texte que vous allez lire, Phil, qui a seize ans, veut en avoir vingt-cinq. Il veut que sa vie avance plus vite. Et vous? Que vouliez-vous à l'âge de seize ans? Quelles décisions avez-vous prises?

Regardez les décisions suivantes. Quand vous aviez seize ans, est-ce que vous les considériez: 4 = très importantes, 3 = importantes, 2 = peu importantes ou 1 = sans importance. Indiquez, en donnant le nombre correspondant, l'importance que vous accordiez aux choses suivantes.

Soyez prêt(e) à discuter de vos réponses en groupe.

1. Choisir certains cours au lycée __3__
2. Choisir un certain job d'été __4__
3. Décider de sortir avec un certain garçon / une certaine fille __3__
4. Acheter certains vêtements __2__
5. Passer des examens pour entrer dans une université __4__
6. Passer le permis de conduire __2__
7. Choisir certains amis __3__

Y a-t-il d'autres décisions qui vous semblent importantes pour les adolescents de nos jours? Lesquelles?

Mots et expressions

l'attente (*f.*) waiting; expectation
s'accommoder (de) to put up with (*something*)
coudre to sew
le désespoir hopelessness
empoisonner to poison
haïr to hate

la larme teardrop
le mépris scorn
moyen(ne) average
mûr(e) mature, ripe
patienter to wait patiently
la taille size; waist
le train-train humdrum routine

APPLICATIONS **A.** Trouvez le verbe qui correspond aux noms suivants.

1. la patience _____
2. la couture _____
3. le poison _____
4. la haine _____

B. Utilisez les mots suivants dans une phrase complète et logique.

1. la taille
2. moyen(ne)
3. le désespoir
4. mûr

6. Complétez le paragraphe avec les mots qui conviennent.

Quand on est jeune, l'_____¹ est une chose très difficile. On veut tout faire, et immédiatement! On _____² des règles des parents, mais parfois c'est pénible. Le _____³ de la vie de tous les jours devient insupportable. Parfois les jeunes ressentent de la colère et du _____⁴ pour leurs parents quand ils ne se comprennent pas. Quand les jeunes pleurent, leurs _____⁵ semblent plus tragiques que celles des adultes.

attente
larmes
mépris
s'accommoder
train-train

Phil et Vinca: «Patienter! Vous n'avez que ce mot-là à la bouche, tous, toi, mon père, mes «profs»... »

Le Blé en herbe

Dans ce roman écrit en 1923, Colette parle de deux jeunes amis, Phil et Vinca (la Pervenche) qui se retrouvent tous les étés avec leurs familles au bord de la mer. Cette année-ci, pourtant, il y a quelque chose de différent. Ils ne sont plus des enfants, mais ils ne sont pas encore des adultes. Dans l'extrait que vous allez lire, qui se situe au début du roman, Phil et Vinca essaient de comprendre les changements dans leurs vies, leurs nouveaux sentiments et leurs désirs naissants. Quels choix vont-ils faire? Juste avant ce passage, Vinca essaie de calmer son ami, en lui disant d'être patient. Il répond avec un cri...

—Patienter! Vous n'avez que ce mot-là à la bouche, tous, toi, mon père, mes «profs»... Ah! bon Dieu...

Vinca cessa de coudre, pour admirer son compagnon harmonieux que l'adolescence ne déformait pas. Brun, blanc, de moyenne taille, il croissait° lentement

5 et ressemblait, depuis l'âge de quatorze ans, à un petit homme bien fait, un peu plus grand chaque année.

—Et que faire d'autre, Phil? Il faut bien. Tu crois toujours que de tendre tes deux bras° et de jurer: «Ah! bon Dieu», ça y changera quelque chose. Tu ne seras pas plus malin° que les autres. Tu te représenteras à ton bachot° et, si tu as de la

10 chance, tu seras reçu...°

—Tais-toi! cria-t-il. Tu parles comme ma mère!

—Et toi comme un enfant! Qu'est-ce que tu espères donc, mon pauvre petit, avec ton impatience?

Les yeux noirs de Philippe la haïssaient, parce qu'elle l'avait appelé «mon pau-

15 vre petit».

—Je n'espère rien! dit-il tragiquement. Je n'espère surtout pas que tu me comprennes!° Tu es là, avec ton feston rose,° ta rentrée, ton cours, ton petit train-train... Moi, rien que l'idée que j'ai seize ans et demi bientôt...°

Les yeux de la Pervenche, étincelants° de larmes d'humiliation, réussirent*

20 à rire:

—Ah! oui? tu te sens le roi du monde, parce que tu as seize ans, n'est-ce pas? C'est le cinéma qui te fait cet effet-là?

Phil la prit par l'épaule, la secoua en maître:°

—Je te dis de te taire! Tu n'ouvres la bouche que pour dire une bêtise... Je

25 crève,° entends-tu, je crève à l'idée que je n'ai que seize ans! Ces années qui viennent, ces années de bachot, d'examens, d'institut professionnel,° ces années de tâtonnements,°de bégaiements, où il faut recommencer ce qu'on rate, où on remâche deux fois ce qu'on n'a pas digéré,° si on échoue... Ces années où il faut avoir l'air, devant papa et maman, d'aimer une carrière pour ne pas les désoler,

30 et sentir qu'eux-mêmes° se battent les flancs pour° paraître infaillibles, quand ils n'en savent pas plus que moi sur moi... Oh! Vinca, Vinca, je déteste ce moment de ma vie! Pourquoi est-ce que je ne peux pas tout de suite avoir vingt-cinq ans?

Il rayonnait° d'intolérance et d'une sorte de désespoir traditionnel. La hâte de vieillir, le mépris d'un temps où le corps et l'âme fleurissent, changeaient en

35 héros romantique cet enfant d'un petit industriel parisien. Il tomba assis aux pieds de Vinca et continua à se lamenter:

—Tant d'années encore, Vinca, pendant lesquelles je ne serai qu'à peu près° homme, à peu près libre, à peu près amoureux! 🌿

*Voir *Recognizing the Passé simple* au début du chapitre 3

Marginal glosses:

was growing up

tendre... to raise your arms to the sky
clever / baccalauréat (l'examen à la fin du lycée)
seras... réussiras

Je... ! I don't have the slightest hope that you'll understand me! / feston... pink needlework
rien... just the idea that I'll soon be sixteen and a half . . .
sparkling
la secoua... shook her as though he were her master
meurs
d'institut... une école après le lycée
fumbling
où... where you go back over things you didn't get the first time
i.e. le père et la mère / se battent... essaient de

was glowing

à... almost

Et pendant le reste de l'été Phil et Vinca, parfois ensemble et parfois seuls, cherchent à comprendre les changements dans leurs vies et dans leurs sentiments. Phil rencontre une dame plus âgée qui le séduit, et sa liaison avec elle le bouleverse. Même s'il se sent plus comme un homme, il ne comprend pas tout à fait, car il aime encore Vinca. Vinca, de son côté, devine que quelque chose a changé chez son ami, et à la fin elle comprend qu'il a aimé une autre femme. Elle se donne à lui, mais Colette, avec toute sa délicatesse habituelle, ne nous dit pas à la fin quels seront les résultats de cet été plein de nouvelles expériences.

1. Quel est le mot que Phil déteste? Qui le lui dit ici? Qui le lui a dit avant? Quel âge Phil a-t-il?
2. Qu'est-ce que Phil a hâte de faire?
3. Qu'est-ce que Vinca pense du corps de Phil? Est-ce qu'elle le voit comme un adolescent maladroit?
4. Comment est-ce que Vinca réagit à la petite crise de Phil?
5. Comme qui Phil l'accuse-t-il de parler?
6. Comment Phil trouve-t-il Vinca? Indépendante? Compréhensive? Conservatrice? Qu'est-ce qu'il y a dans le texte qui vous indique cela?
7. A quelle influence est-ce que Vinca attribue les sentiments de Phil?
8. Qu'est-ce qui rend Phil malheureux quand il pense à son avenir?
9. Comment Phil voit-il ses parents? Que veut-il dire par les mots «ils n'en savent pas plus que moi sur moi»?
10. Pourquoi Phil se lamente-t-il?

1. Colette nous fait voir Phil à travers les yeux de Vinca, mais nous le découvrons également sans intermédiaire quand il parle et quand il crie. Comparez l'image qu'a Vinca de son ami et l'image que nous en avons. Y a-t-il des différences? des similitudes? Est-ce que Vinca a de la patience avec son ami? Vinca l'aime-t-elle? Est-ce que vous admirez Phil? Pourquoi ou pourquoi pas?
2. Lequel de ces personnages a envie de vieillir? Lequel est le plus mûr? Pourquoi? Qu'est-ce que Phil veut dire quand il utilise «à peu près» plusieurs fois dans la dernière phrase?
3. Cette scène, comme beaucoup de scènes de ce roman, est chargée d'émotions très fortes. Identifiez les émotions, et expliquez comment Colette nous les présente.

1. Quand vous étiez plus jeune, aviez-vous hâte de grandir? Pourquoi? De toutes les choses que vous ne pouviez pas faire, lesquelles vous faisaient le plus envie? Pourquoi ces choses étaient-elles impossibles? Et aujourd'hui, avec le recul, voyez-vous ces limitations différemment? A quel point de vue?

2. Que veut dire «être un adulte»? Peut-on dire à quel âge on devient adulte? En quelles circonstances? Quelles sortes de décisions les jeunes prennent-ils? Et les adultes? Quel rôle ces décisions jouent-elles dans l'avenir d'une personne?

Antigone

JEAN ANOUILH

Jean Anouilh, born in 1910 in Bordeaux, was one of France's most prolific playwrights, with over forty plays to his credit. He was highly acclaimed for his dramatic and comic artistry from his earliest works in 1932 until his death in 1987. After his school years, he worked first in advertising and then as secretary to the great actor and director Louis Jouvet.

Anouilh's theater often treats the theme of lost youth and innocence, and the responsibility of adulthood, but he also deals with the social issues of his time. Nowhere is this more apparent than in his play *Antigone*, produced in Paris in 1944.

France in 1944 was in its fourth year of the Nazi Occupation, as World War II raged on. German soldiers were everywhere in Paris, and the French were divided as to what they should do. Should they accept the Nazis' authority and thus go along with the collaboration officially condoned by the French government

in Vichy, or should they fight for freedom in the underground Resistance movement? It was during this period that Jean Anouilh decided to adapt an ancient Greek play by Sophocles, the story of the princess Antigone who refuses to sacrifice her beliefs to appease her uncle, the king. Anouilh thus forces his spectators to decide if and when authority should overrule personal conviction.

Mise en route

Dans cette pièce, les spectateurs voient un contraste entre un adulte et une jeune personne. L'adulte, Créon, a certaines caractéristiques qui le distinguent de sa nièce Antigone. Y a-t-il des attitudes qui changent quand les jeunes deviennent plus âgés? Regardez les adjectifs suivants. Lesquels décrivent des adultes? Des jeunes? Les deux? Ecrivez un «A» pour les adultes, un «J» pour les jeunes (*adolescents*), et les deux si vous trouvez que l'adjectif convient aussi bien aux uns qu'aux autres.

_J_ innocent	_A_ travailleur	_A_ sérieux
_A_ puissant	___ égoïste	_A_ pragmatique
_J_ idéaliste	_A_ responsable	___ insolent
_J_ révolté	_J_ naïf	

Comparez vos résponses avec celles d'un(e) partenaire. Discutez de vos différences d'opinion, s'il y en a.

En lisant l'extrait d'*Antigone*, essayez de trouver des exemples de ces caractéristiques.

Mots et expressions

commode convenient
la couronne crown
dégoûter to disgust
ignoble vile, horrible
lâcher to let go
le métier job
muet(te) mute, silent

s'obstiner (à) to persist; to dig in one's heels
puissant(e) powerful
régner to reign
sauver to rescue
tuer to kill
le tyran tyrant

A. Complétez chaque paragraphe avec les mots appropriés de la liste correspondante. N'oubliez pas de conjuguer les verbes, si nécessaire.

Quand un roi est très ____¹, il abuse parfois de son pouvoir et il devient un ____². Il ____³ sur son royaume sans penser aux besoins du peuple. La ____⁴ du roi devient un symbole de tyrannie.

couronne
puissant
régner
tyran

Si un noble ____⁵ à critiquer le roi, celui-ci peut demander sa tête. Si quelqu'un essaie de ____⁶ une personne condamnée par le roi, il prend des risques aussi. Donc, il est plus ____⁷ de laisser le roi tranquille, même si on n'est pas d'accord avec lui. La situation ____⁸ les pauvres sujets, mais ils ne font rien. Ainsi va la dictature depuis des siècles.

commode
dégoûter
sauver
s'obstiner

B. Trouvez l'équivalent de chaque expression.

tuer   **1.** assassiner

ignoble   **2.** horrible

lâcher   **3.** abandonner

le métier   **4.** la profession

muet(te)   **5.** silencieux

Antigone

Nous apprenons au début de la pièce que le frère d'Antigone, Polynice, a essayé de prendre le pouvoir pour régner sur la ville de Thèbes. Il est mort et son oncle Créon, le roi, a décidé de laisser son corps dehors, pour rappeler au peuple qu'il ne tolère pas la révolution. Toute personne qui essaie de couvrir le corps sera mise à mort.

Antigone n'accepte pas ce traitement du corps de son frère. Elle sort pour le couvrir de terre, et des soldats la prennent. Dans la scène que vous allez lire, Créon et Antigone se confrontent. Tous les deux essaient de rester fidèles à leurs principes, malgré le prix à payer.

Créon: «Tu m'amuses!»
Antigone: «Non. Je vous fais peur.»

CREON *la regarde et la lâche avec un petit sourire. Il murmure:* Dieu sait pourtant si j'ai autre chose à faire aujourd'hui, mais je vais tout de même perdre le temps qu'il faudra et te sauver, petite peste. *(Il la fait asseoir sur une chaise au milieu de la pièce. Il enlève sa veste, il s'avance vers elle, lourd, puissant, en bras de chemise.°)* Au lendemain d'une révolution ratée,° il y a du pain sur la planche,° je te l'assure. Mais les affaires urgentes attendront. Je ne veux pas te laisser mourir dans une histoire de politique. Tu vaux mieux que cela. Parce que ton Polynice, cette ombre éplorée° et ce corps qui se décompose entre ses gardes et tout ce pathétique° qui t'enflamme, ce n'est qu'une histoire de politique. D'abord, je ne suis pas tendre, mais je suis délicat; j'aime ce qui est propre, net, bien lavé. Tu crois que cela ne me dégoûte pas autant que toi, cette viande° qui pourrit° au soleil? Le soir, quand le vent vient de la mer, on la sent déjà du palais. Cela me soulève le cœur.° Pourtant, je ne vais même pas fermer ma fenêtre. C'est ignoble, et je peux te le dire à toi, c'est bête, monstrueusement bête, mais il faut que tout Thèbes sente cela° pendant quelque temps. Tu penses bien que je l'aurais fait enterrer, ton frère, ne fût-ce que pour l'hygiène!° Mais pour que les brutes que je gouverne comprennent, il faut que cela pue° le cadavre de Polynice dans toute la ville, pendant un mois.

ANTIGONE: Vous êtes odieux!

CREON: Oui, mon petit. C'est le métier qui le veut. Ce qu'on peut discuter, c'est s'il faut le faire ou ne pas le faire. Mais si on le fait, il faut le faire comme cela.

ANTIGONE: Pourquoi le faites-vous?

CREON: Un matin, je me suis réveillé roi de Thèbes. Et Dieu sait si j'aimais autre chose dans la vie que d'être puissant...°

ANTIGONE: Il fallait dire non, alors!

CREON: Je le pouvais. Seulement, je me suis senti tout d'un coup comme un ouvrier qui refusait un ouvrage.° Cela ne m'a pas paru honnête. J'ai dit oui.

ANTIGONE: Eh bien, tant pis pour vous. Moi, je n'ai pas dit «oui»! Qu'est-ce que vous voulez que cela me fasse, à moi,° votre politique, votre nécessité, vos pauvres histoires? Moi, je peux dire «non» encore à tout ce que je n'aime pas et je suis seul juge. Et vous, avec votre couronne, avec vos gardes, avec votre attirail,° vous pouvez seulement me faire mourir parce que vous avez dit «oui».

CREON: Ecoute-moi.

ANTIGONE: Si je veux, moi, je peux ne pas vous écouter. Vous avez dit «oui». Je n'ai plus rien à apprendre de vous. Pas vous. Vous êtes là à boire mes paroles. Et si vous n'appelez pas vos gardes, c'est pour m'écouter jusqu'au bout.

CREON: Tu m'amuses!

---

en bras... *in his shirt sleeves* / qui n'a pas réussi

il y a... il y a du travail à faire

cette... cette âme pour laquelle on pleure

ce pathétique *this sad situation*

i.e., le corps de Polynice / *rots*

Cela... Cela me rend malade

il faut... *all of Thebes (Greek city) must smell that (odor)*

je l'aurais... *I would have had him buried, if only for cleanliness*

stinks

Et Dieu... *And God knows I loved other things in life besides power*

du travail

Qu'est-ce... ? *What should that matter to me?*

trappings

ANTIGONE: Non. Je vous fais peur. C'est pour cela que vous essayez de me
sauver. Ce serait tout de même plus commode de garder une petite Antigone vivante et muette dans ce palais. Vous êtes trop sensible pour faire
un bon tyran, voilà tout. Mais vous allez tout de même me faire mourir
tout à l'heure, vous le savez, et c'est pour cela que vous avez peur. C'est
laid un homme qui a peur.

CREON, *sourdement:* Eh bien, oui, j'ai peur d'être obligé de te faire tuer si tu t'ob-
stines. Et je ne le voudrais pas.

ANTIGONE: Moi, je ne suis pas obligée de faire ce que je ne voudrais pas! Vous
n'auriez pas voulu non plus, peut-être, refuser° une tombe à mon frère?
Dites-le donc, que vous ne l'auriez pas voulu?

Vous... Could it be that perhaps you didn't want to refuse . . .

CREON: Je te l'ai dit.

ANTIGONE: Et vous l'avez fait tout de même. Et maintenant, vous allez me faire
tuer sans le vouloir. Et c'est cela, être roi!

CREON: Oui, c'est cela!

ANTIGONE: Pauvre Créon! Avec mes ongles° cassés et pleins de terre et les bleus°
que tes gardes m'ont faits aux bras, avec ma peur qui me tord le ventre,
moi je suis reine.

fingernails / bruises

CREON: Alors, aie pitié de moi, vis. Le cadavre de ton frère qui pourrit sous mes
fenêtres, c'est assez payé pour que l'ordre règne dans Thèbes. Mon fils
t'aime. Ne m'oblige pas à payer avec toi encore. J'ai assez payé.

ANTIGONE: Non. Vous avez dit «oui». Vous ne vous arrêterez jamais° de payer
maintenant! 🌿

Vous ne... You will never stop

*Créon cherche à la convaincre à accepter le compromis. Antigone refuse défini-
tivement et Créon est obligé de la faire mourir. Son fils à lui, qui aimait Antigone,
se suicide, et Créon, à la fin de la pièce, est tout seul «à attendre la mort», comme le
dit Anouilh.*

AVEZ-VOUS COMPRIS?

1. Pourquoi est-ce que Créon laisse le corps de Polynice dehors? Veut-il vraiment agir ainsi? Pourquoi parle-t-il d'une «révolution ratée»? Quelle leçon
veut-il apprendre à ses sujets?
2. Créon est-il heureux d'être roi de Thèbes? Pourquoi a-t-il dit «oui»?
3. A quoi est-ce qu'Antigone a dit «non»? Qu'est-ce qu'elle pense du pouvoir politique de Créon?
4. D'après Antigone, pourquoi est-ce que Créon n'appelle pas ses gardes?
A-t-il peur? Veut-il lui parler? D'après Créon, pourquoi ne les appelle-t-il
pas?
5. Créon a-t-il envie de tuer Antigone? Pourquoi (pas)?
6. Pourquoi Antigone se sent-elle comme une reine?
7. Selon Antigone, pourquoi est-ce que Créon va toujours continuer à payer?

1. Anouilh met face-à-face un Créon pragmatique et une Antigone idéaliste. Donnez quelques répliques qui indiquent ces caractéristiques. Pensez-vous que ces personnages soient présentés d'une façon réaliste? exagérée? Pourquoi?

2. Comment Créon démontre-t-il son pouvoir royal? Comment est-ce qu'Antigone réagit à cela?

3. En France, *tu* et *vous* permettent une distinction entre les gens qu'on connaît bien (ou les enfants) et les gens avec qui on veut garder ses distances. Dans cette pièce, qui tutoie et qui vouvoie? Qu'est-ce que cela indique sur l'attitude des personnages l'un envers l'autre? Pouvez-vous trouver plus d'une interprétation?

1. Créon accepte de faire des choses qu'il ne veut pas faire pour des raisons politiques et pour la sécurité de sa ville. A votre avis, le compromis est-il toujours négatif? Quand est-ce que l'on peut l'accepter? Pour sauver des vies humaines? Pour gagner aux élections? Pour éviter une guerre? Pour gagner de l'argent? Pour d'autres raisons? Commentez.

2. Antigone préfère mourir plutôt que d'accepter le compromis. Choisissez un personnage historique ou littéraire qui a refusé de se compromettre et qui est mort pour ses convictions (Jeanne d'Arc, Jésus, Martin Luther King, Jr., Socrate, Hitler, Roméo et Juliette). Que pensez-vous de sa décision de mourir pour un idéal? Comparez cet individu à Antigone.

3. Imaginez que vous êtes là, avec Antigone et Créon. Que pouvez-vous faire pour les aider à se comprendre?

4. Dans la vie de tous les jours, nous acceptons souvent de petits compromis. Donnez-en des exemples tirés de votre expérience personnelle, ou de l'expérience personnelle de quelqu'un que vous connaissez. Quelle sorte de compromis trouvez-vous le plus facile à faire? le plus difficile? Pourquoi?

CHAPITRE 5

Pierre-Auguste Renoir: Déjeuner des canotiers (1881)

A TABLE

Dining is considered an art by the French, who take care to ensure that meals are as pleasurable as they are nutritious. It is not surprising that representations of food and wine have found their way into French literature. Be it a great wedding feast or a simple sharing of bread between friends, a meal is a social ritual that establishes relationships, nourishing the spirit as well as the body.

In Guy de Maupassant's «Boule de Suif», social class is a barrier between the passengers in a coach fleeing the 1870 Prussian invasion of France, until one of them takes out a basket of provisions. Hunger wins out over snobbery, and food, for a time, almost makes equals of all.

«Le bon vin réjouit le cœur de l'homme.» This Provençal proverb suggests the indispensable role wine plays in traditional French meals. Wine is not only the beverage of choice, carefully selected to enhance the food with which it is served, but is often used in cooking as well. It is an essential ingredient, for example, in *le coq au vin,* long a favorite of the French. In Marcel Aymé's story, however, we find that the rooster does not share the gastronome's enthusiasm for this popular dish.

Lire en français

Using a Dictionary

As simple as it may seem, using a French–English dictionary to help you read and write can sometimes be tricky. In the previous chapters, you have seen various ways to avoid using a dictionary; there will be times, however, when you need to look up a word to grasp what you are reading fully or to express your ideas in writing. Although some words have only one definition, it is common to find several English words for the word you are looking up in French. The following steps may make the search easier and more accurate.

1. Keep a good hardback French–English dictionary and a good all-French dictionary (with example sentences) on hand.
2. Once you've decided to look up a word, read through the entire sentence in which it is found. By checking the context before you look, you gain a general notion of possible meanings.
3. Determine the part of speech of your mystery word. If it is a verb, what is most likely its infinitive? Without the infinitive, it will be

much more difficult to find the verb. Be especially cautious when dealing with complex or literary tenses. If your word is an adjective, figure out what it refers to.

4. When you get to the dictionary, familiarize yourself with the "codes" used to help you read the translation. For example, many dictionaries use the symbol ~ to replace the word in a translation. («Tête» [f.] head, «se payer la ~ de quelqu'un» to make fun of someone.)

5. As you look up the word, keep the context and the part of speech in mind. Look through all of the translations given before settling on one. Unfortunately, the one you need may be the last in a long series! If you can't find the word as it is used in your context, check surrounding words. For example, sometimes a word will be represented by another member of its word family (**un café refroidi** from **refroidir,** to cool off).

Try these steps as you read the following sentence from this chapter's first reading. In the story «Boule de Suif», just before this, we learn that a young woman is unpacking a picnic basket.

> Elle en sortit d'abord une petite assiette de faïence, une fine timbale en argent, puis une vaste terrine dans laquelle deux poulets entiers, tout découpés, avaient confi sous leur gelée...

Three of the words that you might choose to look up are **timbale, découpés,** and **avaient confi.** (By contextual guessing, you can hypothesize that **faïence** is the material of which the plate is made, and that the **terrine** is some sort of container. Both of these general definitions are enough for you to understand the objects in question.)

Circle the correct information about each of the three words.

timbale

1. In this context, it might be

   a. an action   b. a place   c. a person
   d. an object   e. a description

2. The part of speech is

   a. a verb   b. a noun   c. an adjective   d. an adverb

3. Of the following translations, the appropriate one according to the context is

   a. a kettledrum
   b. a metal drinking-cup
   c. a pie dish

tilleul [ti'jœl] *m* ♀ linden, lime (-tree); *infusion:* lime-blossom tea.
timbale [tɛ̃'bal] *f* ♪ kettledrum; *cuis.* pie-dish; metal drinking-cup; F *décrocher la* ~ carry off the prize; ♪ *les* ~*s pl. orchestra:* the timpani; **timbalier** ♪ [~ba'lje] *m* kettledrummer; *orchestra:* timpanist.
timbre [tɛ̃:br] *m date, postage, etc.:* stamp; *bicycle, clock, etc.:* bell; *fig. voice etc.:* timbre; ~ *fiscal* revenue stamp; ~ *humide* rubber stamp; F *avoir le* ~ *fêlé* be cracked *or* crazy; **timbré, e** [tɛ̃'bre] sonorous (*voice*); *admin.* stamped (*paper*); ⊕ tested (*boiler*); F *fig.* cracked, crazy, daft; **timbre-poste,** *pl.* **timbres-poste** [~brə'pɔst] *m* postage stamp; **timbre-quittance,** *pl.* **timbres-quittance** [~brəki'tɑ̃:s] *m* receipt stamp;

découpés

1. In this context, it might be

   a. an action   b. a place   c. a person   d. an object   e. a description

2. The part of speech is

   a. a verb   b. a noun   c. an adjective   d. an adverb

3. Of the following translations (noting that you need to rely on the verb **découper**) the appropriate translation according to the context is

   a. cut out   b. cut up   c. stamped out

avaient confi

1. In this context, it might be

   a. an action   b. a place   c. a person
   d. an object   e. a description

2. The part of speech is

   a. a verb   b. a noun   c. an adjective   d. an adverb

3. Under what letter in the dictionary would you look up the word?

   a. a   b. c

4. Of the following translations, the appropriate one according to the context is

   a. had become pickled
   b. had become preserved
   c. had become candied

décorum [dekɔ'rɔm] *m* decorum, propriety.
découcher [deku'ʃe] (1a) *v/i.* sleep out; stay out all night.
découdre [de'kudr] (41) *v/t.* unpick (*a garment*); rip open.
découler [deku'le] (1a) *v/i.*: ～ de follow *or* result from.
decoupage [deku'paʒ] *m* cutting up *or* out; carving; cut-out (figure);
découper [～'pe] (1a) *v/t.* carve (*a chicken*); cut up; cut out (*a newspaper article, a pattern*); ⊕ stamp out, punch; *fig.* se ～ stand out (against, *sur*).
découplé, e [deku'ple] well-built, strapping; **découpler** [～] (1a) *v/t.* uncouple (*a. ♪*), unleash; *radio:* decouple.
découpoir ⊕ [deku'pwa:r] *m* cutter; **découpure** [～'py:r] *f* cutting-out; pinking; *newspaper:* cutting; *geog.* indentation.

configuration [kɔ̃figyra'sjɔ̃] *f* configuration (*a. astr.*); lie (*of the land*).
confiner [kɔ̃fi'ne] (1a) *v/i.* border (on, à); *v/t.* shut (*s.o.*) up (in, dans) (*a. fig.*); se ～ seclude o.s.; **confins** [～'fɛ̃] *m/pl.* confines (*a. fig.*), limits.
confire [kɔ̃'fi:r] (4i) *v/t.* preserve (*fruit*); candy (*peels*); pickle (*in salt or vinegar*); steep (*skins*).
confirmatif, -ve [kɔ̃firma'tif, ～'ti:v] corroborative; confirmative; **confirmation** [～ma'sjɔ̃] *f* confirmation (*a. ⚖, eccl., etc.*); **confirmer** [～'me] (1a) *v/t.* confirm (*a. eccl.*); bear out, corroborate.
confis [kɔ̃'fi] *1st p. sg. pres. and p.s. of* confire.
confiscable [kɔ̃fis'kabl] liable to seizure *or* confiscation; **confiscation** [～ka'sjɔ̃] *f* confiscation; seizure, forfeiture.
confiserie [kɔ̃fiz'ri] *f* confectionery; confectioner's (shop); **confiseur** *m*, **-euse** *f* [～fi'zœ:r, ～'zø:z] confectioner; **confisons** [～fi'zɔ̃] *1st p. pl. pres. of* confire.
confisquer [kɔ̃fis'ke] (1m) *v/t.* confiscate, seize.
confit, e [kɔ̃'fi, ～'fit] **1.** *p.p. of* confire; **2.** *adj. cuis.* preserved; candied; *fig.* ～ dans (*or* en) steeped in, full of; **confiture** [～fi'ty:r] *f* jam, preserve; F soft soap.
conflagration [kɔ̃flagra'sjɔ̃] *f* conflagration, blaze.

The young woman unpacked, in fact, a plate and a silver cup and cut-up chicken preserved in aspic.

Boule de Suif

GUY DE MAUPASSANT

Guy de Maupassant was born in 1850 in Normandy, a region that figures prominently in many of his stories. Between 1880 and 1891, encouraged by the realist writer Gustave Flaubert, he published about three hundred short stories and six novels, but neither success nor wealth gave him happiness. The story «Boule de Suif», whose title comes from the nickname "ball of wax" given to his main character because of her roundish figure, is one of his best-loved works. It is a tale of human interaction at its finest, showing Maupassant's keen talent for observation as well as his scathing criticism of hypocrisy in all its forms.

Mise en route

L'apparence physique d'une personne influence-t-elle notre première impression de cet individu? Et son métier? Imaginez que vous voyez les gens suivants dans la rue. Quelles en sont vos premières impressions?

VOCABULAIRE UTILE

intelligent(e)	triste	révolté(e)
stupide	pauvre	au chômage
motivé(e)	libre	femme d'affaires
paresseux (-euse)	fou (folle)	professeur
gentil(le)	riche	homme d'affaires
méchant(e)	instruit	espion
dangereux (-euse)	responsable	père
heureux (-euse)	irresponsable	

1. un homme avec les cheveux longs et sales, qui marche sans regarder autour de lui

   Il est _____

2. une femme avec les cheveux orange et violets, un pantalon déchiré et une boucle d'oreille au nez

   Elle est _____

3. un homme qui porte un costume et une cravate, et qui sort d'une BMW

   Il est _____

4. un jeune homme qui descend de l'autobus et qui est accompagné de quatre petits enfants

   Il est _____

5. une femme qui porte des lunettes et un sac plein de livres

Elle est _____

Comparez vos premières impressions avec celles d'un(e) partenaire. Maintenant imaginez que vous devez vous asseoir à côté d'une de ces personnes. Laquelle choisissez-vous? Laquelle évitez-vous? Pourquoi?

Mots et expressions

avaler to swallow
causer to chat, converse
les crudités (*f. pl.*) raw vegetables
déboucher to uncork, open
enlever to remove, take off or
  away
(s')essuyer to wipe off

la friandise sweet, delicacy
mâcher to chew
le panier basket
se répandre to spread
la reconnaissance gratitude
tacher to spot, get a spot on
vider to empty

A. Trouvez le contraire des actions suivantes. Attention aux temps des verbes.

1. Marcel a lavé son pantalon. Marie _____ sa chemise avec de la sauce tomate.
2. Je mets du vin dans mon verre. Je _____ la bouteille.
3. En classe je ne parle pas. Mais quand je suis avec mes amis nous _____ beaucoup.
4. Le serveur met les assiettes sur la table avant le repas, et il les _____ quand on a fini de manger.
5. Quand on fabrique du vin, on met un bouchon pour fermer la bouteille. Pour l'ouvrir, il faut la _____.

B. Complétez les phrases avec les mots de la liste suivante qui conviennent. N'oubliez pas de conjuguer les verbes.

reconnaissance *gratitude*   panier *basket*   s'essuyer *wipe off*
se répandre *spread*   crudités *raw vege.*   avaler *swallow*
mâcher *chew*   friandises *sweet*

1. Quand un pâtissier fait de bons gâteaux, une odeur délicieuse _____ dans la rue près de son magasin. Les gens qui passent ont envie d'acheter des _____.
2. Quand on fait un pique-nique, on met les provisions dans un *panier*. On prend des sandwiches, des fruits et des *crudités* (des carottes, par exemple).
3. Qu'est-ce qu'on fait pour manger poliment? D'abord, on ne dévore pas son repas. On prend le temps de bien _____, et ensuite on _____ sans faire de bruit. Après le repas, on _____ les mains avec sa serviette.
4. Le vieux monsieur sourit avec _____ à la dame qui l'a aidé à traverser la rue.

Boule de Suif

Edouard Manet: Bar aux Folies-Bergère (1881–1882)

Les Prussiens attaquent Rouen et beaucoup de gens quittent la ville. Boule de Suif, une jeune femme bien douce et gentille mais avec une profession un peu particulière, part en carrosse (carriage) avec un groupe rassemblé par les circonstances de la guerre. Dans ce microcosme de la société du XIXème siècle se trouvent des marchands de vin, M. and Mme Loiseau, M. Carré-Lamadon et sa femme de la haute bourgeoisie, et les nobles, le comte et la comtesse de Bréville. Avec eux, il y a deux religieuses et Cornudet, un homme aux mœurs un peu douteuses. Personne ne parle à la jeune prostituée et on refuse même de reconnaître sa présence, jusqu'au moment où elle ouvre son panier plein de nourriture. Va-t-on enfin l'accepter?

Enfin, à trois heures, comme on se trouvait au milieu d'une plaine interminable, sans un seul village en vue, Boule de Suif, se baissant vivement, retira°* de sous la banquette° un large panier couvert d'une serviette blanche.

took out

carriage seat

---

*Voir *Lire en français,* chapitre 3, pour une explication du passé simple.

Elle en sortit d'abord une petite assiette de faïence,° une fine timbale en
5 argent, puis une vaste terrine dans laquelle deux poulets entiers, tout découpés,
avaient confi sous leur gelée,° et l'on apercevait encore dans le panier d'autres
bonnes choses enveloppées, des pâtés, des fruits, des friandises, les provisions pré-
parées pour un voyage de trois jours, afin de ne point toucher à la cuisine des
auberges. Quatre goulots de bouteilles° passaient entre les paquets de nourriture.
10 Elle prit une aile° de poulet et, délicatement, se mit à la manger avec un de ces
petits pains qu'on appelle «Régence» en Normandie.

Tous les regards étaient tendus vers elle. Puis l'odeur se répandit, élargissant
les narines,° faisant venir aux bouches une salive abondante avec une contraction
douloureuse de la mâchoire° sous les oreilles. Le mépris des dames pour cette
15 fille devenait féroce, comme une envie de la tuer, ou de la jeter en bas de la voiture,° dans la neige, elle, sa timbale, son panier et ses provisions.

Mais Loiseau dévorait des yeux la terrine de poulet. Il dit: «A la bonne heure,
madame a eu plus de précaution° que nous. Il y a des personnes qui savent toujours penser à tout.» Elle leva la tête vers lui: «Si vous en désirez, monsieur?
20 C'est dur de jeûner° depuis le matin.» Il salua: «Ma foi, franchement, je ne
refuse pas, je n'en peux plus. A la guerre comme à la guerre,° n'est-ce pas,
madame?» Et, jetant un regard circulaire, il ajouta: «Dans des moments comme
celui-ci, on est bien aise° de trouver des gens qui vous obligent.»° Il avait un
journal, qu'il étendit° pour ne point tacher son pantalon, et sur la pointe d'un
25 couteau toujours logé dans sa poche, il enleva une cuisse toute vernie° de gelée,
la dépeça° des dents, puis la mâcha avec une satisfaction si évidente qu'il y eut
dans la voiture un grand soupir° de détresse.

Mais Boule de Suif, d'une voix humble et douce, proposa aux bonnes sœurs
de partager sa collation. Elles acceptèrent toutes les deux instantanément, et, sans
30 lever les yeux, se mirent à manger très vite après avoir balbutié des remercie-
ments.° Cornudet ne refusa pas non plus les offres de sa voisine, et l'on forma
avec les religieuses une sorte de table en développant des journaux sur les
genoux.

Les bouches s'ouvraient et se fermaient sans cesse, avalaient, mastiquaient,°
35 engloutissaient° férocement. Loiseau, dans son coin, travaillait dur,° et, à voix
basse, il engageait° sa femme à l'imiter. Elle résista longtemps, puis, après une
crispation° qui lui parcourut les entrailles,° elle céda. Alors son mari, arrondissant
sa phrase, demanda à leur «charmante compagne» si elle lui permettait d'offrir
un petit morceau à Mme Loiseau. Elle dit: «Mais oui, certainement, monsieur»,
40 avec un sourire aimable, et tendit la terrine.

Un embarras se produisit lorsqu'on eut débouché la première bouteille de bordeaux: il n'y avait qu'une timbale. On se la passa après l'avoir essuyée. Cornudet
seul, par galanterie sans doute, posa ses lèvres à la place humide encore des lèvres
de sa voisine.

45 Alors, entourés de gens qui mangeaient, suffoqués par les émanations des
nourritures, le comte et la comtesse de Bréville, ainsi que M. et Mme Carré-

---

earthenware

aspic

—food

bottle necks

wing

nostrils

jaw

*la jeter... to throw her
from the carriage*

foresight

ne pas manger

A... "War is war"

*content / gens... people
who help you out
spread out
une... a thigh covered
la... took it apart
sigh*

*avoir... having stuttered
thanks*

*mâchaient
avalaient / mangeait vite
encourageait
une crampe / le ventre*

Lamadon souffrirent ce supplice odieux° qui a gardé le nom de Tantale. Tout d'un coup la jeune femme du manufacturier poussa un soupir qui fit retourner les têtes; elle était aussi blanche que la neige du dehors; ses yeux se fermèrent,
50 son front tomba: elle avait perdu connaissance.° Son mari, affolé,° implorait le secours° de tout le monde. Chacun perdait l'esprit, quand la plus âgée des bonnes sœurs, soutenant la tête de la malade, glissa° entre ses lèvres la timbale de Boule de Suif et lui fit avaler quelques gouttes de vin. La jolie dame remua,° ouvrit les yeux, sourit, et déclara d'une voix mourante qu'elle se sentait fort
55 bien° maintenant. Mais, afin que cela ne se renouvelât plus,° la religieuse la contraignit à boire un plein verre de bordeaux, et elle ajouta: «C'est la faim, pas autre chose.»

Alors Boule de Suif, rougissante et embarrassée, balbutia en regardant les quatre voyageurs restés à jeun: «Mon Dieu, si j'osais offrir à ces messieurs et à ces
60 dames... » Elle se tut, craignant un outrage. Loiseau prit la parole: «Eh, parbleu,° dans des cas pareils° tout le monde est frère et doit s'aider. Allons, mesdames, pas de cérémonie: acceptez, que diable! Savons-nous si nous trouverons° seulement une maison où passer la nuit? Du train dont nous allons,° nous ne serons pas à Tôtes° avant demain midi.» On hésitait, personne n'osant assumer la
65 responsabilité du «oui». Mais le comte trancha la question.° Il se tourna vers la grosse fille intimidée, et, prenant son grand air de gentilhomme, il lui dit: «Nous acceptons avec reconnaissance, madame.»

Le premier pas seul coûtait.° Une fois le Rubicon passé, on s'en donna carrément.° Le panier fut vidé. Il contenait encore un pâté de foie gras, un pâté de
70 mauviettes,° un morceau de langue fumée,° des poires de Crassane, un pavé de pont-l'évêque,° des petits-fours et une tasse pleine de cornichons et d'oignons au vinaigre: Boule de Suif, comme toutes les femmes, adorant les crudités.

On ne pouvait manger les provisions de cette fille sans lui parler. Donc on causa, avec réserve d'abord, puis, comme elle se tenait fort bien, on s'abandonna
75 davantage.° Mmes de Bréville et Carré-Lamadon, qui avaient un grand savoir-vivre, se firent gracieuses avec délicatesse. La comtesse surtout montra cette condescendance aimable des très nobles dames qu'aucun contact ne peut salir, et fut charmante. Mais la forte Mme Loiseau, qui avait une âme de gendarme, resta revêche,° parlant peu et mangeant beaucoup. ▨

Après ce grand repas, où tout le monde a bien mangé grâce à Boule de Suif, il semble que tout le monde accepte la jeune prostituée. Plus tard, les voyageurs descendent à l'hôtel dans un petit village déjà occupé par les Prussiens. L'un des Prussiens décide qu'il veut profiter de la prostituée, et refuse de laisser partir la voiture si elle ne couche pas avec lui. Boule de Suif, qui déteste l'ennemi, refuse au début, mais ses «compagnons», qui avaient si facilement mangé sa nourriture, l'obligent à le faire et se montrent extrêmement injustes lorsque plus tard, dans la carrosse, ils refusent de partager leur nourriture avec Boule de Suif, qui reste dans un coin de la voiture, et qui pleure.

supplice... *torture horrible*

elle... *she had fainted* / qui avait peur l'aide

slipped

moved

se sentait... *was feeling quite well* / cela ne... *this wouldn't happen again*

heavens

similar

will find

Du train... *at the pace we're going*
un village
trancha... prit une décision

Le premier... *Only the first step was difficult*
on s'en... *they really went for it*
un petit oiseau / langue... *smoked tongue*
un fromage

s'abandonna... *really let themselves go*

harsh

1. Qu'est-ce que Boule de Suif cherche sous la banquette de la voiture? Pourquoi est-ce qu'elle en a besoin? Pourquoi les autres en ont-ils envie?
2. Qu'est-ce que Boule de Suif propose aux autres voyageurs? Indiquez l'ordre dans lequel les autres passagers acceptent son offre.
3. M. Loiseau semble admirer Boule de Suif pour quelque raison. Pourquoi l'admire-t-il?
4. Comment Loiseau justifie-t-il le fait d'accepter la générosité de Boule de Suif? Trouvez les deux phrases qui indiquent cette justification (aux paragraphes 4 et 9).
5. Pourquoi est-ce que les passagers sont gênés lorsqu'on ouvre le vin? Comment résolvent-ils le problème? Est-ce que tout le monde réagit de la même manière? Expliquez.
6. Pourquoi donne-t-on de la nourriture à Mme Carré-Lamadon?
7. Qui accepte de manger en dernier?
8. Comment voit-on que les autres passagers acceptent (ou au moins tolèrent) Boule de Suif?

COMMENTAIRE
DU TEXTE

1. Boule de Suif fait partie d'une tradition littéraire de «la prostituée au cœur d'or». Selon la description des actions de Boule de Suif, comment est-ce que vous l'imaginez? Grossière? Délicate? Elégante? Stupide? Pourquoi? Trouvez d'autres adjectifs pour la décrire.
2. Analysez l'ordre dans lequel les gens acceptent de partager le repas de Boule de Suif. Consultez l'introduction à cette lecture, avant de discuter des raisons pour lesquelles Maupassant a peut-être choisi cet ordre.
3. Lequel des personnages (à part Boule de Suif) vous semble le plus gentil? Le plus hypocrite? Pourquoi?
4. Maupassant utilise plusieurs fois un vocabulaire qui pourrait s'appliquer à des animaux lorsqu'il parle des compagnons de voyage de Boule de Suif. A votre avis, quel est l'effet recherché?

DE LA
LITTERATURE
A LA VIE

1. En France, comme dans beaucoup de pays, même de nos jours, la classe sociale d'une personne joue un rôle important dans ses rapports avec les autres. Est-ce que cela est vrai dans votre pays? Où et comment le voit-on? Qu'en pensez-vous?
2. Comment est-ce que les gens réagissent en période difficile (lors de guerres, de désastres naturels, de conflits sociaux)? Essayez d'imaginer l'attitude des gens dans des cas semblables. Est-ce qu'ils s'aident plus que d'habitude? Est-ce qu'ils respectent moins les lois? Expliquez ce qui se passe.
3. Avec qui aimez-vous dîner? Pourquoi? Que signifie une invitation à dîner avec quelqu'un? Quand refuse-t-on de dîner avec quelqu'un? Pourquoi?

Le Petit Coq noir

MARCEL AYMÉ

Marcel Aymé (1902–1967) intended to become an engineer, but his studies were interrupted by a long illness. During the convalescence that followed he turned to writing, and eventually produced seventeen novels, twelve plays, four essays, and eighty-seven short stories.

Aymé is best known as a short-story writer. «Le Petit Coq noir» appears in *Les Contes du chat perché* (1939). Although Aymé claimed to have written this collection for his granddaughter, he acknowledges a wider reading public in the preface: «Ces contes ont été écrits pour les enfants âgés de quatre à soixante-quinze ans». These stories depict an animal-human world often reminiscent of the works of La Fontaine (seventeenth-century French fabulist), *Le Roman de Renart* and the Aesopic tradition. In the following selection, a little black rooster pits his wits against the cunning fox of fable lore.*

Mise en route

La France est célèbre pour sa gastronomie. Même en famille on choisit des aliments frais, on les prépare bien et on les présente d'une manière appétissante. En général, toute la famille se réunit à table, surtout pour le repas du soir, qui dure souvent une heure ou même plus. Les Français estiment que l'on digère mieux si l'on mange lentement en servant un plat après l'autre. D'ailleurs, le temps qu'ils passent à table leur permet de cultiver un art qu'ils considèrent comme très important: la conversation. Mais imaginez qu'au lieu des gens, ce soit la nourriture qui se mette à parler! Trouvez ce que les aliments de la colonne A seraient plus aptes à dire, parmi les phrases de la colonne B.

---

*The story has been abridged, with summaries of missing sections in italics.

A	B
1. **f** les crudités	a. Oh là là! Je sens mauvais!
2. **b** les escargots	b. Zut! On nous mange parce que nous avons avancé trop lentement!
3. **d** le jambon fumé	c. Ze crois que z'ai un peu trop bu! Hic!
4. _____ les pommes de terre	d. Je n'aime pas le feu!
5. _____ le coq au vin	e. Gla, gla, gla! J'ai froid!
6. **g** le saumon	f. Nous étions heureuses dans notre jardin ensoleillé!
7. **a** le Roquefort	g. J'ai envie de passer mes vacances à la mer!
8. **e** le sorbet aux fraises	h. Nous étions bien dans notre peau! (*We felt great!*)

Maintenant, à votre tour, composez une remarque appropriée pour un aliment de votre choix.

Mots et expressions

la casserole saucepan
convaincre quelqu'un de (+ *inf.*) to convince, persuade someone to (*do something*)
le dindon male turkey
échapper (à) to escape (from)
(s')ennuyer to bore (become bored)
en vouloir à quelqu'un to hold something against someone

faire cuire to cook (*something*)
le flatteur / la flatteuse flatterer
indigne unworthy; dishonorable, shameful
la nouvelle piece of news
profiter de to take advantage of
le souci worry, care
se tromper (de) to be mistaken (about)
la volaille fowl

A. Trouvez un équivalent pour chaque expression.

APPLICATIONS

1. un gros oiseau
2. se sauver, éviter un danger
3. un ustensile de cuisine
4. persuader
5. déshonorant, honteux
6. le poulet, la dinde, le canard

B. Trouvez les noms qui correspondent aux verbes suivants.

1. flatter

2. se soucier de

6. Complétez les phrases de façon logique en utilisant les mots de la liste.

1. Quand je n'ai rien à faire, je _____.
2. Tout le monde peut _____; personne n'est parfait.
3. En France, on _____ le poisson avec sa tête.
4. La _____ de leur mariage nous a surpris.
5. Je lui _____ d'être sortie avec mon petit ami.
6. Nous _____ du beau temps pour faire une promenade.

- en vouloir – *to hold sm. agnt. smone*
- profiter – *take advantage of*
- faire cuire – *to cook*
- nouvelle – *piece of news*
- s'ennuyer – *to bore*
- se tromper – *be mistaken*

Le Petit Coq noir

– black rooster

Le petit coq noir est en colère. [angry] *Le renard, qui a la mauvaise habitude de manger de la volaille, est venu trois fois rôder autour de la ferme où habitent le coq et ses* [prowl, walk] *poules. Malgré sa petite taille, le coq se croit courageux. Alors, il se promène dans la forêt, cherchant le renard, car il a l'intention de le réprimander. Pour mieux voir, et* [fox] *peut-être aussi parce qu'il a tout de même un peu peur, le coq monte sur un acacia (sorte d'arbre) qui lui sert d'observatoire. Peu après, le renard arrive.* [tree]

Le renard était assis au pied de l'acacia. Il regardait le coq perché sur une haute branche, et il voulait le manger. Le plus fort, c'est qu'il ne s'en cachait° pas du tout, au contraire.

il... *he didn't hide it from him*

5 —Tu ne sais pas, dit-il au coq, ce que j'ai appris hier soir en passant sous les fenêtres de la ferme? J'ai appris que les maîtres allaient te faire cuire dans une sauce au vin pour te servir dimanche prochain au repas de midi. Tu n'imagines pas combien l'annonce de cette nouvelle a pu me peiner.°

[learn, teach; yesterday] [farm; master, teacher] [next, meal]

rendre triste *sad*

—Mon Dieu, dans une sauce au vin! Ils veulent me faire cuire dans une sauce au vin! [want]

10 —Ne m'en parle pas, j'en ai la chair de poule.° Mais, sais-tu ce que tu feras, si tu veux leur jouer un bon tour°? Tu descendras de ton arbre, et moi je te mangerai. Alors, eux, ils seront bien attrapés°!

chair... *goose bumps*
jouer... *play a trick*
ils... *that will show them*

Et il riait de toutes ses dents qu'il avait longues et pointues, et il passait sa langue sur son museau avec un air friand.° [tongue, muzzle; nose]

gourmand *glutton, greed*

15 Mais le coq ne voulait pas descendre. Il disait qu'il aimait mieux être mangé [want] par ses maîtres que par le renard.

—Tu en penseras ce que tu voudras, mais je préfère mourir de ma mort [to die] naturelle.

—Ta mort naturelle?

20 —Oui. Je veux dire: être mangé par mes maîtres.

Cherecher - look for　　　✱ encore = still, yet, again, even, more　　　✱ toujours = always, still

—Qu'il est bête! Mais la mort naturelle, ce n'est pas ça du tout!

—Tu ne sais pas ce que tu dis, renard. Il faut bien que les maîtres nous
tuent un jour ou l'autre. C'est la loi commune, il n'y a personne qui puisse y　*ordinary;*
échapper. Le dindon lui-même, qui fait tant son rengorgé,° y passe comme les　*pass* *fait... se croit si*
autres. On le mange aux marrons.　*brown, chestnuts*　　　*like* *important*

—Mais, coq, suppose que les maîtres ne vous mangent pas?

—Il n'y a pas à supposer, puisque c'est impossible. C'est une règle sans excep-　*rule*
tion, il faut toujours en arriver à la casserole.

—Oui, mais enfin, suppose... essaie de supposer une minute...　*finally*

Le coq fait de gros efforts pour supposer que les maîtres ne le mangent pas. Ce
qu'il imagine le fait presque tomber de sa branche. Puis il dit:　*almost*

—Alors,... on ne mourrait plus jamais... On n'aurait qu'à faire attention aux
automobiles, et l'on vivrait toujours, sans ~~inquiétude.~~　*worry*

—Eh! oui, coq, tu vivrais toujours, c'est justement ce que je voulais te faire　*live, want*
comprendre. Et dis-moi, qui t'empêche° de vivre toujours, sans avoir le souci, au　*prevents*
réveil, de te demander si tu ne seras pas saigné° dans le courant de la journée?　*tuébled, killed*

—Voyons, mais puisque je te dis...

Le renard s'écrie d'une voix impatiente:

—Oui, oui, tu vas encore me parler des maîtres, c'est entendu... et si tu　*to hear, understand*
n'avais pas de maîtres?

—Pas de maîtres? dit le coq... bec ouvert.　*beak*　*open*

—On peut très bien vivre sans maîtres, et le mieux du monde, je t'assure.　*good, better; people*
Moi... je n'ai jamais regretté une seule fois d'être libre. [...] Je pourrais te　*free*
raconter des histoires à n'en plus finir.°　*à... sans fin*

Le coq l'écoutait en frottant sa tête contre le tronc de l'acacia, et il était　*rubé, against*
perplexe. Dans toute sa vie, il n'avait jamais réfléchi avec autant d'application.　*so much; industriousness*

—Il est certain que ce doit être agréable, dit-il, mais je me demande si vrai-
ment je suis fait pour mener cette vie-là. Les maîtres ont bien des défauts et　*to take; faults, flaws*
maintenant que j'y réfléchis, je leur en veux de faire cuire les coqs! Oh! oui, je
leur en veux. Mais enfin, durant le peu de vie qu'ils nous accordent, je dois　*agree?*
reconnaître qu'ils ne nous laissent manquer de rien: bonne pâtée,° bon grain, et　*recognize; let; miss, fail/nothing* *re- nourriture pour*
le gîte.° Me vois-tu errant° par les bois à la recherche de ma nourriture? Je n'au-　*lodge* *animaux* *woods, in*
rais pas ce beau jabot° plein que tu me vois aujourd'hui... sans compter que je　*wander* *logement / wandering* *search of*
m'ennuierais, dans cette grande forêt, tout seul de mon espèce.°　*annoyed, bothered* *plan (rooster's) crop*　*tout... the only one of my kind*

—Mon Dieu, que le souci de la nourriture ne t'occupe pas. Il suffit de se
baisser pour gober° les plus délicieux vers° de terre, et sans parler des fruits qui　*bend down* *gobble up / worms*
sont en abondance par les bois, je connais des coins d'avoines folles° où tu seras　*forest* *avoines... wild oats* *know; corner*
à ton affaire. Non, la nourriture n'est rien, et je craindrais plutôt pour toi le désa-　*fear; instead*
grément de la solitude. Mais je vois à cela un remède bien simple: décider tous
les coqs, toutes les poules du village à suivre ton exemple. Tu y réussiras facilement. La cause est si belle qu'elle intéressera d'abord, et ton éloquence fera le　*first of all*
reste. Une fois le résultat acquis, quelle satisfaction pour toi d'avoir guidé ta race　*acquirered; ancestry*

vers une existence meilleure! Quelle gloire tu en auras! Et quelle délivrance aussi pour vous tous de mener une vie sans fin, exempte de soucis, dans la verdure et
65 le soleil!

. . .

Le renard se met à raconter des histoires de sa vie dans la forêt. Le coq les trouve si amusantes qu'à force de rire, il en perd l'équilibre et tombe au pied de l'arbre. Le renard a envie de le manger, mais il préfère attendre. Etonné, le coq lui demande d'une voix tremblante:

. . .

70 —Tu ne me manges donc pas?

—Te manger? mais tu n'y penses pas! Je n'en ai pas la moindre envie.

—Pourtant...

—Certes, il m'est arrivé trop souvent de croquer° quelqu'un d'entre vous, mais c'était par amitié, pour le préserver d'une mort indigne dans la casserole, et
75 je t'assure que ce n'était jamais de bon cœur.°

—Comme on peut se tromper, tout de même, c'est incroyable!

—Même si tu m'en priais, je ne pourrais pas te manger, tu me resterais sur l'estomac. C'est que, plus j'y songe, plus je me persuade que tu es désigné pour accomplir une grande mission auprès des tiens.° Toutes les qualités qu'il y faut,
80 je les vois paraître dans le regard de tes beaux yeux d'or; la noblesse du cœur, le volonté ferme, réfléchie, et cette finesse de jugement qui charme déjà dans tes moindres propos.° 🔆

Le coq se laisse convaincre par les flatteries du renard et se décide à mener tous les coqs du village, avec leurs familles, dans la forêt. Initiative désastreuse, car le renard ne tarde pas à en profiter. Après la disparition de plusieurs douzaines de volailles, le coq met les paysans au courant de la situation. Alors, fâché de voir la fin de ses bons repas, le renard le tue. Les maîtres ramassent le corps encore chaud du petit coq noir et le mangent à la sauce au vin.

AVEZ-VOUS COMPRIS?

1. D'après le renard, qu'est-ce que les maîtres du coq ont l'intention de faire? Comment le coq réagit-il? Quel(s) sentiment(s) le renard prétend-il éprouver?
2. Quelle solution le renard propose-t-il au coq? Comment répond le coq? Expliquez ce que sont la mort naturelle et la loi commune pour lui.
3. Le renard essaie de convaincre le coq qu'il y a une autre sorte de vie possible pour lui. Décrivez cette vie.

4. Selon le renard, on peut très bien vivre sans maîtres. Relevez les mots qui révèlent que pour le coq, c'est une idée tout à fait nouvelle (lignes 45–54).

5. D'après le coq, quels sont les avantages et les inconvénients de sa vie avec ses maîtres par rapport à la vie dans la forêt? Que dit-il qui montre qu'il commence à douter de la loi commune?

6. Comment le renard rassure-t-il le coq au sujet de la nourriture? Que lui propose-t-il pour résoudre le problème de la solitude?

7. Quelle justification le renard donne-t-il pour avoir souvent mangé des coqs et des poules? En quoi la réponse du coq est-elle naïve?

8. Etudiez le dernier paragraphe du texte. Comment le renard fait-il appel à la vanité du coq? A votre avis, quelle est la vraie raison pour laquelle il veut que les coqs et les poules vivent dans la forêt?

9. Notez le résumé de la fin du conte. Qu'y a-t-il d'ironique dans la mort du coq?

Miniature allemande du XVᵉ siècle pour les Fables de Pilpay

Coq au vin

125 g de poitrine
    demi-sel coupée
    en dés
25 g de beurre
4 beaux morceaux
    de poulet
250 g de petits
    oignons blancs
1 gousse d'ail
    écrasée
2 cuillères à soupe
    de farine
60 cl de vin rouge
Sel et poivre
250 g de
    champignons de
    Paris
15 cl de bouillon de
    poule (environ)
1 bouquet garni
Persil haché pour
    décorer

Faites bouillir la poitrine demi-sel à l'eau bouillante 5 minutes ; égouttez bien. Faites-la dorer avec du beurre dans une poêle. Otez-la et mettez-la dans une cocotte.

Faites dorer les morceaux de poulet dans la poêle, puis mettez-les dans la cocotte. Faites revenir doucement dans la poêle l'ail et les oignons ; mettez-les dans la cocotte.

Retirez la graisse contenue dans la poêle, sauf l'équivalent de 2 cuillères à soupe et ajoutez la farine. Laissez cuire 2 minutes tout en remuant, puis incorporez peu à peu le vin ; portez à ébullition et laissez mijoter, tout en tournant jusqu'à ce que le tout épaississe. Salez, poivrez et ajoutez les champignons.

Versez la sauce sur le poulet en ajoutant du bouillon en quantité suffisante pour qu'il soit bien couvert. Ajoutez le bouquet garni, couvrez et laissez cuire 1 heure dans un four préchauffé à 190°. Otez le bouquet garni et saupoudrez de persil avant de servir.

Pour 4 personnes

1. Marcel Aymé fait le portrait des hommes tout en mettant en scène des animaux. Qu'y a-t-il dans ce passage qui permet d'y reconnaître le monde humain? Décrivez le coq et le renard en précisant les traits de caractère qu'ils ont en commun avec nous. Par exemple, sont-ils sincères? hypocrites? vaniteux? crédules? intelligents? bêtes? flatteurs? trompeurs? Connaissez-vous des gens qui leur ressemblent? Expliquez.

2. L'ironie du renard est un des traits les plus frappants de ce conte. On peut définir l'ironie comme une manière de se moquer de quelqu'un en disant le contraire de ce qu'on veut faire comprendre. Trouvez-en des exemples dans ce passage en montrant pourquoi les propos ironiques du renard font rire.

3. Vous connaissez peut-être la fable du corbeau et du renard. En quoi le passage ressemble-t-il à cette fable? Quelles différences trouvez-vous?

1. Le renard préfère vivre sans maître, malgré le fait que la liberté comporte certains risques. Le coq, habitué à la servitude, hésite à abandonner la sécurité de la ferme pour une vie aventureuse. Que cherchez-vous dans la vie? Le confort? La sécurité? L'aventure? Etes-vous prêt(e) à vous exposer au danger pour pouvoir agir en toute liberté? Expliquez.

2. D'abord, le coq accepte sa mort naturelle sans la mettre en question: être mangé par ses maîtres, c'est la loi commune d'après lui. Que pensez-vous de son attitude? Faut-il accepter toutes les contraintes imposées par la société? Est-on obligé d'obéir aux lois qu'on trouve injustes? N'a-t-on jamais le droit de s'y opposer? Sinon, pourquoi? Si oui, dans quelles circonstances et comment?

3. Trouvez dans le texte les noms de deux plats français traditionnels. En connaissez-vous d'autres? Lesquels? Les Français cuisinent souvent avec du vin. Est-ce pareil dans votre culture? Quels ingrédients ou assaisonnements jouent un rôle important dans la cuisine de chez vous? Pourquoi, à votre avis? Est-ce une question de goût? d'habitude? de santé? de disponibilité de certains produits? Expliquez.

4. Dans certaines cultures, on mange beaucoup de viande. Dans d'autres, les gens sont plutôt végétariens. A votre avis, est-il juste de manger des animaux? Cela dépend-il des circonstances? Que pensez-vous de l'élevage des animaux comme les poules, les bœufs et les cochons? A-t-on le droit de chasser les animaux sauvages pour les manger? Expliquez.

CHAPITRE 6

Paul Cézanne:
Le Village de Gardanne
(1885–1886)

VOYAGES

Travel. It opens our eyes to new people, places, and ways of thinking. It tires us out and rejuvenates us, takes us far from home, and brings us closer to the world community in which we all live. Literature, too, whisks us away on journeys filled with new experiences and allows us to travel where otherwise we might never go.

There is hardly a place in France that has not appealed to some writer or painter, either French or foreign. Many writers have used a certain city or region as the setting for their writing and some have even put a place, with its people and its lifeways, at the very heart of a work. Such is the case for the two texts in this chapter.

In the book *Un Nègre à Paris,* the African writer Bernard B. Dadié visits the Paris of the 1950s. In the following reading he describes one of the aspects of Paris that impresses him the most: the subway system, «le métro». Here we see how someone from a non-Western culture views something that most Parisians take for granted. In the second selection, Guy de Maupassant's delightful presentation of human trickery and greed is set in his native Normandy, giving us an insider's view of regional legend, tradition, and social practice.

Lire en français

Understanding Complex Sentences

One of the most intimidating experiences in foreign language learning can be when you read to the end of a long sentence and can't remember at all how you got there. What was the subject of that sentence, anyway? And what about **qui** and **que**? It can look daunting, if only because of length! But remember, any sentence, no matter how long, is made up of many smaller components. Learn how to break a sentence into clauses and prepositional phrases and you can make sense of even the longest one.

Clauses

A clause is a part of a sentence that contains a subject and a conjugated verb. Complex sentences often have more than one clause, and it is up to you to figure out how they fit together to give meaning to the sentence. Recognizing clause markers will help you to do this.

Read the following sentences.

A. Jacques Chirac est un homme que tous les Français reconnaissent.

B. Jacques Chirac est un homme qui reconnaît tous les Français.

Which one of these statements seems more likely to be true, **A** or **B**?

If you know that **que** refers to a direct object (never a subject), you will deduce that **les Français** is the subject of the verb **reconnaissent.** You can then determine that *they* recognize Jacques Chirac in the first sentence. Since **qui** always refers to a subject, it is Chirac who knows all the French in the second sentence. So, for the question above, you most likely circled sentence **A.**

Here is the same information broken down into simpler sentences.

A. Jacques Chirac est un homme. Tous les Français reconnaissent cet homme.

B. Jacques Chirac est un homme. Il reconnaît tous les Français.

Other markers of this kind include **où, dont, quand, parce que, mais,** and other relative pronouns and conjunctions. To practice using these to help you, first read the following sentences and circle the marker that signals the second clause. Then break them down into two simple sentences (leaving out the marker).

1. Bernard Dadié venait d'arriver à Paris quand il a découvert le métro.

   _____

   _____

2. Le métro est un moyen de transport que les Parisiens utilisent souvent.

   _____

   _____

3. Une personne qui prend le métro doit s'acheter des tickets.

   _____

   _____

Prepositional Phrases

Other markers that can help you are prepositions. Prepositions are words such as **de, à, sur, derrière,** or **à côté de.** They introduce an object, verb, or complement. A preposition plus the word or words following it make up a prepositional phrase. These prepositional phrases usually give information that goes along with, but is not completely essential to, the main idea of the sentence. By recognizing prepositional phrases, you can quickly get to the heart of a sentence. Look at the underlined prepositional phrases in the following sentence.

Les problèmes <u>des fermiers</u> <u>aux États-Unis</u> sont différents

<u>des difficultés</u> <u>des agriculteurs français</u>.

The heart of this sentence is thus «Les problèmes sont différents». With this in mind, it is much easier to figure out the rest of the information given by the sentence.

Now read these sentences from the beginning of Maupassant's «La Légende du Mont-Saint-Michel». Underline the prepositions and their objects.

A. Je l'avais vu d'abord de Cancale, ce château de fées planté

dans la mer.

B. Je le revis d'Avranches, au soleil couchant.

If you eliminate what you underlined in sentence **A,** you should be left with «Je l'avais vu d'abord, ce château». Now you have a very simple basis for figuring out the rest of the meaning. For sentence **B,** you should be left with «Je le revis»; again a good starting point for understanding.

When you encounter complex sentences, just remember that once you break them down into manageable bits, as we have done here, you can deal with them and comprehend them fully.

Un Nègre à Paris

BERNARD B. DADIE

Bernard B. Dadié (1916–) was born at Assinie, in the Ivory Coast. He worked for a while as a schoolteacher and devoted his free time to writing. His appointment as **directeur des arts et de la recherche** gave him the opportunity to found a center for dramatic art in the Ivory Coast, and he has long played an important role in the cultural and educational development of his country. He has published poems, articles, short stories, and plays. Like other well-known African writers—Léopold Senghor, Birago Diop, Camara Laye—Dadié is deeply concerned with African traditions while also acknowledging a debt to Western culture.

Un Nègre à Paris is a testimony to the dual culture of the Ivory Coast, written by an African who knew much about France because of his nation's status as a former French colony. This novel, in the form of a long letter to a friend, was written in 1959, just one year before the Ivory Coast attained its independence. Although Dadié is sometimes criticized for giving stereotypical views of the Parisians he so closely observes, this text is a marvelous example of cross-cultural sensitivity. Dadié is aware that he is seeing Paris through African eyes, thinking about it in ways that come in part from his African heritage. As we read, then, we would do well to follow Dadié's example, recognizing our own cultural bias and understanding that our culture influences how we read about others.

Mise en route

Dans *Un Nègre à Paris,* le narrateur donne des conseils à une personne pour l'aider à visiter Paris. Il utilise **tu** parce qu'il parle à un ami, et il utilise souvent la forme impérative. Imaginez qu'un de vos amis va visiter une ville que vous connaissez bien mais que cette personne ne connaît pas du tout. Donnez-lui des conseils pour qu'elle profite bien de son séjour. Qu'est-ce qu'elle doit faire? Est-ce qu'il y a des choses qu'elle ne doit pas faire? Utilisez l'impératif et expliquez un peu vos conseils.

MODELE: Ne viens pas en hiver parce qu'il fait vraiment trop froid!

1. _____

2. _____

3. _____

4. _____

5. _____

6. _____

Avec un(e) partenaire, comparez les villes que vous avez choisies et les conseils que vous avez donnés.

Mots et expressions

la correspondance the connection
le couloir corridor
se diriger (vers) to make one's way (toward)
flâner to stroll
la flèche arrow

la foule crowd
le plan city map
le portillon gate
se renseigner (sur) to inquire, ask (about)
le sens interdit wrong way

APPLICATIONS   **A.** Trouvez l'équivalent de chaque expression.
1. la carte d'une ville   2. se promener sans hâte   3. une multitude de gens   4. la porte d'entrée sur le quai du métro   5. le corridor   6. une indication de la direction à prendre   7. s'avancer vers   8. s'informer de

B. Complétez le paragraphe suivant avec les mots qui conviennent.

Hier, je me suis perdu dans le métro. La _foule_ ¹ des Parisiens me poussait dans des _couloir_ ² interminables pour _____ ³ vers la sortie. Je n'avais pas de _plan_ ⁴; je me suis donc approché d'une dame pour _le plan_ ⁵ sur la direction à suivre. Elle m'a dit: «Entrez par le ~~portillon~~, suivez les ~~fleches3~~ ⁷ bleues mais ne passez pas par le _portillon_ ⁸.» Quand j'ai voulu changer de direction, j'ai trouvé la _____ ⁹ sans problème.

(marge: ⑥couloir)

correspondance

Un Nègre à Paris
(annotation: Negro)

[...] Lorsque tu viendras à Paris, dans ce Paris qui vit <u>sous</u> terre, à circuler dans le métro, achète-toi aussitôt un guide. Ça ne te servira à rien dans tes débuts. Il faudrait <u>pourtant</u> l'acheter. Ainsi font les touristes. Procure-toi ensuite un plan du métro. Une autre inutilité. Muni de° ce plan perds-toi dans les

5 dédales° de couloirs et de flèches, de plaques indicatrices° et de coulées° humaines, de sens interdits, de <u>montées</u> et de descentes, <u>laisse</u> partir le métro que tu devais prendre et prends celui que tu ne devais pas, puis descends à une station quelconque,° sors, rentre, butte-toi contre la poinçonneuse°* et explique-lui que tu t'es trompé de direction, repars, perds-toi encore, sors enfin, prends le

10 boulevard et va devant toi. Ce n'est qu'à ce prix que tu te diras Parisien, c'est-à-dire que tu auras compris le sens des flèches, des couloirs, le langage des <u>mains</u> indicatrices. Tu sauras <u>courir</u>, quand il le faut pour ne pas <u>manquer</u> la rame,° ou voir le portillon se fermer à ton nez. Tu arriveras même à temps pour passer de biais.° Descendre du métro, se diriger en automate vers la <u>sortie</u> ou la corres-

15 pondance, <u>savoir</u> ouvrir la porte sans <u>essayer</u> de la <u>fermer</u>—elle est automatique —sont des détails qui vous situent et démontrent à quel point Paris vous ronge,° vous assimile. Peu <u>bavard</u> et sobre de gestes, le Parisien est le type rassis° qui to-lère tout, vit avec lui-même, avec son Paris, ville de lumière.

[...] Il <u>fume</u>,† les jambes croisées, le Parisien, tout en pensant au métro qu'il

20 prendra <u>tantôt</u>. <u>Sûr</u> de lui, ayant son Paris dans sa tête, il vient, s'installe, ouvre son journal puis à une station, se lève et descend sans avoir une seule fois <u>levé</u> la tête. Un sixième sens, le sens du métro, le sens de la <u>sortie</u>, de la correspondance est né chez le Parisien usager du métro, c'est d'instinct qu'il court pour attra-per <u>la correspondance</u>. Et vous êtes chaque fois porté par <u>le flot</u> des coureurs.°

(margin glosses, right column:)
under
nothing
however, such as
Muni... Armé de
maze
intricacies / plaques... signs / streams
rise, let
any / butte... go up to the ticket collector
mistake
hands
run / train / miss
gate
going passer... to go through
sideways
know, try, close
vous... gnaws at you
sedate
talkative
smoke, legs
soon, sure / certain
lift his head?
going
gens qui se dépêchent hurry

(margin glosses, bottom:)
change of trains   each, every   crowd

vivre-vit-lives

---

*The métro is now highly automated, and one simply puts a ticket into a turnstile to gain access to the subway.

†Until 1992, passengers were allowed to smoke in the stations. As in the United States, smoking is now forbidden in many public places.

25 Marchez-vous? Vous devenez un obstacle. Les regards vous le disent. Les pas sac-
cadés° derrière vous le crient, les épaules vous le font sentir. On vous demande
bien pardon, mais un pardon qui veut dire «moi je n'ai pas du temps à perdre».
Et tous des visages tendus.° Ces longs couloirs ne sont pas faits pour engendrer
des sourires. Ce sont des boyaux° servant à la lutte quotidienne; des tranchées°
30 pour aller au front. Il y a bien de la lumière et de l'air, quelquefois un joueur de
flûte ou d'accordéon. Un éclopé.° Et l'on court pour ne pas être comme lui,
pour se faire une vieillesse heureuse. Le métro et ses longs couloirs tristes donne-
raient de Paris une mauvaise impression s'il n'y avait les amoureux. Ceux-là, cultivent l'amour, luttent fiévreusement contre la vie trépidante.° Ils s'embrassent à la
35 vue de tous. Lorsqu'on dit que les amoureux sont seuls au monde, on exprime
une constatation de chaque instant. Et il faut avouer que cela rappelle à tous
qu'on doit vivre. Paris du reste vit, tant il mêle l'amour à tous ses actes.

pas... jerky steps

Le métro de Paris: «Ce réseau fait de couloirs, d'escaliers roulants,
de montées et de descentes de station...»

le plan du métro

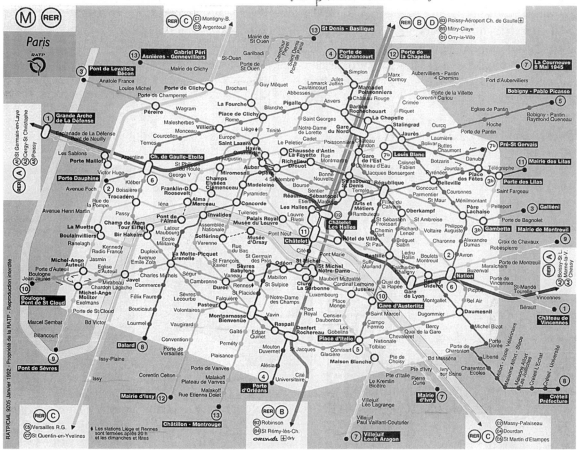

[...] De toutes les <u>clartés</u> de Paris, seul le métro m'a <u>ébloui.</u>° Je vais faire rire
les nombreux touristes <u>hissés</u>° sur la tour Eiffel ou l'Arc de Triomphe, ces opu-
40 lents clients des riches hôtels. <u>Chacun</u> ne <u>repart-il</u> pas de Paris, <u>emportant de</u>
cette ville, l'image d'un monument, d'un <u>cabaret</u>, d'un dancing et le <u>souvenir</u>
troublant d'une amie? Et qu'est-ce que j'<u>emporterai</u>, moi? Le métro. Il faut vraiment être Nègre de pure <u>souche</u>° pour n'admirer à Paris que le métro; cette
gigantesque <u>toile d'araignée</u>° <u>souterraine</u> prenant Paris dans tous ses <u>rêts,</u>° repré-
45 sente pour moi l'image des hommes obscurs qui ont <u>bâti</u> les <u>merveilles</u> que nous
admirons. Ils les ont construites à la <u>sueur de leurs fronts,</u>° et sur aucun monument ne <u>figurent leurs noms.</u>° Ils servent de piédestal à la gloire. Ils permettent
aux autres d'arriver. Qui se souvient du métro lorsqu'il est à son travail, à son
rendez-vous? Quel client remarque qu'une machine vieillit, qu'une machine est
50 morte, remplacée? L'essentiel pour l'usager est que le métro <u>soit</u> là, à l'heure. Si
l'on peut <u>flâner</u> par les grands boulevards, c'est parce qu'il y a le métro qui se

dazzled / light (brightness)

taken up

each, everyone; leaves; take
nightclub, memory
take

origine

toile... spider's web / nets / underground

build, marvels

à... by the sweat of their brows

sur... their names are not engraved on any monument

for instance

stroll

partout -
everywhere **Voyages** ■ 97

lève avant le jour et se couche bien longtemps après lui. Ce réseau° fait de cou- network
loirs, d'escaliers roulants,° de <u>montées</u> et de descentes de stations, est un enche- escaliers... *escalators* rise, go up
vêtrement° de lignes <u>menant</u> à tous les <u>coins</u> de Paris. C'est dans le métro que *tangling up* threaten, corner
55 l'on saisit le plus le <u>rêve</u> prodigieux du Parisien d'être le roi de ses machines, de dream
se faire porter par elles, d'avoir le droit de paresser,° de jouir de la vie° [...] 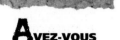 *to be lazy* / jouir... *to enjoy life*

AVEZ-VOUS
COMPRIS?

1. Que faut-il acheter quand on arrive à Paris? Pourquoi? Selon Dadié,
   à quoi servent les guides et les plans? Etes-vous d'accord avec lui?
   Expliquez.
2. Que voit-on quand on descend dans une station de métro? Trouvez des
   détails qui en montrent la complexité.
3. L'auteur explique ce qu'il faut faire et apprendre pour pouvoir se dire
   Parisien. A votre avis, pourquoi conseille-t-il au lecteur de prendre le
   mauvais train, de se perdre dans le métro et d'en sortir enfin sur
   n'importe quel boulevard? Comment cela pourrait-il aider le touriste à
   apprendre à se débrouiller dans le métro?
4. Comment le Parisien se comporte-t-il dans le métro? Quel est son sixième
   sens?
5. Comment réagissent les Parisiens quand les gens marchent trop lentement? Comment cette réaction se manifeste-t-elle?
6. Quelle est l'ambiance du métro? Quelles sortes de gens y voit-on?
7. D'après Dadié, quels endroits les touristes fréquentent-ils d'habitude?
   Quels souvenirs emportent-ils de Paris? De tout ce qu'il voit à Paris,
   qu'est-ce qui impressionne Dadié le plus? Quelle explication en donne-
   t-il?
8. Pour Dadié, comment est-ce que le Parisien considère le métro? Comme
   un monument? Comme une simple machine? Comme un serviteur?

COMMENTAIRE
DU TEXTE

1. Comment l'auteur exprime-t-il son admiration pour le métro? Qu'est-ce
   qui le fascine? Qu'est-ce que le métro représente pour lui? En quoi son
   attitude envers le métro diffère-t-elle de celle des usagers qui y sont
   habitués?
2. Quelles images l'auteur emploie-t-il pour décrire le métro? Quelles expressions indiquent que celui-ci est comparé à un être animé?
3. Dadié nous fait un portrait très précis du Parisien. Quelle est son attitude
   envers le Parisien? En quoi sa description correspond-elle à l'idée que vous
   vous faites des habitants de cette ville?
4. N'oubliez pas que Dadié vient d'Afrique. Qu'y a-t-il dans sa description
   du métro et des Parisiens qui montre que ses impressions ne ressemblent
   pas tout à fait à celles d'un touriste du monde occidental?

1. Si vous avez vu le métro à New York, à Paris ou dans une autre ville (même au cinéma), quelles ont été vos impressions? En quoi sont-elles différentes de celles de l'auteur? En quoi y ressemblent-elles?
2. Comment réagissez-vous quand vous vous trouvez dans une foule?
3. Quels sont les avantages et les inconvénients des transports en commun?
4. Quand vous arrivez dans une ville, que faites-vous pour vous renseigner sur ce qu'il y a d'intéressant à voir? Quelles difficultés rencontre-t-on quand on arrive dans une ville pour la première fois?
5. Imaginez un étranger qui visite une grande ville chez vous pour la première fois. Que pourrait-il y trouver de surprenant ou d'amusant? Répondez en essayant de vous mettre à la place de quelqu'un d'une autre culture.

DE LA LITTERATURE A LA VIE

La Légende du Mont-Saint-Michel

GUY DE MAUPASSANT

Nowhere does Guy de Maupassant (see p. 76) show his deep understanding of Normandy and its people more clearly than in the short story «La Légende du Mont-Saint-Michel». Not only does he paint the magnificent Mont-Saint-Michel

Guy de Maupassant

abbey with tenderness and awe, but he brings its very stones alive by making it the site for an unexpected confrontation. «La Légende» presents the conflict between Saint Michael the archangel and the Devil as told to him by a Norman farmer. Rather than characterizing the opponents as lofty spiritual beings, the down-to-earth farmer speaks of them as though they were nineteenth-century peasants from southern Normandy, with sneaky tactics for making a profit. Their antics as they try to get the best of each other allow the reader to share in the traditions of the region.

«La Légende du Mont-Saint-Michel»,* although not as well known as his other short stories («La Parure», «Le Parapluie», «Boule de Suif»), is a fine example of the subtle skill with which Maupassant structured his *Contes*. It also contains all the elements that have made Maupassant one of the most widely read French authors: lyrical descriptions of the northern landscape, unassuming colloquial dialogue, and a keen sense of human foibles.

Mise en route

Les mythes et les légendes sont des aspects de toutes les cultures du monde. Une façon de bien comprendre une culture est d'étudier ces récits traditionnels. Souvent ces traditions tournent autour d'un ou plusieurs personnages, soit des personnages historiques réels (Davy Crockett, Buffalo Bill), soit des figures imaginaires (Rip Van Winkle, Hercule). Les priorités d'un groupe social se trouvent souvent reflétées dans ces histoires, et on peut tirer certaines conclusions à partir d'une étude des légendes.

Trouvez dans la colonne B quelles actions ont été accomplies par les personnages de la colonne A.

A	B
1. _____ Hercule	a. coupait des arbres très vite
2. _____ Le père Noël	b. a sauvé l'Irlande des serpents
	c. a participé à la découverte de l'Ouest
3. _____ Le roi Arthur	d. s'est battu contre des monstres
4. _____ Sacajawea	e. donne des cadeaux aux petits
5. _____ Saint Patrick	f. a guidé l'expédition de Lewis et Clark dans le Montana
6. _____ Jeanne d'Arc	g. a fondé la Table ronde
7. _____ Davy Crockett	h. a sauvé son pays des Anglais
8. _____ Paul Bunyan	

---

*«La Légende du Mont-Saint-Michel» is divided into five sections in this text, with questions following each section.

Maintenant, en travaillant à deux, choisissez une priorité culturelle représentée par ces personnages et leurs actes. A votre avis, lequel symbolise les caractéristiques suivantes?

l'amour de la nature   l'aventure et le risque
le pouvoir de Dieu   la générosité
la force de l'homme   l'amour de la patrie

Mots et expressions

l'ange (*m.*) angel
le bijou jewel
la chute fall
le défaut fault
le diable devil
digne worthy
duper to dupe, fool, trick
errer to wander, roam

se plaindre (de) to complain (about)
le pré meadow
la racine root
la rancune resentment; malice, spite
la récolte harvest
le sable sand

A. Trouvez l'équivalent de chaque expression.

1. la prairie, le champ *le pré*
2. tromper *duper*
3. flâner sans but *errer*
4. la moisson, la vendange *la récolte*
5. une bague, un bracelet... *le bijou*

B. Trouvez le contaire de chaque mot.

1. Dieu *le diable*
2. une qualité *le défaut?*
3. indigne *digne*

4. le pardon, l'indulgence *la rancune*
5. exprimer son contentement *se plaindre(de)*

C. En utilisant les mots de la liste, complétez les paragraphes de façon logique.

1. Quand je traversais les petits villages normands, je voyais des groupes de paysans qui, après la *récolte* des pommes, se reposaient, couchés dans les *prés*² ou assis sur les *racines* des plus gros arbres. Je me suis approché de la mer. J'*errer*⁴ sur la plage de *sable* fin quand soudain le Mont-Saint-Michel est apparu à l'horizon; il brillait comme un *bijou*⁶ précieux au coucher du soleil. Il était magnifique, *digne*⁷ d'un château de conte de fées. La beauté tranquille de cette scène campagnarde a apaisé mon esprit troublé.

bijou
digne
errer
prés
racines
récolte
sable

2. Lucifer était un diable¹ mais il avait beaucoup de _____². Il aimait _____³ ses collègues; et surtout il voulait devenir l'égal de Dieu. Pour le punir de sa témérité, Dieu l'a chassé du Paradis. Depuis sa chute⁴, Lucifer est devenu le _____⁵ et il a gardé une si grande _____⁶ contre Dieu qu'il s'efforce de répandre le mal dans l'univers.

(m) ange
la chute
le défauts
le diable
duper
la rancune

La Légende du Mont-Saint-Michel

Partie I

Je l'avais vu d'abord de Cancale, ce château de fées planté dans la mer. Je l'avais vu confusément, ombre grise dressée sur le ciel brumeux.°

Je le revis* d'Avranches, au soleil couchant. L'immensité des sables était rouge, l'horizon était rouge, toute la baie démesurée était rouge; seule, l'abbaye
5 escarpée,° poussée là-bas, loin de la terre, comme un manoir fantastique, stupé- fiante comme un palais de rêve, invraisemblablement étrange et belle, restait presque noire dans les pourpres du jour mourant.°

J'allai vers elle le lendemain dès l'aube° à travers les sables, l'œil tendu° sur ce bijou monstrueux, grand comme une montagne, ciselé comme un camée, et
10 vaporeux comme une mousseline.° Plus j'approchais, plus je me sentais soulevé d'admiration, car rien au monde peut-être n'est plus étonnant et plus parfait.

Et j'errai, surpris comme si j'avais découvert l'habitation d'un dieu à travers ces salles portées° par des colonnes légères ou pesantes, à travers ces couloirs per- cés à jour,° levant mes yeux émerveillés sur ces clochetons° qui semblent des
15 fusées° parties vers le ciel et sur tout cet emmêlement° incroyable de tourelles,° de gargouilles, d'ornements sveltes et charmants, feu d'artifice de pierre, dentelle de granit, chef-d'œuvre d'architecture colossale et délicate.

Comme je restais en extase, un paysan bas-normand° m'aborda et me raconta l'histoire de la grande querelle de saint Michel avec le diable.

20 Un sceptique de génie† a dit: «Dieu a fait l'homme à son image, mais l'homme le lui a bien rendu.»

Ce mot est d'une éternelle vérité et il serait fort curieux de faire dans chaque continent l'histoire de la divinité locale, ainsi que l'histoire des saints patrons

---

*Voir *Lire en français*, chapitre 3, pour une explication du passé simple.

†Probable allusion to Voltaire, who said: «Si Dieu nous a fait à son image, nous le lui avons bien rendu» (*we really got even with Him*).

Le Mont-Saint-Michel: «ce château de fées planté dans la mer»

dans chacune de nos provinces. Le nègre a des idoles féroces, mangeuses d'hom-

25 mes; le mahométan polygame peuple° son paradis de femmes; les Grecs, en gens pratiques, avaient divinisé toutes les passions.

Chaque village de France est placé sous l'invocation d'un saint protecteur, modifié à l'image des habitants.

Or, saint Michel veille sur° la Basse-Normandie, saint Michel, l'ange radieux

30 et victorieux, le porte-glaive,° le héros du ciel, le triomphant, le dominateur de Satan.

Mais voici comment le Bas-Normand, rusé, cauteleux, sournois et chicanier,° comprend et raconte la lutte du grand saint avec le diable.

peuple° — populates

veille... protège
sword carrier

rusé... sly, cunning,
sneaky, and quibbling

AVEZ-VOUS COMPRIS?

1. A quoi le narrateur compare-t-il le Mont-Saint-Michel? Pourquoi?
2. Quels étaient les sentiments du narrateur en voyant le Mont-Saint-Michel? Qu'est-ce qui a inspiré ces sentiments?
3. Quels sont les détails d'architecture de cette construction de style gothique? Trouvez les mots et les images qui montrent l'admiration de l'auteur pour l'abbaye.
4. Quelle histoire le paysan bas-normand a-t-il racontée à l'auteur?
5. Selon la phrase citée par Maupassant, partout au monde l'homme fait Dieu à son image; c'est-à-dire, chaque peuple se fait une idée différente de la divinité ou des personnages religieux. Quels exemples Maupassant nous donne-t-il pour illustrer cette constatation? Pensez-vous qu'il ait raison?
6. Comme l'explique l'auteur, chaque village ou région de France a un saint protecteur à qui les habitants de la région attribuent leurs propres qualités. Comment le narrateur décrit-il saint Michel?

La Légende du Mont-Saint-Michel

Partie II

Pour se mettre à l'abri° des méchancetés du démon, son voisin, saint Michel construisit lui-même, en plein Océan, cette habitation digne d'un archange; et, seul, en effet, un pareil° saint pouvait se créer une semblable résidence.

5 Mais comme il redoutait° encore les approches du Malin,° il entoura son domaine de sables mouvants° plus perfides que la mer.

Le diable habitait une humble chaumière sur la côte; mais il possédait les prairies baignées d'eau salée,° les belles terres grasses° où poussent les récoltes lourdes,° les riches vallées et les coteaux féconds° de tout le pays; tandis que° le saint
10 ne régnait que sur les sables. De sorte que Satan était riche, et saint Michel était pauvre comme un gueux.°

Après quelques années de jeûne, le saint s'ennuya° de cet état de choses et pensa à passer° un compromis avec le diable; mais la chose n'était guère facile, Satan tenant à ses moissons.°

15 Il réfléchit pendant six mois; puis, un matin, il s'achemina° vers la terre. Le démon mangeait la soupe devant sa porte quand il aperçut le saint; aussitôt il se

se... se protéger

un... un tel

craignait / diable
sables... *quicksand*

baignées... *soaked in salt water* / *fertile* abondant / coteaux... *fertile hillsides* / tandis... *whereas*
beggar
was tired
faire

tenant... *being very attached to his crops*
s'est dirigé

précipita à sa rencontre, baisa le bas de sa manche,° le fit entrer et lui offrit de
se rafraîchir.

    Après avoir bu une jatte de lait, saint Michel prit la parole:

20   «Je suis venu pour te proposer une bonne affaire.°»

    Le diable, candide et sans défiance, répondit:

    «Ça me va.

    —Voici. Tu me céderas° toutes tes terres.»

    Satan, inquiet, voulut parler.

25   «Mais... »

    Le saint reprit:

    «Ecoute d'abord. Tu me céderas toutes tes terres. Je me chargerai de l'entre-
tien,° du travail, des labourages, des semences, du fumage,° de tout enfin, et
nous partagerons la récolte par moitié. Est-ce dit°?»

30   Le diable, naturellement paresseux, accepta.

    Il demanda seulement en plus quelques-uns de ces délicieux surmulets° qu'on
pêche autour du mont solitaire.

    Saint Michel promit les poissons.

    Ils se tapèrent dans la main, crachèrent de côté° pour indiquer que l'affaire
35 était faite, et le saint reprit:

    «Tiens, je ne veux pas que tu aies à te plaindre de moi. Choisis ce que tu
préfères: la partie des récoltes qui sera sur terre ou celle qui restera dans la
terre.»

    Satan s'écria:

40   «Je prends celle qui sera sur terre.

    —C'est entendu», dit le saint.

    Et il s'en alla.

Margin glosses:
baisa... *kissed the edge of his sleeve*

deal

donneras

first of all;
seeds
upkeep, maintenance / labourages... *tilling, sowing, fertilizing*
entendu

surmullets *(a fish)*

Ils... *They slapped hands and spat to the side*

les récoltes = les moissons

AVEZ-VOUS COMPRIS?

1. Qu'a fait saint Michel pour se protéger de Satan?
2. Décrivez les différences entre les conditions de vie du diable et celles de saint Michel.
3. Pourquoi saint Michel a-t-il rendu visite au diable? Que lui a proposé le saint?
4. Sur quel défaut du diable saint Michel comptait-il pour réaliser son affaire? Quelle récompense Satan a-t-il demandée?
5. Quel choix saint Michel a-t-il donné à Satan? Expliquez le rapport entre le choix du diable et sa paresse.
6. Du point de vue de Satan, était-ce une bonne affaire? Justifiez votre réponse.

La Légende du Mont-Saint-Michel

Partie III

tout: all, everything each, any

Or, six mois après dans l'immense domaine du diable, on ne voyait que des carottes, des navets, des oignons, des salsifis,° toutes les plantes dont les racines grasses sont bonnes et savoureuses, et dont la feuille inutile sert tout au plus° à nourrir les bêtes. *feeds*

turnip; of which
un légume (un tubercule)
root; leaf; useless
tout... at the very most

5 Satan n'eut rien et voulut rompre le contrat, traitant saint Michel de° «malicieux». *wanted; break*

traitant... appelant saint Michel

Mais le saint avait pris goût à la culture;° il retourna retrouver le diable:

developed a taste; to find/meet
agriculture

«Je t'assure que je n'y ai point pensé du tout; ça s'est trouvé comme ça; il n'y *not at all; find* a point de ma faute. Et, pour te dédommager,° je t'offre de prendre, cette année, *make amends*
10 tout ce qui se trouvera sous terre.» *find; under*

—Ça me va», dit Satan. *I'm fine w/ it*

Au printemps suivant, toute l'étendue° des terres de l'Esprit du mal° était couverte de blés épais, d'avoines° grosses comme des clochetons, de lins,° de colzas° magnifiques, de trèfles rouges, de pois, de choux, d'artichauts, de tout ce qui
15 s'épanouit° au soleil en graines ou en fruits.

In the spring
covered with
expanse / l'Esprit... le diable
wheat
pinnacle
oats / linseed / plante à fleurs jaunes
thick
clover; peas; cabbage
blooms

Satan n'eut encore rien et se fâcha tout à fait. *not yet; angry, annoyed*

Il reprit ses prés et ses labours° et resta sourd° à toutes les ouvertures nouvelles de son voisin.

continue; openings
terres cultivées / sans réponse

AVEZ-VOUS COMPRIS?

1. Quelles plantes voyait-on dans le domaine du diable? Pourquoi n'a-t-il pas reçu une partie de la récolte?

2. Qu'est-ce que Satan a pensé de saint Michel?

3. Comment le saint s'est-il défendu? Que saint Michel a-t-il proposé au diable?

4. Quelles plantes ont poussé au printemps suivant?

5. Qu'est-ce que Satan a eu cette fois-ci? Comment a-t-il réagi aux nouveaux offres de saint Michel?

La Légende du Mont-Saint-Michel

Partie IV

Une année entière s'écoula.° Du haut de son manoir isolé, saint Michel
regardait la terre lointaine et féconde, et voyait le diable dirigeant les travaux, rentrant les récoltes, battant ses grains.° Et il rageait, s'exaspérant de son
impuissance. Ne pouvant plus duper Satan, il résolut de s'en venger, et il alla le
5 prier à dîner pour le lundi suivant.

«Tu n'as pas été heureux dans tes affaires avec moi, disait-il, je le sais; mais je
ne veux pas qu'il reste de rancune entre nous, et je compte que tu viendras dîner
avec moi. Je te ferai manger de bonnes choses.»

Satan, aussi gourmand que paresseux, accepta bien vite. Au jour dit, il revêtit
10 ses plus beaux habits et prit le chemin du Mont.

Saint Michel le fit asseoir à une table magnifique. On servit d'abord un vol-
au-vent° plein de crêtes et de rognons de coq,° avec des boulettes de chair à saucisse,° puis deux gros surmulets à la crème, puis une dinde blanche pleine de
marrons confits dans du vin, puis un gigot de pré-salé,° tendre comme du
15 gâteau; puis des légumes qui fondaient dans la bouche et de la bonne galette°
chaude, qui fumait en répandant° un parfum de beurre.

On but du cidre pur, mousseux° et sucré, et du vin rouge et capiteux,° et,
après chaque plat, on faisait un trou° avec de la vieille eau-de-vie° de pommes.

Le diable but et mangea comme un coffre, tant et si bien qu'il se trouva
20 gêné.°

° s'écoula... went by
° battant... threshing his
wheat

pastry shell / plein...
filled with kidneys and
cockscombs
boulettes... sausage meat-
balls
de... fed in salt meadows
broad, thin cake
en... while exuding
bubbly / heady
faisait... stopped eating to
have a drink / brandy
il... he was sick to his
stomach

AVEZ-VOUS
COMPRIS?

1. Pourquoi saint Michel est-il de nouveau entré en contact avec le diable?

2. Qu'est-ce que le saint a proposé au diable? Comment justifie-t-il son
offre?

3. Pourquoi Satan a-t-il accepté l'invitation?

4. Quel effet ce repas a-t-il eu sur le diable? Pourquoi?

5. Tous les plats du menu sont typiquement français. Lesquels vous semblent étranges?

La Légende du Mont-Saint-Michel

Partie V

Alors saint Michel, se levant formidable, s'écria d'une voix de tonnerre:
«Devant moi! devant moi, canaille°! Tu oses... devant moi... »

Satan éperdu° s'enfuit, et le saint, saisissant un bâton, le poursuivit.

Ils couraient par les salles basses, tournant autour des piliers, montaient les
5 escaliers aériens, galopaient le long des corniches,° sautaient de gargouille en gargouille. Le pauvre démon, malade à fendre l'âme,° fuyait, souillant° la demeure
du saint. Il se trouva enfin sur la dernière terrasse, tout en haut, d'où l'on découvre la baie immense avec ses villes lointaines, ses sables et ses pâturages. Il ne
pouvait échapper plus longtemps; et le saint, lui jetant dans le dos un coup de
10 pied furieux,° le lança comme une balle à travers l'espace.

Il fila° dans le ciel ainsi qu'un javelot, et s'en vint tomber lourdement devant
la ville de Mortain.* Les cornes de son front et les griffes° de ses membres entrèrent profondément dans le rocher, qui garde pour l'éternité les traces de cette
chute de Satan.

15 Il se releva boiteux, estropié° jusqu'à la fin des siècles; et, regardant au loin le
Mont fatal, dressé comme un pic dans le soleil couchant, il comprit bien qu'il
serait toujours vaincu dans cette lutte inégale, et il partit en traînant° la jambe,
se dirigeant vers des pays éloignés, abandonnant à son ennemi ses champs, ses
coteaux, ses vallées et ses prés.

20 Et voilà comment saint Michel, patron des Normands, vainquit le diable.

Un autre peuple avait rêvé autrement cette bataille. 🌿

—*19 décembre 1882*

canaille°: scoundrel
éperdu°: bewildered
corniches
malade...: pitifully ill /
soiling
*lui...: furiously kicking
him in the back*
took off
claws
boiteux...: lame, crippled
dragging

AVEZ-VOUS COMPRIS?

1. Pourquoi saint Michel s'est-il fâché contre Satan? Où l'a-t-il poursuivi?
2. Comment cette poursuite s'est-elle terminée?
3. Quelles traces de cette anecdote sont visibles près de la ville de Mortain?
4. Pourquoi le diable est-il parti? Comment le saint a-t-il profité de son départ?
5. Commentez les deux dernières phrases du texte. Pourquoi Maupassant souligne-t-il le fait que saint Michel est le patron des Normands?

---

*Mortain is a small town about fifty kilometers east of Mont-Saint-Michel.

1. La qualité la plus remarquable du style de Maupassant réside dans la précision de son choix d'adjectifs par laquelle il réussit à créer des effets inattendus et des images puissantes. Trouvez-en des exemples dans la première partie du conte.

2. A la fin de la première partie du récit, Maupassant caractérise le Bas-Normand comme «rusé, cauteleux, sournois et chicanier». Etudiez la définition de ces adjectifs:

> *rusé:* qui possède l'art de dissimuler, de
>   tromper
> *cauteleux:* qui agit d'une manière hypocrite et
>   habile
> *sournois:* qui dissimule ses sentiments réels,
>   souvent avec de mauvaises intentions
> *chicanier:* qui cherche querelle sur des riens,
>   des choses sans importance

Ces adjectifs, qui caractérisent les actions de saint Michel, donnent au conte sa structure; chacun illustre l'une des quatre dernières parties. Trouvez la partie à laquelle s'applique chaque adjectif en justifiant vos conclusions.

3. En quoi la légende normande, telle que Maupassant la raconte, se détache-t-elle de l'image traditionnelle de saint Michel, «héros du ciel»?

4. Maupassant a souvent été critiqué à cause de son athéisme. Dans quelle mesure ce conte pourrait-il donner raison à cette critique?

1. D'après ce conte de Maupassant, quelle idée vous faites-vous des paysages de Normandie?

2. En France, les habitants de chaque région semblent avoir des traits de caractère différents les uns des autres. Est-ce que cela est vrai aussi dans votre pays? En quoi les gens du nord-est sont-ils différents, par exemple, des gens du sud-ouest? etc.

Est-ce que je peux
allumer la guerre?

CHAPITRE 7

LES MEDIAS

What would life be like in the modern world without the media? Newspapers, magazines, radio, and television truly make us citizens of the world. They can make us aware, sometimes instantaneously, of important events in our own neighborhoods as well as halfway around the globe. We take access to such information for granted now, so much so that many of us forget to question the accuracy of the information we receive or to pay attention to its psychological impact on our lives and world view.

Can you believe what you read in the papers? The first chapter reading, a scene from *Rhinocéros* by Eugène Ionesco, raises that question by exploring a variety of reactions to a startling newspaper report. The second reading, excerpted from *Les Belles Images* by Simone de Beauvoir, asks readers to think about the effect of the televised news on children and young people.

Lire la littérature

Visiting Literary Worlds

Literature can take you on a kind of voyage; it opens up new worlds, with foreign perspectives and exotic sensations. Like any world traveler, a reader of literature needs to be open to new ideas and ready to accept differences in the ways people perceive and represent reality.

The worlds we encounter through poetry, plays, novels, and short stories sometimes resemble our own, with inhabitants who are more or less like us. Their experiences are fairly easy to understand, and we come to like or dislike these characters as though they were next-door neighbors. In other literary works, however, the created reality can seem so strange that it becomes far-fetched, and we are tempted to abandon the journey.

At this point you need to remind yourself that traveling—even through literature—often entails risk, like any new experience. Leap into the jarring new reality, and wait until afterward to look for the meaning in it. You might find that it expresses a truth impossible to find in more familiar, conventional representations of reality.

Image 1
Antoine Gros: Le Champ de bataille d'Eylau (1808)

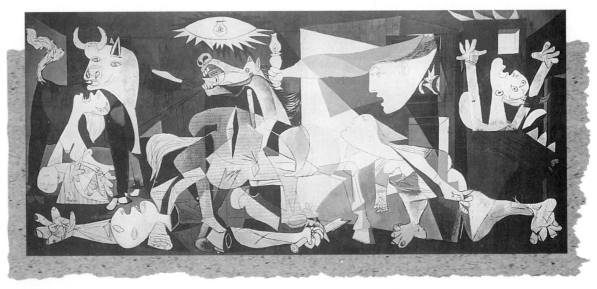

Image 2
Pablo Picasso: Guernica (1938)

Image 3
Bataille d'Arnhem (Hollande), septembre 1944

1. Regardez les trois images.

Sur les échelles suivantes, indiquez par une croix avec quel réalisme ces images représentent l'expérience de la guerre.

SERIE A

Image 1   très réaliste · · · · · · · · · · · · · · · · · · · peu réaliste

Image 2   très réaliste · · · · · · · · · · · · · · · · · · · peu réaliste

Image 3   très réaliste · · · · · · · · · · · · · · · · · · · peu réaliste

Maintenant, regardez-les différemment et indiquez par une croix avec quelle précision sont illustrées les horreurs de la guerre sur chacune d'entre elles.

SERIE B

Image 1   très clairement · · · · · · · · · · · · · · · peu clairement

Image 2   très clairement · · · · · · · · · · · · · · · peu clairement

Image 3   très clairement · · · · · · · · · · · · · · · peu clairement

Avec votre partenaire, discutez de vos réponses. Quel est l'effet de chaque image? Est-ce qu'elles vous touchent toutes de la même manière? Ensuite, comparez vos évaluations des séries A et B. Est-ce que l'image qui représente la guerre de la façon la plus réaliste représente aussi le plus clairement l'horreur de la guerre? Par exemple, si l'on accepte de rentrer dans le monde de Picasso, le tableau 2, peu réaliste, peut nous mettre face aux horreurs de la guerre. Etes-vous d'accord? Analysez ensemble votre façon de percevoir chaque illustration.

II. Maintenant, lisez les situations littéraires suivantes. Ces situations sont-elles faciles à accepter ou difficiles à accepter?

SITUATION 1

Une jeune femme rêveuse se marie avec un homme très ennuyeux et incompétent. Elle a des amants et, à la fin, se suicide.

difficile · facile

SITUATION 2

Trois personnes sont enfermées pour l'éternité dans un salon bourgeois. Ce salon est en fait l'Enfer, et le rôle des prisonniers est de se torturer mutuellement, rien qu'en parlant.

difficile · facile

SITUATION 3

Un homme, le narrateur, part à la chasse aux loups avec ses compagnons. Le loup, par ses actions et par sa mort noble, enseigne l'honneur au narrateur.

difficile · facile

(La situation 1 vient de *Madame Bovary,* de Gustave Flaubert, 2 vient de *Huis clos,* une pièce de Jean-Paul Sartre, et 3 de «La Mort du Loup», un poème d'Alfred de Vigny.)

Quels aspects rendent les trois situations plus ou moins faciles à accepter? Parlez-en avec votre partenaire. Vous ne serez pas forcément d'accord, mais essayez de justifier vos opinions. Connaissez-vous d'autres œuvres littéraires ou films qui vous poussent à vous ouvrir à des situations incroyables ou à des mondes irréels? Faites-en une petite liste.

1. _____

2. _____

3. _____

Ainsi, pour pénétrer ces mondes et mieux apprécier la littérature, il faut parfois accepter le monde créé par l'auteur. C'est le seul moyen de découvrir les sens profonds de ces œuvres.

Rhinocéros

●●●●●●●●●●●●●●●●●●●●●●●●●●●●●●●●●●●●●●●

EUGENE IONESCO

Cet auteur, que vous avez rencontré dans le Chapitre 1 (page 17), est l'un des maîtres du théâtre de l'absurde, un mouvement théâtral important qui a commencé dans les années 50. Ce théâtre refuse un réalisme superficiel et utilise l'étrangeté et l'humour pour présenter des réalités sociales qui méritent d'être examinées d'un œil critique. Chez Ionesco, le conformisme et le fascisme, ces deux dangers qui nous menacent toujours et contre lesquels il faut toujours être en garde, sont présentés indirectement, déguisés sous des situations bizarres.

A travers des discussions sans logique apparente, comme celle dans cet extrait de *Rhinocéros*, on aborde des sujets importants, comme la vérité dans le journalisme et le racisme, mais les personnages passent d'un sujet à un autre sans vraiment s'écouter. Ils restent tous dans un monde où la communication est impossible, un monde absurde où tout peut arriver.

Mise en route

Un des rôles des gros titres des journaux est de nous donner une idée de ce dont l'article va parler. Indiquez quels titres de la colonne A correspondent aux thèmes de la colonne B.

	A		B
1.	_____ COMBAT POUR UN BALLON	**a.**	L'importation des voitures Honda en France et en Allemagne
2.	_____ UNE MENACE POUR LES LIVRES	**b.**	Un aspect de la crise économique en France
3.	_____ LA FIN DU CONTE DE FEES	**c.**	Deux joueurs de rugby gravement blessés
4.	_____ LES JAPONAISES EN ROUTE POUR L'EUROPE	**d.**	On arrête la construction de la nouvelle Bibliothèque de France
5.	_____ PLUS DE 3 MILLIONS DE CHOMEURS EN FRANCE	**e.**	Charles et Diana d'Angleterre ne vivent plus ensemble

Maintenant, en groupes de trois, imaginez trois «titres-choc», comme pour un journal peu sérieux (par exemple, ELVIS VIT! MON PERE EST UN EXTRA-TERRESTRE!). Echangez vos titres avec un autre groupe et imaginez une ou deux phrases de l'article qui accompagnerait le titre qu'on vous a passé.

Si on vous donnait un article intitulé «RHINOCEROS», de quoi pourrait-il s'agir? Donnez deux possibilités.

1. _____

2. _____

Mots et expressions

il s'agit (de) it is a question, a matter (of)
le curé the priest
dénoncer to denounce
écraser to crush, squash; to suppress
le menteur liar

nier to deny
la (les) nouvelle(s) the news
le rédacteur editor
se vanter (de) to boast (about)
vexer (quelqu'un) to upset (someone)
vilain/vilaine ugly

APPLICATIONS   **A.** Trouvez l'équivalent de chaque mot ou expression.

1. une personne qui ne dit pas la vérité *le menteur*
2. laid(e) *vilain*
3. dire que ce n'est pas vrai *nier*

4. rendre malheureux *vexer*
5. dire de bonnes choses de soi-même *se vanter*
6. les informations *les nouvelles*

B. Complétez l'histoire avec les mots qui conviennent.

Vous voyez le gentil petit monsieur là-bas? C'est le __curé__¹ de notre village, un homme simple et catholique. Un jour l'année dernière, il y a eu un gros scandale quand le __rédacteur__² du journal local, un communiste, a écrit un article négatif sur l'Eglise. Dans son sermon Monsieur le Curé __dénonce__³ le journaliste, et il a dit que dans l'article, __il s'agit__⁴ d'hérésie! Finalement, on a pu __écrase__⁵ le scandale mais, pour une fois, on ne s'est pas ennuyé chez nous!

Rhinocéros

Acte II, scène 1

Dans sa pièce Rhinocéros, *écrite en 1959, Ionesco nous* <u>montre</u> *au* <u>début</u> *un monde* <u>reconnaissable</u>. *Un homme, Bérenger, le personnage principal, veut plaire à Daisy, une jeune femme qui travaille avec lui. Jusqu'ici tout semble normal.*

Mais un jour, dans ce village tranquille, on commence à voir des rhinocéros qui courent partout dans la ville. Les journaux en parlent mais certaines personnes n'y croient <u>guère</u> *et des* <u>débats</u> *ont lieu. On parle de rhinocéros, oui, mais aussi de jour-*

naux, de racisme, de l'Eglise et de toutes sortes de choses! Dans cette scène, nous sommes dans le bureau où travaillent Bérenger, Daisy et leurs collègues Botard, Dudard et Monsieur Papillon.

Les personnages sont donc debout au lever du rideau, immobiles autour de la table de droite; le Chef a la main et l'index tendus° vers le journal. Dudard, la main tendue en direction de Botard, a l'air de lui dire: «*Vous voyez bien pourtant!*» Botard, les mains dans les poches de sa blouse, un sourire incrédule sur les lèvres, a l'air de dire: «*On ne me la fait pas.*»° Daisy, ses feuilles dactylographiées à la main, a l'air d'appuyer du regard° Dudard. Au bout de quelques brèves secondes, Botard attaque.

BOTARD: Des histoires, des histoires à dormir debout.°   *à... ridicules*

DAISY: Je l'ai vu, j'ai vu le rhinocéros!

10 DUDARD: C'est écrit sur le journal, c'est clair, vous ne pouvez le nier.

BOTARD, *de l'air du plus profond mépris:* Pfff!

DUDARD: C'est écrit, puisque c'est écrit; tenez, à la rubrique des chats écrasés!° Lisez donc la nouvelle, monsieur le Chef!   *rubrique... a newspaper section (d'habitude on dit «chiens écrasés»)*

MONSIEUR PAPILLON: «Hier, dimanche, dans notre ville, sur la place de l'Eglise,

15 à l'heure de l'apéritif, un chat a été foulé aux pieds° par un pachyderme.»   *foulé... écrasé*

DAISY: Ce n'était pas exactement sur la place de l'Eglise!

MONSIEUR PAPILLON: C'est tout. On ne donne pas d'autres détails.

BOTARD: Pfff!

DUDARD: Cela suffit, c'est clair.

20 BOTARD: Je ne crois pas les journalistes. Les journalistes sont tous des menteurs, je sais à quoi m'en tenir,° je ne crois que ce que je vois, de mes propres yeux. En tant qu'ancien instituteur, j'aime la chose précise, scientifiquement prouvée, je suis un esprit méthodique, exact.   *à quoi... ce qu'il faut croire*

DUDARD: Que vient faire ici l'esprit méthodique?

25 DAISY, *à Botard:* Je trouve, monsieur Botard, que la nouvelle est très précise.

BOTARD: Vous appelez cela de la précision? Voyons. De quel pachyderme s'agit-il? Qu'est-ce que le rédacteur de la rubrique des chats écrasés entend par un pachyderme? Il ne nous le dit pas. Et qu'entend-il par chat?

DUDARD: Tout le monde sait ce qu'est un chat.

30 BOTARD: Est-ce d'un chat, ou est-ce d'une chatte qu'il s'agit? Et de quelle couleur? De quelle race? Je ne suis pas raciste, je suis même antiraciste.

MONSIEUR PAPILLON: Voyons, monsieur Botard, il ne s'agit pas de cela, que vient faire ici le racisme?

BOTARD: Monsieur le Chef, je vous demande bien pardon. Vous ne pouvez nier

35 que le racisme est une des grandes erreurs du siècle.

DUDARD: Bien sûr, nous sommes tous d'accord, mais il ne s'agit pas là de...

BOTARD: Monsieur Dudard, on ne traite pas cela à la légère. Les événements historiques nous ont bien prouvé que le racisme...

DUDARD: Je vous dis qu'il ne s'agit pas de cela.

40 BOTARD: On ne le dirait pas.

MONSIEUR PAPILLON: Le racisme n'est pas en question.

BOTARD: On ne doit perdre aucune occasion de le dénoncer.

DAISY: Puisqu'on vous dit que personne n'est raciste. Vous déplacez la question,
il s'agit tout simplement d'un chat écrasé par un pachyderme: un rhinocé-

45 ros en l'occurrence.°   *en... dans le cas présent*

BOTARD: Je ne suis pas du Midi,° moi. Les Méridionaux° ont trop d'imagina-   *le sud de la France /*
tion. C'était peut-être tout simplement une puce écrasée par une souris.   *gens du sud*
On en fait une montagne.

MONSIEUR PAPILLON *à Dudard:* Essayons donc de mettre les choses au point.

50 Vous auriez donc vu,° de vos yeux vu, le rhinocéros se promener en flâ-   *Vous... So you claim to*
nant dans les rues de la ville?   *have seen*

DAISY: Il ne flânait pas, il courait.

DUDARD: Personnellement, moi, je ne l'ai pas vu. Cependant, des gens dignes de
foi...°   *dignes... en qui on peut*
                                                     avoir confiance

55 BOTARD, *l'interrompant:* Vous voyez bien que ce sont des racontars, vous vous
fiez à des journalistes qui ne savent quoi inventer pour faire vendre leurs
méprisables journaux, pour servir leurs patrons, dont ils sont les domes-
tiques! Vous croyez cela, monsieur Dudard, vous, un juriste, un licencié
en droit. Permettez-moi de rire! Ah! ah! ah!

60 DAISY: Mais moi, je l'ai vu, j'ai vu le rhinocéros. J'en mets ma main au feu.°   *J'en... Je le jure*

BOTARD: Allons donc! Je vous croyais une fille sérieuse.

DAISY: Monsieur Botard, je n'ai pas la berlue!° Et je n'étais pas seule, il y avait   *des hallucinations*
des gens autour de moi qui regardaient.

BOTARD: Pfff! Ils regardaient sans doute autre chose!... Des flâneurs, des gens

65 qui n'ont rien à faire, qui ne travaillent pas, des oisifs.

DUDARD: C'était hier, c'était dimanche.

BOTARD: Moi, je travaille aussi le dimanche. Je n'écoute pas les curés qui vous
font venir à l'église pour vous empêcher de faire votre boulot,° et de   *travail*
gagner votre pain à la sueur de votre front.

70 MONSIEUR PAPILLON, *indigné:* Oh!

BOTARD: Excusez-moi, je ne voudrais pas vous vexer. Ce n'est pas parce que je
méprise les religions qu'on peut dire que je ne les estime pas. (*A Daisy.*)
D'abord, savez-vous ce que c'est qu'un rhinocéros?

DAISY: C'est un... c'est un très gros animal, vilain!

75 BOTARD: Et vous vous vantez d'avoir une pensée précise! Le rhinocéros, Mademoiselle...

MONSIEUR PAPILLON: Vous n'allez pas nous faire un cours sur le rhinocéros, ici.
Nous ne sommes pas à l'école.

BOTARD: C'est bien dommage.

Après cette scène, nous découvrons qu'en fait les rhinocéros sont des gens qui se trans-
forment. Botard, qui dit «...il faut suivre son temps», se transforme et Dudard aussi,
en disant «Mon devoir m'impose de suivre mes chefs et mes camarades... ». Même

Daisy se laisse transformer en rhinocéros à la fin. On comprend alors que c'est volontaire, que les personnages choisissent de devenir rhinocéros, tous sauf Bérenger dont la dernière réplique à la fin de la pièce est «Je ne capitule pas!»

Jean se transforme en rhinocéros devant les yeux de ses amis, Bérenger et Daisy.

1. De quel sujet parlent Daisy et Dudard? Comment Botard réagit-il?
2. Pourquoi Dudard est-il persuadé qu'un rhinocéros courait en plein centre-ville? Pourquoi est-ce que Daisy croit la même chose?
3. Quelle est l'attitude de Botard envers les journalistes?
4. Botard se dit «un esprit méthodique, exact». Quand il pose des questions sur l'article du journal, est-ce qu'il démontre sa précision et sa pensée méthodique? Justifiez votre réponse.
5. Voici une liste des sujets dont le groupe a parlé. Numérotez-les pour indiquer l'ordre dans lequel ils apparaissent lors de la discussion.

   _____ les journalistes   _____ les chats
   _____ la religion   _____ le racisme
   _____ les rhinocéros

   Comment passe-t-on d'un sujet à l'autre?
6. Mentionnez quelques traits de caractère de Daisy.
7. De tous les personnages, quel est le seul qui ait vu le rhinocéros? Comment cette personne décrit-elle le passage de l'animal?
8. Que fait Botard le dimanche? Pourquoi? Que pense-t-il de la religion? Pourquoi risque-t-il de vexer M. Papillon?
9. Comment est-ce que Daisy décrit le rhinocéros? Qu'est-ce que Botard critique dans sa description? Qu'est-ce qu'il va faire avant que M. Papillon ne l'interrompe?

1. Lequel des personnages vous semble le plus important au bureau? Lequel vous semble le plus instruit? Justifiez vos réponses en vous référant au texte.

2. Botard demande des précisions sans arrêt. Qu'y a-t-il d'absurde dans certains de ses arguments? Trouvez-en des exemples. Qu'est-ce qu'Ionesco cherche à communiquer à travers cette absurdité?

3. Lorsque les personnages parlent du racisme, est-ce que cette discussion vous semble logique dans le contexte? Pourquoi ou pourquoi pas? Comment est-ce que Botard détourne les répliques des autres pour continuer à en parler? Qui arrive à changer le sujet et à revenir au rhinocéros?

4. Botard critique les journalistes à plusieurs reprises. Donnez des exemples de ses critiques. Est-ce qu'il réussit à changer l'opinion des autres? Comment le savez-vous?

5. Les hommes dans cette scène ne font pas très attention à ce que dit Daisy. Combien de fois est-ce que Daisy dit qu'elle a vu le rhinocéros? Pourquoi est-ce que les autres continuent à remettre en question l'événement rapporté dans le journal? Est-ce que le rhinocéros et le chat mort sont vraiment importants, ou est-ce qu'ils servent simplement de point de départ de diverses discussions? Pourquoi Ionesco construit-il ainsi cette scène?

DE LA LITTERATURE A LA VIE

1. Est-ce que la discussion sur le rhinocéros vous semble réaliste? Pourquoi (pas)? Quel effet Ionesco produit-il par le dialogue que vous avez lu? Qu'est-ce qu'il veut dire à propos des gens et de leur façon de communiquer?

2. Que pensez-vous des journalistes? Sont-ils honnêtes? Malhonnêtes? Objectifs? Peut-on les croire en général? Citez des exemples pour justifier votre point de vue.

3. Lisez-vous le journal? Régulièrement? Quels journaux lisez-vous? Quelles rubriques? Pourquoi celles-là et pas d'autres?

4. Récrivez l'article de journal sur le rhinocéros (lu par M. Papillon) de façon à ce qu'un lecteur comme Botard le trouve assez précis. Faites preuve d'imagination et mettez autant de détails que possible.

Les Belles Images

SIMONE DE BEAUVOIR

En 1929, alors qu'elle n'avait que vingt et un ans, Simone de Beauvoir (1908–1986) a été reçue à l'agrégation de philosophie, un concours extrêmement difficile qui assure un poste dans l'enseignement secondaire ou universitaire. Elle a été professeur jusqu'en 1943, année où elle a décidé de se consacrer à l'écriture. Elle est reconnue comme l'une des fondatrices de la pensée féministe grâce à ses essais, comme *Le Deuxième Sexe*, ses récits autobiographiques, comme *Les Mémoires d'une jeune fille rangée*, et *La Force de l'âge*, et également ses romans comme *Le Sang des autres, Une mort très douce* et *Les Belles Images*. A travers ces œuvres très diverses, on peut suivre certaines idées clés, entre autres celle de l'aliénation féminine dans un monde dominé par les hommes.

Mise en route

A votre avis, lesquelles des émissions suivantes ne sont pas appropriées pour un enfant de douze ans? Ecrivez *oui* ou *non* pour indiquer si vous permettriez à votre enfant de regarder ces émissions. Comparez vos réponses avec celles des autres étudiants en expliquant vos raisons. Etes-vous tous d'accord? Pourquoi? Pourquoi pas?

1. _____

2. _____

20.30

AVENTURES. FILM DE JOHN G. AVILDSEN (E.-U., 1989) — 1 H 48

KARATÉ KID III

SIPA

Daniel .... **Ralph Macchio**
Miyagi .... **Noriyuki « Pat » Morita**
Jessica .... **Robyn Lively**
Pour adultes et adolescents.

De retour du Japon, Daniel et Miyagi découvrent que leur immeuble a été démoli. Pour s'en sortir, les deux amis décident de se recycler dans la vente de bonsaïs. Mais Terry Silver, l'homme d'affaires de Kreese — un professeur de karaté humilié par Miyagi et son élève —, leur envoie bientôt Mike, un karateka qui défie Daniel. Le jeune champion se voit obligé de remettre son titre en jeu.

Ralph Macchio, «Pat» Morita.

22.30

COMÉDIE DRAMATIQUE. FILM DE J.-CH. TACHELLA (FR., 1987) — 1 H 50

TRAVELLING AVANT★

KIPA

Barbara .... **Ann-Gisel Glass**
Nino .... **Thierry Frémont**
Donald ...... **Simon de La Brosse**
Pour adultes et adolescents.
Paris, 1948. Nino et Donald se rencontrent dans une salle de cinéma. Ils se lient d'amitié et évoquent leur rêve commun de faire carrière dans le septième art. Nino fait la connaissance de Barbara, une autre passionnée de cinéma qui l'héberge chez elle. Lorsque les deux amis découvrent que Barbara possède chez elle de nombreuses bobines de films, ils décident de créer leur propre ciné-club.

S. de La Brosse, A.-G. Glass.

3. _____

4. _____

20.40

DRAME. FILM D'OLIVER STONE (ÉTATS-UNIS, 1985) — DURÉE : 1 H 57

SALVADOR ★★

SCÉNARIO : RICHARD BOYLE ET OLIVER STONE — MUSIQUE : GEORGES DELERUE

Richard Boyle . . . . **James Woods**
Le docteur Rock . . . . **Jim Belushi**
John Cassidy . . . . **John Savage**

L'ambassadeur . . . . **Michael Murphy**
Maria . . . . **Elpedia Carillo**
Le major Max . . . . **Tony Plana**

Pour adultes et adolescents. Déjà diffusé en octobre 1987.

Le journaliste Richard Boyle, qui eut son heure de gloire, s'est effondré dans l'alcoolisme. A bout de ressources, il part en compagnie d'un disc-jockey, épave comme lui, depuis San Francisco vers le Salvador, où sévit une guerre civile. Ils comptent ensemble faire un reportage fructueux. Boyle, ancien du Cambodge et du Vietnam, connaît ce genre de situation, il comprend vite que les horreurs qu'il filme sont le fait des autorités gouvernementales. En rejoignant la guérilla en compagnie de Maria, une amie qu'il a retrouvée sur place, et un photographe, il va, retrouvant son métier et les engagements qu'il a déjà connus, reprendre peu à peu goût à la vie.

GAMMA

Le Salvador en pleine guerre civile.

Un film dur, inspiré par la mort du journaliste américain John Hoagland, disparu au Salvador ; aucune des scènes de violence extrême auxquelles il eut à faire face dans son métier de reporter ne sont épargnées aux spectateurs.

LA BALLADE DES DALTON. *Lundi,* 13.35, *La 5.*

5. _____

22.45 BOXE : TIOZZO-WATTS

SPORT *En direct du Palm Beach de Cannes. Commentaires : Jean-Philippe Lustik, Thierry Roland. Réalisation : Jean-Claude Hechinger.*
Pour son premier combat après la perte du titre mondial, Tiozzo devait rencontrer initialement Doug De Witt. Ce dernier étant blessé, le champion français affronte ce soir **Kevin Watts**, 29 ans, ancien champion des Etats-Unis puis d'Amérique du Nord des poids moyens. Un puncheur (vingt-deux victoires dont dix par K.-O.) qui offrira un test intéressant à Tiozzo, lancé à la reconquête de sa couronne mondiale.

TEMPSPORT

Christophe Tiozzo.

6. _____

Mots et expressions

la bagarre fight
le cauchemar nightmare
déplorer to regret deeply
l'émission (f.) television show
se fier (à) to trust
insensible insensitive
se prolonger to go on and on,
to continue

saisissant/saisissante startling,
striking
se sentir en faute to feel guilty
se soucier (de) to worry (about)
supportable bearable

Complétez l'histoire avec les mots qui conviennent.

A la télévision, il y a souvent des _émission_¹ avec beaucoup de
violence. Je pense que les gens qui écrivent les scénarios ne
se soucier ² pas de l'effet de ces images _saisissant_³ sur les enfants. Ces
gens sont _insensible_⁴ aux problèmes psychologiques causés par les
scènes horribles qui _prolong_ ⁵ et les _bagarre_⁶ violentes que nous
voyons chaque fois qu'on allume la télé.

Et de plus, les gens qui présentent les nouvelles télévisées
ne se sentent pas _en faute_⁷ quand les jeunes suivent l'exemple
de ce qu'ils voient ou quand ils ont des _cauchemar_⁸ la nuit. Moi,
je ne _____⁹ pas aux gens qui travaillent pour la télévision.
Je _déplore_¹⁰ leur décision de mettre des histoires terribles à la
portée des jeunes. Vraiment, ce n'est pas _support_.¹¹

bagarre
émission
insensible
saisissant
se prolonger
se soucier

cauchemar
déplorer
en faute
se fier
supportable

Les Belles Images

*Dans cet extrait, Simone de Beauvoir démontre à travers le personnage principal,
Laurence, comment une femme est victime des influences de l'education et de la formation imposées par la société. Elle se rend compte petit à petit qu'elle existe essentiellement pour les autres: son mari, sa mère, ses enfants, son amant. Dans le passage
qui suit, Laurence cherche à être une bonne mère pour sa fille de dix ans, Catherine,
en la protégeant du monde. Elle discute avec une amie de Catherine, Brigitte, et lui
explique qu'il ne faut pas qu'elle parle avec Catherine des nouvelles tristes qu'elle voit
à la télévision.*

*L*aurence hésite: ~~hesitated~~

—Brigitte, ne racontez pas de choses tristes à Catherine.

Tout le visage s'est empourpré° et même le cou. ~~face; le cou~~ a rougi ~~blush, redden~~

—Qu'est-ce que j'ai dit qu'il ne fallait pas? ~~to be necessary~~

5 —Rien de spécial. —Laurence sourit de manière rassurante: ~~in a way that's reassuring~~ —Seulement
Catherine est encore très petite; elle pleure souvent la nuit; beaucoup de choses ~~cried; often~~
lui font peur.

—Ah! bon!

Brigitte a l'air plus désarçonnée° que contrite. ~~dumbfounded~~   *nonplussed*

10 —Mais si elle me pose des questions, je dirai que vous me défendez° de   interdisez
répondre?

C'est Laurence maintenant qui est embarrassée: je me sens en faute de la met- ~~mettre~~
tre en faute, alors qu'au fond... ~~fault, mistake~~

—Quelles questions?

15 —Je ne sais pas. Sur ce que j'ai vu à la télévision. ~~see~~

Ah! oui; il y a ça aussi: la télévision. Jean-Charles° rêve souvent à ce qu'elle ~~there is/are~~ ~~often son mari husband dreams~~
pourrait être, mais il déplore ce qu'elle est; il ne prend guère que les Actualités ~~could~~ ~~hardly takes, has; current events~~
télévisées et «Cinq colonnes à la une»* que Laurence regarde aussi, de loin en ~~news~~
loin. On y montre parfois des scènes peu supportables; et, pour une enfant, les ~~show; bearable~~
images sont plus saisissantes que les mots. ~~startling, striking~~

—Qu'avez-vous vu à la télévision, ces jours-ci?

—Oh! beaucoup de choses.

—Des choses tristes?

Brigitte regarde Laurence dans les yeux:

25 —Il y a beaucoup de choses que je trouve tristes. Pas vous? ~~find~~

—Si, bien sûr. ~~sure~~

Qu'est-ce qu'ils ont montré ces jours-ci? J'aurais dû regarder. La famine aux ~~show~~
Indes? Des massacres au Viêtnam? Des bagarres racistes aux U.S.A.? ~~fight~~

—Mais je n'ai pas vu les dernières émissions, reprend Laurence. Qu'est-ce ~~see; television show; take up~~
30 qui vous a frappée?°   a impressionnée

—Les jeunes filles qui mettent des ronds° de carotte sur des filets de   *slices / herring*
hareng,°† dit Brigitte avec élan.°   énergie

—Comment ça?

—Eh bien, oui. Elles racontaient que toute la journée elles mettent des ronds ~~all day long~~
35 de carotte sur des filets de hareng. Elles ne sont pas beaucoup plus vieilles que
moi. J'aimerais mieux mourir que de vivre comme ça! ~~better; die~~

—Ça ne doit pas être tout à fait pareil pour elles. ~~like, similar~~

—Pourquoi?

Brigitte regarde beaucoup télé.

---

*Une émission qui donne des actualités pour la semaine.
†En France on trouve parfois un rond de carotte dans une boîte de conserve qui contient du poisson.

une usine de ~~sons~~conserve du poisson.
~~factory~~

—On les a élevées° autrement.°

40 —Elles n'avaient pas l'air bien contentes, dit Brigitte.

Des métiers stupides, qui disparaîtront bientôt avec l'automation; en atten-
dant, évidemment... Le silence se prolonge.

—Bon. Allez faire votre version.° Et merci pour les fleurs, dit Laurence.

Brigitte ne bouge pas.

45 —Je ne dois pas en parler à Catherine?

—De quoi?

—De ces jeunes filles.

—Mais si, dit Laurence. C'est seulement quand quelque chose vous paraît
vraiment horrible qu'il vaut mieux le garder pour vous. J'ai peur que Catherine
50 n'ait des cauchemars.

Brigitte tortille° sa ceinture; elle qui est d'ordinaire si simple, si directe, elle a
l'air désorientée. «Je m'y suis mal prise»,° pense Laurence; elle n'est pas contente
d'elle; mais comment fallait-il s'y prendre?° «Enfin, je me fie à vous. Faites un
peu attention, c'est tout», conclut-elle gauchement.°

55 Suis-je devenue insensible ou Brigitte est-elle particulièrement vulnérable? se
demande-t-elle, quand la porte s'est refermée. «Toute la journée des ronds de carotte.» Sans doute, les jeunes filles qui font un pareil métier, c'est qu'elles ne
sont pas capables d'un travail plus intéressant. Mais ça ne rend pas les choses
plus drôles pour elles. Voilà encore de ces «incidences humaines» qui sont regret-
60 tables. Ai-je raison, ai-je tort de si peu m'en soucier?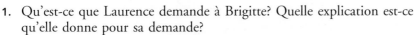

Margin glosses:

raised / de façon différente · way, manner

job, trade; missing 'soon'

un devoir écrit

flowers

move

appear

better; to keep

nightmare

belt · twists

trust?

Je... I didn't go about that right

comment...? how should I have gone about it?

de façon maladroite · unskillful, clumsy

become; insensitive

shut, close again

probably; no doubt

give back, return

funny, odd

to be wrong; worry

1. Qu'est-ce que Laurence demande à Brigitte? Quelle explication est-ce qu'elle donne pour sa demande?
2. Dans la ligne 3, un des personnages rougit. Lequel? Comment le savez-vous? Pourquoi est-ce que cette personne rougit?
3. Catherine, la fille de Laurence, pose des questions à Brigitte. A quel sujet?
4. Qu'est-ce que Jean-Charles pense de la télévision? Et Laurence, la regarde-t-elle? Pourquoi (pas)?
5. Qu'est-ce qui a impressionné Brigitte dans l'émission sur les jeunes ouvrières? Pourquoi? Laurence a-t-elle la même réaction que Brigitte? Pourquoi (pas)?
6. Pourquoi est-ce que Laurence remercie Brigitte? Qu'est-ce que Brigitte va faire?
7. De quoi Laurence a-t-elle toujours peur? Qu'est-ce qu'elle redemande à Brigitte?
8. A qui est-ce que Laurence parle après le départ de Brigitte? Quelles questions est-ce qu'elle pose? Comment justifie-t-elle la situation des jeunes filles?

1. Comment est-ce que Laurence parle à Brigitte? Comme à une petite fille? Comme à une adulte? Trouvez des passages qui justifient votre réponse.

2. Qu'est-ce que nous apprenons sur Catherine dans ce passage? Sur Brigitte? Sur Laurence? Faites une petite liste d'adjectifs pour décrire chacune (sûre d'elle, nerveuse, maladroite, gênée, triste).

3. Quel rôle la télévision joue-t-elle dans ce texte? Est-ce que cette situation vous semble réaliste? Impossible? Pourquoi?

4. Comparez les détails qui, d'après Laurence, ont impressionné Brigitte et ceux qui l'ont réellement impressionnée. Comparez également leurs réactions. Et votre réaction à vous, ressemble-t-elle plus à celle de Brigitte ou à celle de Laurence? Pourquoi?

5. Répondez à la question posée par Laurence à la fin du passage.

6. Imaginez que vous discutez avec Laurence et qu'elle vous demande si elle a bien fait de parler avec Brigitte. Qu'est-ce que vous lui diriez?

1. Faudrait-il que le gouvernement intervienne dans la programmation de la télévision? Si oui, quel serait son rôle? Si non, pourquoi pas?

2. Que pensez-vous des journaux télévisés? Est-ce qu'ils présentent assez d'informations sur ce qui se passe dans le monde? Est-ce qu'ils parlent trop de certaines choses et pas assez d'autres? Est-ce qu'il y a des images que l'on devrait éviter de montrer? Lesquelles? Pourquoi? Regardez la photo à la première page de ce chapitre, et commentez.

3. Est-ce une bonne idée de protéger les enfants du monde qui les entoure en leur interdisant certaines émissions? Quels sont les effets d'une liberté totale? D'une oppression sévère?

4. Regardez la couverture de ce magazine. Que veut dire la question posée dans le gros titre? Répondez à cette question.

[handwritten annotations: "broadcast news", "avoid showing", "have to"]

CHAPITRE 8

Raoul Dufy: L'Opéra, Paris (c. 1924)

SPECTACLES

With movies to bring comedy, tragedy, and suspense to us at any time of day, who needs theater? With video and cable to bring these into our living rooms, why go to the movie theater? In fact, as we shall see in the readings in this chapter, the theater and the cinema are far more than simple distractions meant to pass the time.

An evening at the theater lets us witness the active creation of art as we watch the performers give life to dramatic texts of all times. Important and often universal themes find their place there, as we shall see in the excerpt from Molière's *Le Malade imaginaire*. A trip to the movies gives us not only the images on the screen but a chance to break away from everyday life in a context especially made for that purpose. In many cultures the cinema also plays a social role, giving young people a place to be together, as Marie Cardinal shows in the pages from her novel *Une vie pour deux* presented here.

Lire la littérature

Theme

A theme (**thème**) is essentially a type of unifying principle, regardless of the context in which it is found. In this book, for example, the chapters are organized according to themes such as **"Voyages"** or **"Spectacles."** In literature, many themes are universal in nature (death, revolution, love, human courage) and often are expressed indirectly, requiring interpretation to discover what is being communicated. The different aspects of a literary text work together to convey its theme or themes; one role of the reader is to seek these out. Even a brief excerpt can give clues as to the theme of a work. Read this brief scene from *Caligula* by Albert Camus while concentrating on what universal issue or issues might be at its heart.

SCENE IV

HELICON, *d'un bout de la scène° à l'autre:* Bonjour, Caïus.   stage
CALIGULA, *avec naturel:* Bonjour, Hélicon.

(*Silence.*)

HELICON: Tu sembles fatigué?
5   CALIGULA: J'ai beaucoup marché.
HELICON: Oui, ton absence a duré longtemps.

(*Silence.*)

CALIGULA: C'était difficile à trouver.
HELICON: Quoi donc?
10 CALIGULA: Ce que je voulais.
HELICON: Et que voulais-tu?
CALIGULA, *toujours naturel:* La lune.
HELICON: Quoi?
CALIGULA: Oui, je voulais la lune.
15 HELICON: Ah!

(*Silence. Hélicon se rapproche.*)

HELICON: Pour quoi faire?
CALIGULA: Eh bien!... C'est une des choses que je n'ai pas.

Which of the following themes seem present in this passage? Justify your choices.

   A. love of nature
   B. desire for the unattainable
   C. fear of death
   D. desire to control the universe

B and **D** are both justifiable responses (see lines 12 and 18). **A** would be difficult to justify because Caligula wants the moon, not because it is part of nature but because he can't have it. **C**, while possible by stretching the interpretation of *why* Caligula wants control, is not clearly enough presented in this scene to be a justifiable answer. Part of your task in looking for themes will be to remain close enough to the actual text to justify your conclusions. As you read the passages in this chapter, look beyond the chapter theme of **Spectacles** which unites these texts to see what themes are present in them, for such themes are part of the reason that such literature endures.

Le Malade imaginaire

MOLIÈRE

Jean-Baptiste Poquelin (1622–1673), dit *Molière*, est l'un des plus célèbres dramaturges de la littérature européenne. Créées sous le règne de Louis XIV, *Tartuffe, L'Avare, Le Malade imaginaire, Les Femmes savantes* et *Le Misanthrope* sont parmi ses comédies les plus connues.

   Le Malade imaginaire est la cinquième pièce dans laquelle Molière affiche son scepticisme envers la médecine. C'est aussi sa dernière pièce. Elle est représentée pour la première fois le 10 février 1673. Molière, qui souffre depuis plusieurs années d'une grave maladie de poitrine, y joue le rôle d'Argan. Quelques jours plus tard, lors de la quatrième représentation, Molière se sent très mal, mais refuse de quitter la scène. Rentré chez lui, il meurt le soir même.

Mise en route

Regardez cette publicité présentée par le gouvernement français et par une société d'assurance maladie. N'essayez pas de comprendre chaque mot de cette publicité, mais plutôt le concept dont elle traite.

Quelle est l'idée générale communiquée

1. par l'image?

2. par le texte?

Que pensez-vous de cette publicité?

Avec un/une partenaire, regardez la liste des raisons suivantes pour lesquelles on prend trop de médicaments. Numérotez-les de 1 (la raison la plus commune) à 4 (la raison la moins commune). Discutez de vos choix.

1. _____ Les médecins donnent trop facilement des médicaments aux gens.

2. _____ La publicité à la télévision montre aux gens que les médicaments peuvent changer leur vie (pour l'arthrite, par exemple).

3. _____ Les gens pensent qu'aucune douleur (maux de tête, de ventre, etc.) n'est acceptable.

4. _____ Les gens veulent échapper à leurs problèmes (par les tranquillisants ou les antidépresseurs).

Et en ce qui concerne les visites chez le médecin, pensez-vous qu'il y ait des gens qui en abusent? Cochez les raisons que vous considérez acceptables pour une visite médicale. Vous pouvez qualifier vos réponses (par exemple «pour un petit enfant», ou «pour une personne très âgée»).

1. _____ On a une petite fièvre.

2. _____ On est tout seul.

3. _____ On a du mal à dormir.

4. _____ On a mal à la tête depuis plusieurs jours.

5. _____ On n'a pas faim.

En lisant la scène de Molière, vous allez découvrir un personnage, Argan, qui croit qu'il a toujours besoin de soins médicaux et qui croit tout ce que son médecin lui dit. Béralde, par contre, trouve la médecine inutile et même dangereuse. A vous de décider ce que vous pensez de leurs idées sur ces sujets.

Mots et expressions

s'attaquer à to criticize
croire à to believe in
étendre to stretch, extend
gâter to spoil
guérir to cure, heal
l'ordonnance (*f.*) prescription
ne... point not at all

prendre garde (à) to watch out (for)
le remède remedy
le secours help, assistance
le soin care
avoir, prendre soin de to take care of
le songe dream

APPLICATIONS **A.** Trouvez les mots de la même famille que les mots suivants.

1. ordonner
2. soigner
3. secourir

4. extension
5. songer

B. Trouvez l'équivalent de chaque expression.

1. rendre la santé à
2. faire attention à
3. critiquer

4. avoir la responsabilité de
5. ne... pas du tout

6. Complétez les phrases avec les mots qui conviennent.

1. On dit que les grands-parents _____ toujours leurs petits-enfants.
2. Quand on est malade, on cherche _____ à sa maladie.
3. Est-ce que vous _____ la vie après la mort?

satire on medicine

Le Malade imaginaire

sick *imaginary*

Acte III, scène 3

BERALDE: Est-il possible que vous serez toujours embéguiné° de vos apothicaires° *infatuated* / pharmaciens
et de vos médecins, et que vous vouliez être malade en dépit des gens et de *in spite of*
la nature?

ARGAN: Comment l'entendez-vous,° mon frère? *What do you want to talk about* Comment... Que
voulez-vous dire

5 BERALDE: J'entends, mon frère, que je ne vois point d'homme qui soit moins *hear or understand*
malade que vous, et que je ne demanderais point une meilleure constitution *the better*
que la vôtre. Une grande marque que vous vous portez bien et que vous avez *yours*
un corps parfaitement bien composé, c'est qu'avec tous les soins que vous *body; care, treatment*

«C'est un bon impertinent que
votre Molière, avec ses comédies!
Et je le trouve bien plaisant d'aller
jouer d'honnêtes gens comme
les médecins!»

occupied · spoil · goodness, kindness · to attain or succeed

10 avez <u>pris</u> vous n'avez pu <u>parvenir</u> encore à <u>gâter</u> la <u>bonté</u> de votre tempérament,° et que vous n'êtes point <u>crevé</u>° de toutes les <u>médecines</u>° qu'on vous a
fait <u>prendre</u>. take, have

> health
> santé / (*fam.*) mort / mot démodé pour «médicaments»

ARGAN: Mais savez-vous, mon frère, que c'est cela qui me <u>conserve</u>; et que monsieur Purgon dit que je <u>succomberais</u>, s'il était seulement trois jours sans
prendre <u>soin</u> de moi? care

> preserve
> succomb

15 BERALDE: Si vous n'y <u>prenez garde</u>, il prendra <u>tant</u> de soin de vous, qu'il vous
<u>enverra</u> en l'autre monde. towards, in respect to; send

> so much · watch out for

ARGAN: Mais raisonnons un peu, mon frère. Vous ne croyez donc point à la
médecine?

BERALDE: Non, mon frère, et je ne vois pas que, pour son <u>salut</u>,° il soit néces-
20 saire d'y croire.

> salvation

ARGAN: Quoi! vous ne <u>tenez</u>° pas <u>véritable</u> une chose <u>établie</u>° par tout le monde
et que tous les siècles ont <u>révérée</u>? revere

> true, real
> considérez / acceptée

BERALDE: Bien <u>loin</u> de la tenir véritable, je la <u>trouve</u>, <u>entre</u> nous, une des plus
grandes folies qui soient <u>parmi</u> les hommes; et, à regarder les choses en philo-
25 sophe, je ne vois point une plus plaisante <u>momerie</u>,° je ne vois rien de plus
ridicule, qu'un homme qui se veut <u>mêler</u>° d'en <u>guérir</u> un autre. cure, heal

> find · between, among · far from staying · among
>
> plaisante… *ridiculous masquerade* out of style
> se… forme démodée pour «veut <u>se mêler</u>» get involved
> ne… n'acceptez-vous pas

ARGAN: Pourquoi ne <u>voulez-vous pas</u>,° mon frère, qu'un homme en puisse guérir
un autre?

BERALDE: Par la raison, mon frère, que <u>les ressorts</u> de notre <u>machine</u>° sont des
30 mystères, <u>jusques ici</u>, où les hommes ne voient <u>goutte</u>;° et que la nature nous
a mis au-devant des yeux des <u>voiles</u> trop <u>épais</u> pour y connaître quelque
chose.

> spring, foundation · powerful
> corps
> rien   up to now
> thick
> veil

ARGAN: Les médecins ne savent donc rien, <u>à votre compte</u>? don't know (never); about you

BERALDE: <u>Si fait</u>,° mon frère. Ils savent <u>la plupart</u> de <u>fort</u> belles humanités, the majority of; strong
35 savent parler en beau latin, savent <u>nommer</u> en <u>grec</u> toutes les maladies, les
définir et les diviser; mais, pour ce qui est de° les guérir, c'est ce qu'ils ne
savent pas du tout.

> Si… Bien sûr   of course
> to name; Greek
> pour… *when it comes to*

ARGAN: Mais toujours faut-il <u>demeurer d'accord</u>° que, sur cette matière, les médecins en savent plus que les autres. […] Il faut bien que les médecins croient
40 leur art véritable, <u>puisqu</u>'ils s'en servent pour <u>eux-mêmes</u>. since, as; themselves

> demeurer… être du même avis

BERALDE: C'est qu'il y en a <u>parmi</u> eux qui sont eux-mêmes dans l'<u>erreur</u> populaire, dont ils profitent; et d'autres qui en profitent sans y être. Votre monsieur Purgon, par exemple, n'y sait point de <u>finesse</u>;° c'est un homme tout
médecin, depuis la tête <u>jusqu</u>'aux pieds; un homme qui croit à ses <u>règles</u> plus
45 qu'à toutes les <u>démonstrations</u>° des mathématiques, et qui croirait du <u>crime</u>°
à les vouloir examiner; qui ne voit rien d'obscur dans la médecine, rien de
<u>douteux</u>, rien de difficile; […] c'est de <u>la meilleure foi</u> du monde qu'il vous
<u>expédiera</u>; et il ne fera, en vous tuant, que ce qu'il a fait à sa femme et à ses
enfants, et ce qu'en un <u>besoin</u>° il ferait à lui-même. needing

> among; mistake
> *subtlety*
> up to; rules
> proof
> preuves / croirait… *would think it a crime*
> doubtful, uncertain; better; faith
> send; quiet?   in case of, event of
> en… en cas de besoin

50 ARGAN: C'est que vous avez, mon frère, une <u>dent de lait</u>° contre lui. Mais, enfin,
<u>venons au fait</u>.° Que faire donc quand on est malade?

> une… *a childish grudge*
> venons… *let's get to the point*

toute: all, every, each, any
also entirely, quite, very

un médecin - doctor
la médecine - art

BERALDE: Rien, mon frère. *nothing*

ARGAN: Rien?

BERALDE: Rien. Il ne faut que demeurer en repos.° La nature, d'elle-même,
55 quand nous la laissons faire, se tire doucement du désordre où elle est tombée. C'est notre inquiétude, c'est notre impatience qui gâte tout; et presque
tous les hommes meurent de leurs remèdes, et non pas de leurs maladies.

ARGAN: Mais il faut demeurer d'accord, mon frère, qu'on peut aider cette nature
par de certaines choses.

60 BERALDE: Mon Dieu, mon frère, ce sont de pures idées dont nous aimons à
nous repaître;° et, de tout temps, il s'est glissé parmi les hommes de belles
imaginations que nous venons à croire,° parce qu'elles nous flattent et qu'il
serait à souhaiter° qu'elles fussent° véritables. Lorsqu'un médecin vous parle
d'aider, de secourir, de soulager la nature [...] et d'avoir des secrets pour
65 étendre la vie à de longues années, il vous dit justement le roman° de la
médecine. Mais, quand vous en venez à° la vérité et à l'expérience, vous ne
trouvez rien de tout cela; et il en est comme de° ces beaux songes, qui ne vous
laissent au réveil que le déplaisir de les avoir crus.°

ARGAN: C'est à dire que toute la science du monde est renfermée dans votre tête,
70 et vous voulez en savoir plus que tous les grands médecins de notre siècle.

BERALDE: Dans les discours et dans les choses, ce sont deux sortes de personnes
que vos grands médecins. Entendez-les parler, les plus habiles gens du
monde; voyez-les faire, les plus ignorants de tous les hommes.

ARGAN: Ouais°! vous êtes un grand docteur, à ce que je vois, et je voudrais bien
75 qu'il y eût° ici quelqu'un de ces messieurs, pour rembarrer° vos raisonne-
ments et rabaisser votre caquet.°

BERALDE: Moi, mon frère, je ne prends point à tâche de combattre la médecine;
et chacun, à ses périls et fortune,° peut croire tout ce qu'il lui plaît. Ce que
j'en dis n'est qu'entre nous; et j'aurais souhaité de pouvoir° un peu vous tirer

demeurer... se reposer

dont... que nous aimons à
  croire
il... nous croyons à des
  histoires fausses
il... *it is to be hoped* /
  imparfait subj. *d'être*
la fiction

en... arrivez à

il... c'est comme

qui... *which displease you
  in the morning because
  you believed them*

(*fam.*) Oui!

subj. imparfait *d'avoir* /
  rebut
rabaisser... *make you
  shut up*

à... *at his own risk*

souhaité... forme démo-
  dée pour «souhaité
  pouvoir»

80 de l'erreur où vous êtes et, pour vous divertir, vous mener voir, sur ce chapitre,° quelqu'une des comédies de Molière.   *sujet*

ARGAN: C'est un bon impertinent que votre Molière, avec ses comédies! Et je
le trouve bien plaisant° d'aller jouer° d'honnêtes gens comme les médecins!   *presumptuous* / aller... se
                                                                               moquer

BERALDE: Ce ne sont point les médecins qu'il joue, mais le ridicule de la
85 médecine.

ARGAN: C'est bien à lui à faire, de se mêler de contrôler la médecine! Voilà un
bon nigaud,° un bon impertinent, de se moquer des consultations et des   *idiot*
ordonnances, de s'attaquer au corps des médecins, et d'aller mettre sur son
théâtre des personnes vénérables comme ces messieurs-là.

90 BERALDE: Que voulez-vous qu'il y mette, que° les diverses professions des   *sinon*
hommes? On y met bien tous les jours les princes et les rois qui sont d'aussi
bonne maison° que les médecins.   *famille*

ARGAN: Par la mort non de diable!° Si j'étais que des médecins,° je me vengerais Par... ! *What the devil!* /
de son impertinence; et, quand il sera malade, je le laisserais mourir sans   Si... Si j'étais médecin
95 secours. Il aurait beau faire et beau dire,° je ne lui ordonnerais pas la moin- Il... *Regardless of what he*
dre petite saignée,° le moindre petit lavement;° et je lui dirais: «Crève, crève;   *might do or say*
                                                                                 bloodletting / *enema*
cela t'apprendra une autre fois à te jouer à la Faculté.°»   te... te moquer de la
                                                                                 Faculté de médecine

BERALDE: Vous voilà bien en colère contre lui.

ARGAN: Oui, c'est un malavisé;° et, si les médecins sont sages, ils feront ce que je une personne
100 dis.   imprudente

BERALDE: Il sera encore plus sage que vos médecins, car il ne leur demandera
point de secours.

ARGAN: Tant pis pour lui, s'il n'a point recours° aux remèdes.   n'a... *does not resort*

BERALDE: Il a ses raisons pour n'en point vouloir, et il soutient que cela n'est per-
105 mis qu'aux gens vigoureux et robustes, et qui ont des forces de reste° pour   de... en réserve
porter° les remèdes avec la maladie; mais que, pour lui, il n'a justement de la supporter, tolérer
force que pour porter son mal.°   sa maladie

ARGAN: Les sottes raisons que voilà! Tenez, mon frère, ne parlons point de cet
homme-là davantage; car cela m'échauffe la bile° et vous me donneriez mon   m'échauffe... me met en
110 mal.°   colère
                                                                               vous... vous me rendriez
                                                                               malade

AVEZ-VOUS COMPRIS?

1. Selon Béralde, quelle est la preuve de la bonne santé de son frère?
2. Qui est M. Purgon? Que dit-il à Argan? Quelle opinion Béralde a-t-il de lui?
3. Pourquoi Argan pense-t-il que la médecine est une science véritable? Qu'en pense Béralde? Pourquoi est-il de cet avis?
4. D'après Béralde, que savent les médecins? Qu'est-ce qu'ils sont incapables de faire?

5. Pourquoi Argan pense-t-il que les médecins croient leur art véritable? Comment Béralde réagit-il à cette observation? Que reproche-t-il à M. Purgon?

6. Selon Béralde, que faut-il faire quand on tombe malade? Expliquez ce qu'il dit à propos de la nature. D'après lui, de quoi meurent presque tous les hommes?

7. Béralde dit: «Lorsqu'un médecin vous parle d'aider... la nature... et d'avoir des secrets pour étendre la vie à de longues années, il vous dit justement le roman de la médecine.» Expliquez en précisant le sens du mot *roman*.

8. Pourquoi Béralde aimerait-il emmener son frère voir les comédies de Molière? Pourquoi Argan trouve-t-il Molière impertinent? Comment Béralde justifie-t-il Molière?

9. Que ferait Argan s'il était le médecin de Molière? D'après Béralde, que fera Molière s'il tombe malade? Pourquoi?

10. En relisant le passage, marquez au crayon les passages qui révèlent le caractère de chaque personnage. Par exemple, vous pourrez mettre un H à côté des passages qui montrent l'hypocondrie d'Argan, un C à côté de ceux qui révèlent sa crédulité et un R là où Béralde fait preuve de raison et de bon sens.

COMMENTAIRE DU TEXTE

1. Quelles faiblesses humaines Molière critique-t-il dans cette scène? Pour répondre à cette question, analysez les traits de caractère dont Argan fait preuve au cours du dialogue. Est-il hypocondriaque? superstitieux? crédule? Ou bien est-il raisonneur? calme? réfléchi? Se maîtrise-t-il ou est-il dominé par ses passions?

2. Comme la plupart des écrivains du siècle classique, Molière croyait à la raison, au bon sens, à la modération. D'après lui, il est inutile et même dangereux de vouloir intervenir dans les choses de la nature. Dans quelle mesure peut-on considérer Béralde comme le porte-parole de l'auteur?

3. Molière se moque des médecins de son époque. Après avoir lu cette scène, quelle impression avez-vous de la médecine au XVIIème siècle? Quel rapport y a-t-il entre le nom «Purgon» et l'un des remèdes préférés de l'époque?

4. Bien que l'on ne voie pas Molière sur la scène, il est presque un personnage de la pièce. Béralde et Argan parlent de lui et de la satire qu'il fait de la médecine. Ironiquement, Molière est mort après la quatrième représentation du *Malade imaginaire,* dans laquelle il jouait le rôle d'Argan. Comment cela ajoute-t-il à la satire et au caractère poignant de cette scène?

5. Quels thèmes trouvez-vous dans cet extrait? Comment Molière présente-t-il la nature? la nature humaine? la science?

1. Si Argan est hypocondriaque, qu'est-ce que cela veut dire? En quoi est-ce différent d'une maladie psychosomatique? Consultez un dictionnaire si besoin est.

2. Vous considérez-vous plutôt sensible à la maladie (prenez-vous des médicaments au moindre malaise?) ou avez-vous tendance à refuser d'admettre que vous êtes malade? Commentez.

3. Dans le cas d'une maladie incurable, pensez-vous que les médecins doivent laisser la nature suivre son cours, ou bien doivent-ils s'efforcer de prolonger la vie du malade à n'importe quel prix? Justifiez votre réponse.

4. Que faites-vous pour conserver votre santé? Quelles habitudes avez-vous qui risquent de la compromettre? Vivez-vous au jour le jour ou bien prenez-vous des précautions pour vous préparer un avenir meilleur? Pourquoi?

5. Si un médecin fait une erreur de diagnostic ou préscrit un mauvais traitement, est-il normal de pouvoir le poursuivre en justice? Justifiez votre réponse.

Une vie pour deux

MARIE CARDINAL

Née en Algérie en 1929, la romancière française Marie Cardinal prend souvent comme point de départ de ses romans les transitions et combats personnels qui marquent la vie des femmes. Elle cherche à comprendre et à présenter également le rôle des femmes dans la société, dans la famille et dans le couple. On trouve au dos de son livre *Une vie pour deux* (1978) la citation suivante:

> Marie Cardinal est la femme la plus lue de France et la seule à figurer au hit-parade de nos dix premiers écrivains vivants... Pourquoi un tel succès? Sans doute parce qu'elle touche, qu'elle atteint ses lecteurs au cœur. Elle ne retient ni sa passion, ni sa tendresse, ni ses violences.
> —Jean Bothorel, *Le Matin*

Ce témoinage de son importance dans l'univers littéraire français met en lumière un aspect important de l'œuvre de Marie Cardinal: la sincérité et la lucidité avec lesquelles elle crée ses personnages. *Une vie pour deux* n'est pas une exception.

Mise en route

Dans tous les pays du monde, il existe des «rites de passage» qui marquent les changements dans la vie d'une personne. Ces changements n'ont pas toujours lieu au même âge, car il existe des différences entre les cultures et entre les individus. Chacune des phrases suivantes indique des moments où la vie peut changer radicalement. A quel âge est-ce que ces choses arrivent, selon vous?

1. On prend sa retraite à _____ ans.

2. On a son permis de conduire à _____ ans.

3. On commence l'école à _____ ans.

4. On sort seul(e) avec un membre du sexe opposé à _____ ans.

5. On commence sa carrière à _____ ans.

6. On se marie ou on vit avec quelqu'un à _____ ans.

7. On quitte la maison de ses parents à _____ ans.

8. On _____

à _____ ans.

Comparez vos réponses avec celles du reste de la classe. Y a-t-il des différences? Pourquoi?

Connaissez-vous d'autres cultures où ces moments marquants de la vie se passent différemment? Parlez-en.

Mots et expressions

appartenir (à) to belong (to)
bavarder to chat
le caissier / la caissière the person at the cash register
chuchoter to whisper
le collège junior high / middle school
l'écran (*m.*) screen

(s')éteindre to turn off/out; to go off/out
la file line
la gêne embarrassment
la monnaie change
le rang row; rank
la séance showing (*at the cinema*)

Complétez les phrases avec le mot qui convient. N'oubliez pas de conjuguer les verbes, si nécessaire.

1. Quand on a treize ans, on va au _____[1], où on apprend beaucoup de choses. Parfois, on _____[2] à des groupes aussi, comme à des équipes de sport, par exemple. On adore _____[3] avec des amis, et même en classe on _____[4] quand le prof ne regarde pas. Mais si on fait une erreur en classe, on ressent de la _____[5] et souvent on rougit.

gêne
bavarder
appartenir
collège
chuchoter

2. Quand les gens vont au cinéma, il y a parfois une longue _____¹ à l'entrée. Après avoir attendu, ils paient, et la _____² leur rend la _____³. Ils choisissent une place, et avec un peu de chance, ce n'est pas au premier _____⁴! Au début de la _____⁵, les lumières _____⁶, et ils voient des publicités pour d'autres films sur l'_____⁷. Enfin, le film commence!

monnaie
séance
file
caissière
écran
rang
s'éteindre

Une vie pour deux

C'est Simone qui nous raconte cette histoire. Lors de ses vacances, elle remet en question ses rapports avec son mari, Jean-François. Ils sont mariés depuis plus de vingt ans, et les mois qu'ils passent tous les deux en Irlande semblent souligner la distance qui les sépare. Simone cherche, par ses souvenirs, à comprendre ce qui s'est passé, où

Devant le cinéma, Boulevard des Champs-Elysées

est passé l'amour. Dans ce passage, Simone se souvient de sa jeunesse, de la rencontre pendant les vacances d'un jeune homme, Alain, le meilleur ami de son frère, et de la première fois qu'elle est sortie avec lui au cinéma. C'est encore une exploration des sentiments, des rites sociaux et des rapports entre hommes et femmes.

A la fin des vacances nous sommes retournés à la ville où nous ne pouvions plus nous voir chaque jour. J'avais retrouvé ma vie de jeune fille qui va en classe, seule cette fois. Alain et mon frère étaient devenus des étudiants. J'avais de nouveau endossé° l'uniforme de mon collège. On avait dû le renouve- [mis]
5 ler complètement. Mon corps avait tellement changé pendant l'été! Pas question cette année-là d'ouvrir une pince, de donner de l'ourlet ou de pousser les bou- [d'ouvrir... *to let out the seams, lengthen the hem or move over the buttons* / plus... *nothing fit anymore*]
tons° des vêtements de l'an dernier. Non, plus rien n'allait,° plus aucune pièce, j'étais différente.

Mon frère servait de messager à Alain. Je crois qu'il avait vu d'un bon œil ce
10 qui s'était passé entre son ami et moi cet été. Il me semblait qu'il avait plus de considération pour moi.

Nous n'étions pas rentrés de vacances depuis une semaine qu'un soir mon frère me chuchote:

«Alain veut aller au cinéma avec toi demain. C'est jeudi. Je dirai que je t'em-
15 mène au stade. On se retrouvera le soir pour rentrer.»

Quelle histoire! Cela voulait dire qu'il fallait que je manque les guides,° que [girl scouts]
j'invente des mensonges à droite et à gauche. Tant pis! Tout ce que je voulais [*lie*]
c'était revoir Alain, le sentir près de moi, qu'il prenne ma main. Je lui apparte- [*belong*]
nais, j'étais sa femme, c'était lui qui décidait.

20 Il m'a paru drôle le lendemain avec son pantalon de flanelle, sa chemise, sa cravate, sa veste de tweed: un homme. J'avais rendez-vous avec un homme! Moi!
Il aurait fallu que j'aie des bas,° un sac avec un poudrier° dedans, et aussi des [stockings / powder compact]
chaussures à talons. Mais je ne possédais rien de tout ça, ce n'était pas le genre
des jeunes filles de mon âge et de ma condition.° Si bien que je me sentais un [classe sociale]
25 peu tarte° avec mes mocassins,° ma jupe écossaise et mon twin-set° bleu marine. [ridicule / *loafers* / *matching sweater set*]
Sans compter le ruban qui tenait mes cheveux et qui faisait très gamine.° [jeune]

Nous étions l'un en face de l'autre, devant l'entrée du cinéma, dans nos vêtements qui sentaient l'automne, étrangers l'un à l'autre. Comme si, il y a quelques jours à peine, nous n'avions pas couru nus, ou presque, nous tenant par la
30 main, dans les vagues. Là-bas, je n'avais rien à craindre de lui. Ici, tout à coup, il
me faisait peur. Il était un homme et moi une femme. Avant, nous étions deux
enfants amoureux.

Encore un pas à franchir.° Comment devient-on une femme? Comment [un pas... *a stage to get through*]
commence-t-on à être une femme? Une chose me paraissait certaine: je n'étais
35 pas encore une femme cet été, allongée sur le sable près de lui. Alors je ne savais
plus ce que j'étais.

Alain sentait-il ma gêne? Il aurait pu me mettre à l'aise, il ne le faisait pas. Il avait un air décidé que je ne lui connaissais pas.

C'était jeudi, il y avait plein de garçons et de filles semblables à nous qui
40 allaient entrer dans la salle. Ils paraissaient être à leur affaire, ils bavardaient, ils riaient. Alain fumait une Bastos avec désinvolture. Nous n'avions rien à nous *ease* dire. Et pourtant j'avais la tête pleine de la joie de le retrouver, du plaisir d'être avec lui. Je n'en avais pas dormi la nuit précédente et jamais, depuis que j'étais au monde, un matin n'avait été aussi long que ce matin-là tant j'étais impatiente
45 de le voir.

Nous étions là à piétiner° dans la file qui avançait lentement devant la boîte vitrée de la caissière. Alain ne m'avait même pas demandé si j'avais de quoi payer ma place. Il devait bien se douter que je n'avais pas un sou.° Il savait très bien que, dans notre milieu,° les jeunes filles n'ont pas d'argent de poche. Qu'en
50 auraient-elles fait?

«Deux orchestres.»

Ça aussi, ça me faisait peur: son assurance, cette facilité avec laquelle il faisait les gestes nécessaires, il prononçait les mots qu'il fallait dire. Je voyais qu'il avait l'habitude de ce genre de situation et moi je me sentais gourde comme ce n'est
55 pas permis de l'être.° Il paie, empoche la monnaie et nous entrons.

La séance va commencer, la salle s'éteint peu à peu faisant entrer dans l'ombre les roses de plâtre dorées et les guirlandes de laurier° qui ornaient le balcon et aussi les satyres et les muses qui batifolaient° avec leurs lyres et leurs flûtes de Pan sur le fronton,° au-dessus de l'écran. C'était un beau cinéma moderne.

60 L'ouvreuse° nous indique des places au centre. Alain refuse, lui donne son pourboire et m'entraîne vers le fond, tout à fait vers le fond, dans un endroit où il fait complètement noir, au dernier rang. Derrière nous il y a un mur et au-dessus de nous, tout proche de nos têtes, c'est le plancher du balcon. Je sens mon cœur qui bat, j'ai l'impression d'être tombée dans un traquenard.° Je n'y
65 vois rien. Je me laisse tirer, pousser, par Alain qui enjambe les genoux de ceux qui sont déjà assis, jusqu'à ce que nous parvenions à deux places libres. Je m'habitue à l'obscurité. Autour de nous ce sont tous les jeunes que nous avions vus dehors, à l'entrée, qui se sont regroupés là, deux par deux. Ils se sont mis à leur aise, ils ont enlevé leurs vestes et leurs manteaux, ils chuchotent, ils rient, ils
70 mangent des bonbons, les garçons ont posé leurs bras sur le dossier° des filles, ils ne se soucient pas plus de nous que d'une guigne.° Tout leur paraît normal, moi je n'y comprends rien. Alors c'est comme ça que ça se passe entre les garçons et les filles, dans les cinémas?

La séance commence par les actualités, par le générique° des actualités précisé-
75 ment. On voit des gymnastes qui sautent prestement d'un pied sur l'autre dans un ensemble parfait, la multitude de leurs jambes forme des éventails° qui s'ouvrent et se referment. Un biplan° passe en rase-mottes dessinant un feston° dans

marcher sans beaucoup avancer

d'argent

classe sociale

gourde... tout à fait idiote

les guirlandes... the garlands of laurel leaves frolicked

le devant de la salle de cinéma

La dame qui aide les gens à trouver une place

a trap

le dos du fauteuil

ils... they don't care a fig about us

introductory titles and music

fans

biplane / passe... vole près du sol et fait des dessins

un ciel splendide. Un hors-bord° fend la mer, faisant jaillir un feu d'artifice de
gouttelettes.° Un alpiniste arrive au sommet d'une montagne, on voit le ciel
80 entier. Tout cela sur un rythme endiablé soutenu par une musique entraînante.
J'adorais le générique des actualités Gaumont.* Je n'allais que très rarement au
cinéma car ma mère prétendait qu'il n'y avait rien d'intéressant à y voir pour
une fille de mon âge; quant à mon père, lui, il assurait que c'était le meilleur
endroit pour attraper tous les microbes du monde. Pourtant, à chaque fois que
85 j'y étais allée j'avais trouvé cela merveilleux. Ben Hur, Marco Polo, King Kong
et Blanche-Neige m'avaient laissée rêveuse et frémissante.° 🌾

*Et Simone avait raison de s'inquiéter des motifs d'Alain (ligne 64), car une fois le
film commencé, il cherche à l'embrasser. Elle refuse, en jeune fille bien élevée, et les
deux passent le reste de la séance gênés et mal à l'aise. Ils ne sortiront plus ensemble
et elle épousera un autre homme.*

un bateau

faisant... *spraying water drops*

tremblante

AVEZ-VOUS COMPRIS?

1. Quel âge Simone avait-elle à peu près? Faites une liste des choses dans le texte qui indiquent que Simone était encore adolescente. Quel âge son frère et Alain avaient-ils? Faites une liste des choses qui démontrent qu'Alain est plus âgé que Simone.
2. Comment Simone avait-elle changé pendant l'été? Comment le savez-vous?
3. Qu'est-ce que le frère de Simone faisait pour elle? Pourquoi? Où est-ce qu'Alain voulait l'emmener? Qu'est-ce que son frère a proposé comme prétexte pour qu'elle puisse sortir avec Alain?
4. Comment Simone a-t-elle réagi quand elle a vu Alain? Comment se sentait-elle? Pourquoi?
5. Simone compare ce qu'elle a ressenti avec Alain pendant l'été à ce qu'elle ressent devant le cinéma. Quelle est la différence entre leur façon d'être pendant les vacances et lors de leur sortie en ville?
6. Quelle question Simone s'est-elle posée? A-t-elle trouvé une réponse satisfaisante?
7. Quelles émotions Simone avait-elle ressenties la nuit avant d'aller au cinéma?
8. Qui a pris contrôle de la situation au cinéma? Comment le savez-vous? Où Simone et Alain se sont-ils assis dans la salle? Pourquoi? Qu'est-ce que Simone a ressenti au moment de s'y asseoir?
9. Comment étaient les jeunes gens autour d'Alain et Simone? Qu'est-ce que Simone pensait de la situation?

---

*Gaumont est une société qui, comme Paramount aux Etats-Unis, fait des films et à laquelle appartiennent des cinémas.

10. Par quoi la séance a-t-elle commencé? Quelles images Simone a-t-elle vues? Qu'est-ce qu'elle en a pensé?
11. Pourquoi n'allait-elle pas souvent au cinéma? Quels films avait-elle déjà vus?

COMMENTAIRE DU TEXTE

1. Comment savez-vous que Simone vit un conflit entre l'enfance et l'âge adulte? Cherchez des exemples.
2. Comment imaginez-vous le milieu social de Simone? Comment imaginez-vous ses parents et sa vie de tous les jours? Qu'est-ce qui vous donne ces impressions?
3. C'est à travers les yeux de Simone que nous voyons ce qui se passe. Choisissez un paragraphe et racontez-le du point de vue d'Alain.
4. Quels rites sociaux voyez-vous dans ce passage? Quel était le rôle des hommes et des femmes? Est-ce que ces rôles correspondent à un certain moment dans l'histoire? A votre avis, cette scène a-t-elle eu lieu pendant les années 50? 60? 70? 80? 90? Justifiez votre réponse.
5. Est-ce que les séances au cinéma se passent de la même façon dans votre pays? Quelles sont les différences?
6. De quel pays venaient tous les films dont Simone parle? Commentez.
7. Quels thèmes voyez-vous dans cet extrait? le rôle de la nature dans la vie? le rôle de la société? Quels éléments du texte vous dirigent vers ces thèmes?

DE LA LITTERATURE LA VIE

ETATS-UNIS
GRANDE-BRETAGNE
ITALIE
EUROPE

LE CINEMA

L'ogre américain va-t-il avaler tout cru[a] le cinéma mondial?

DANS TOUS

Le grand écran français se bat, l'anglais et l'italien bougent

SES ÉTATS[b]

encore. La nouvelle Europe redistribue les cartes. Enquête.

[a]avaler... *swallow raw (whole)*
[b]Le cinéma... *The movie industry is having a fit*

1. Qu'est-ce que les jeunes d'aujourd'hui font quand ils sortent ensemble? Si vous comparez les rôles des jeunes gens et des jeunes filles d'aujourd'hui avec ceux de Simone et Alain, quelles sont les différences? Qu'en pensez-vous?

2. Que veut dire «être une femme» ou «être un homme» de nos jours?

3. Le gouvernement français se plaint souvent du grand nombre de films américains à l'affiche en France. Commentez le titre d'un article de la revue cinématographique *Première* à la page 144.

4. Pourquoi pensez-vous que les films américains ont un grand succès en France? Est-ce que les films français ont le même succès dans votre pays? Pourquoi ou pourquoi pas?

5. Quels films français avez-vous vus? Qu'en pensez-vous?

CHAPITRE 9

Henri Rousseau:
Les Joueurs de football
(1908)

SPORTS ET SANTE

W hether as spectators or participants, many French-speaking people set aside time for sports. Soccer is a major sport throughout the world, France has the Tour de France bicycle race, and ice hockey is often the center of attention in Quebec.

For those who wish to play, there is ample opportunity in many countries, as most cities and towns have sports programs in which young people can practice and dream of future glory. And for those who desire only to watch, television presents a vast array of programs. Of course there is always the thrill of sitting in a stadium with a roaring crowd.

Thus people can all be sports-lovers in their own way. The first reading in this chapter, «Une abominable feuille d'érable sur la glace» by Roch Carrier, is a Canadian short story that lets us see ice hockey through the eyes of a young boy whose life revolves around the rink, his team, and his favorite professional player. From a totally different perspective, «Le sportif au lit» by Henri Michaux shows us an athletic champion who succeeds at everything he does—in his dreams!

Both readings invite us to explore issues important to the world of sports: competition and team spirit, the will to win and the thrill felt by athletes who have pushed themselves to the limit.

Lire la littérature

Characterization

What is a character (**un personnage**) in fiction? Even if the "person" in question is an historical figure (like Joan of Arc in *L'Alouette* by Jean Anouilh and Caligula in the play by Albert Camus), each is a literary creation. It is the author who gives life to these individuals made of ink and paper, through the narrator's descriptions of body, face, clothing, and even psychological traits, and through more subtle means such as recounting their actions, words, and thoughts or letting slip what others think of them. Fiction usually calls on the reader to make inferences about a character, very much as we do when getting to know a new acquaintance.

Read the following passage taken from «Une abominable feuille d'érable sur la glace». We know, from the preceding introduction, that the narrator is telling about an incident that had occurred when he was a boy. As we read how his mother went about purchasing a new sweater for him, we learn much more than simply what happened. We meet a character.

> Ma mère était fière. Elle n'a jamais voulu nous habiller au magasin général; seule pouvait nous convenir° la dernière mode du catalogue Eaton. Ma mère n'aimait pas les formules de commande incluses dans le catalogue; elles étaient écrites en anglais et elle n'y comprenait rien. Pour commander mon chandail° de hockey, elle fit ce qu'elle faisait d'habitude; elle prit son papier à lettres et elle écrivit de sa douce calligraphie d'institutrice: «Cher Monsieur Eaton, auriez-vous l'amabilité de m'envoyer un chandail de hockey des Canadiens pour mon garçon qui a dix ans et qui est un peu trop grand pour son âge, et que le docteur Robitaille trouve un peu trop maigre? Je vous envoie trois piastres° et retournez-moi le reste s'il en reste. J'espère que votre emballage° va être mieux fait que la dernière fois.»

aller bien

sweater

dollars
paquet

What do we learn about the mother in this passage? In each category below, write a short description of what you know, or write "Don't know" if the information wasn't presented.

attitude about family _____

_____

appearance _____

language spoken _____

age _____

profession _____

level of education _____

sophistication or worldliness _____

_____

What in the passage suggested these characteristics to you? Do you like this character so far? Why or why not?

In order to analyze a character, you have to look closely, as you just did, at many aspects of the text. The way the mother in the passage you just read describes her son's clothing size, for example, speaks volumes about her personality, her own upbringing, and the kind of world she lives in. In analyzing character, you may find it useful to list your general impressions first, then jot down the line numbers of the text sections that lead you to those conclusions.

Une abominable feuille d'érable sur la glace

ROCH CARRIER

Ce romancier et conteur québécois est né en 1937 dans la région de la Beauce, au sud-est de la ville de Québec. Il commence à écrire de la poésie très jeune, et il fait des études littéraires, y compris un doctorat grâce auquel il devient professeur à l'université. Il continue à écrire des œuvres de fiction, développant son style simple, clair et poétique, et il reçoit plusieurs prix dont le Grand prix littéraire de la ville de Montréal en 1980 pour le recueil de contes *Les enfants du bonhomme dans la lune*. C'est dans ce recueil plein d'amour pour son pays que l'on trouve le conte présenté dans ce chapitre, «Une abominable feuille d'érable sur la glace». Comme dans beaucoup de ses œuvres, nous y découvrons un thème qui lui est cher: l'importance de son héritage culturel québécois et la distinction entre les Québécois et les Canadiens anglophones.

Mise en route

Plusieurs villes et universités en Amérique du Nord ont des équipes sportives. Le football américain, ainsi que le baseball, le basket et le hockey, ont beaucoup de succès. Mais parfois les opinions sont partagées en ce qui concerne la valeur de ces sports. Voici quelques attitudes envers les sports. Indiquez par OUI ou NON si vous êtes d'accord avec ces phrases. Soyez prêt(e) à justifier votre réponse.

1. _____ Les athlètes sont de bons exemples pour les jeunes.

2. _____ Une équipe qui gagne au championnat donne du prestige à sa ville ou à son université.

3. _____ Les joueurs de football américain gagnent trop d'argent.

4. _____ Les universités ne devraient pas avoir d'équipes sportives.

5. _____ Le tennis, le ski et le golf sont des sports pour les riches.

6. _____ C'est normal que les sports pratiqués par les femmes reçoivent moins d'attention que ceux pratiqués par les hommes.

7. _____ Les hommes et les femmes sont physiquement égaux et devraient former ensemble des équipes sportives.

Comparez vos réponses avec celles d'un(e) partenaire.

Mots et expressions

l'arbitre (*m.*) referee
le bâton stick, pole
le chandail sweater
la déception disappointment
déchiré(e) torn
étroit(e) narrow, tight
la feuille d'érable maple leaf
la glace ice

le patin ice skate
la patinoire ice rink
peser (sur) to weigh (heavily on)
prier to pray
le sifflet whistle
donner un coup de sifflet to blow the whistle

APPLICATIONS **A.** Identifiez en français les éléments indiqués sur la photo suivante.

1. le chandail

2. la feuille d'erable

3. le bâton

4. la glace

5. le patin

B. Répondez aux questions.

1. On joue au hockey sur glace à la _patinoire_.
2. Si un joueur fait quelque chose d'illégal, l'arbitre va _donner un coup de sifflet_ pour arrêter l'action.

C. Complétez le paragraphe avec les mots qui conviennent.

Les vêtements du jeune homme étaient trop petits pour lui. Sa chemise était trop _étroit_ [1], car il avait beaucoup grossi l'année précédente. Son pantalon était trop court, et _déchiré_ [2] au genou. Tout cela _peser_ [3] sur lui, car il voulait s'habiller comme les autres. A sa grande _déception_ [4], sa mère ne pouvait pas lui offrir de nouveaux vêtements. Chaque soir, il _prier_ [5] pour demander à Dieu de lui en donner.

prier
déchiré
déception
peser
étroit

Une abominable feuille d'érable sur la glace

Les hivers de mon enfance étaient des saisons longues, longues. Nous vivions en trois lieux: l'école, l'église et la patinoire; mais la vraie vie était sur la patinoire. Les vrais combats se gagnaient sur la patinoire. La vraie force apparaissait

sur la patinoire. Les vrais chefs se manifestaient sur la patinoire. L'école était une
5 sorte de punition. Les parents ont toujours envie de punir les enfants et l'école
était leur façon la plus naturelle de nous punir. De plus, l'école était un endroit
tranquille où l'on pouvait préparer les prochaines parties° de hockey, dessiner° les   *matches / draw up*
prochaines stratégies. Quant à l'église, nous trouvions là le repos de Dieu: on y
oubliait l'école et l'on rêvait à la prochaine partie de hockey. A travers nos rêve-
10 ries, il nous arrivait de réciter une prière: c'était pour demander à Dieu de nous
aider à jouer aussi bien que Maurice Richard.

    Tous, nous portions le même costume que lui, ce costume rouge, blanc, bleu
des Canadiens de Montréal, la meilleure équipe de hockey au monde; tous, nous
peignions nos cheveux à la manière de Maurice Richard et, pour les tenir en
15 place, nous utilisions une sorte de colle,° beaucoup de colle. Nous lacions° nos   *sticky hair cream / laced up*
patins à la manière de Maurice Richard, nous mettions le ruban gommé° sur nos   *le... tape*
bâtons à la manière de Maurice Richard. Nous découpions° dans les journaux   *cut out*
toutes ses photographies. Vraiment nous savions tout à son sujet.

    Sur la glace, au coup de sifflet de l'arbitre, les deux équipes s'élançaient sur
20 le disque de caoutchouc;° nous étions cinq Maurice Richard contre cinq autres   *le disque... the rubber hockey puck*

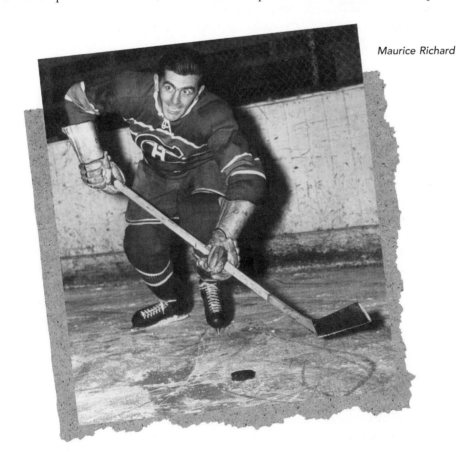

Maurice Richard

Maurice Richard à qui nous arrachions° le disque; nous étions dix joueurs qui portions, avec le même brûlant enthousiasme, l'uniforme des Canadiens de Montréal. Tous nous arborions° au dos le très célèbre numéro 9.

Un jour, mon chandail des Canadiens de Montréal était devenu trop étroit; puis il était déchiré ici et là, troué.° Ma mère me dit: «Avec ce vieux chandail, tu vas nous faire passer pour pauvres!°» Elle fit* ce qu'elle faisait chaque fois que nous avions besoin de vêtements. Elle commença de feuilleter° le catalogue que la compagnie Eaton nous envoyait par la poste chaque année. Ma mère était fière. Elle n'a jamais voulu nous habiller au magasin général; seule pouvait nous convenir° la dernière mode du catalogue Eaton. Ma mère n'aimait pas les formules de commande incluses dans le catalogue; elles étaient écrites en anglais et elle n'y comprenait rien. Pour commander mon chandail de hockey, elle fit ce qu'elle faisait d'habitude; elle prit son papier à lettres et elle écrivit de sa douce calligraphie d'institutrice: «Cher Monsieur Eaton, auriez-vous l'amabilité de m'envoyer un chandail de hockey des Canadiens pour mon garçon qui a dix ans et qui est un peu trop grand pour son âge, et que le docteur Robitaille trouve un peu trop maigre? Je vous envoie trois piastres° et retournez-moi le reste s'il en reste. J'espère que votre emballage° va être mieux fait que la dernière fois.»

Monsieur Eaton répondit rapidement à la lettre de ma mère. Deux semaines plus tard, nous recevions le chandail. Ce jour-là, j'eus l'une des plus grandes déceptions de ma vie! Je puis dire que j'ai, ce jour-là, connu une très grande tristesse. Au lieu du chandail bleu, blanc, rouge des Canadiens de Montréal, M. Eaton nous avait envoyé un chandail bleu et blanc, avec la feuille d'érable au devant, le chandail des Maple Leafs de Toronto. J'avais toujours porté le chandail bleu, blanc, rouge des Canadiens de Montréal; tous mes amis portaient le chandail bleu, blanc, rouge; jamais, dans mon village, quelqu'un n'avait porté le chandail de Toronto, jamais on n'y avait vu un chandail des Maple Leafs de Toronto. De plus, l'équipe de Toronto se faisait terrasser° régulièrement par les triomphants Canadiens. Les larmes aux yeux, je trouvai assez de force pour dire:

—J'porterai jamais cet uniforme-là.

—Mon garçon, tu vas d'abord l'essayer! Si tu te fais une idée sur les choses° avant de les essayer, mon garçon, tu n'iras pas loin dans la vie...

—Ma mère m'avait enfoncé° sur les épaules le chandail bleu et blanc des Maple Leafs de Toronto et, déjà, j'avais les bras enfilés dans les manches.° Elle tira le chandail sur moi et s'appliqua à aplatir tous les plis° de cette abominable feuille d'érable sur laquelle, en pleine poitrine,° étaient écrits les mots Toronto Maple Leafs. Je pleurais.

—J'pourrai jamais porter ça.

—Pourquoi? Ce chandail-là te va bien... Comme un gant...°

—Maurice Richard se mettrait jamais ça sur le dos...

---

*Voir chapitre 3, *Lire en français,* pour une explication du passé simple.

—T'es pas Maurice Richard. Puis, c'est pas ce qu'on se met sur le dos qui compte, c'est ce qu'on se met dans la tête...

—Vous me mettrez pas dans la tête de porter le chandail des Maple Leafs de Toronto.

65 Ma mère eut un gros soupir désespéré et elle m'expliqua:

—Si tu gardes pas ce chandail qui te fait bien, il va falloir que j'écrive à M. Eaton pour lui expliquer que tu veux pas porter le chandail de Toronto. M. Eaton, c'est un Anglais; il va être insulté parce que lui, il aime les Maple Leafs de Toronto. S'il est insulté, penses-tu qu'il va nous répondre très vite? Le

70 printemps va arriver et tu auras pas joué une seule partie parce que tu auras pas voulu porter le beau chandail bleu que tu as sur le dos.

Je fus donc obligé de porter le chandail des Maple Leafs. Quand j'arrivai à la patinoire avec ce chandail, tous les Maurice Richard en bleu, blanc, rouge s'approchèrent un à un pour regarder ça. Au coup de sifflet de l'arbitre, je partis

75 prendre mon poste° habituel. Le chef d'équipe vint me prévenir que je ferais plutôt partie de la deuxième ligne d'attaque.° Quelques minutes plus tard, la deuxième ligne fut appelée; je sautai sur la glace. Le chandail des Maple Leafs pesait sur mes épaules comme une montagne. Le chef d'équipe vint me dire d'attendre; il aurait besoin de moi à la défense, plus tard. A la troisième période, je

80 n'avais pas encore joué; un des joueurs de défense reçut un coup de bâton sur le nez, il saignait;° je sautai sur la glace: mon heure était venue! L'arbitre siffla; il m'infligea une punition. Il prétendait° que j'avais sauté sur la glace quand il y avait encore cinq joueurs. C'en était trop!° C'était trop injuste!

C'est de la persécution! C'est à cause de mon chandail bleu! Je frappai mon

85 bâton sur la glace si fort qu'il se brisa.° Soulagé,° je me penchai pour ramasser les débris. Me relevant, je vis le jeune vicaire,° en patins, devant moi:

—Mon enfant, ce n'est pas parce que tu as un petit chandail neuf des Maple Leafs de Toronto, au contraire des autres, que tu vas nous faire la loi.° Un bon jeune homme ne se met pas en colère. Enlève tes patins et va à l'église demander

90 pardon à Dieu.

Avec mon chandail des Maple Leafs de Toronto, je me rendis à l'église, je priai Dieu; je lui demandai qu'il envoie au plus vite des mites° qui viendraient dévorer mon chandail des Maple Leafs de Toronto.

mon... ma position

la... second string offense

was bleeding
claimed
C'en... It was too much!

se... cassa / Calmed down
prêtre

faire... faire ce que tu veux

moths

AVEZ-VOUS COMPRIS?

1. Où les enfants du village passaient-ils l'hiver? Quels endroits représentaient une punition? Quel était leur lieu préféré? Pourquoi?
2. Qu'est-ce que les jeunes faisaient à l'église? Quelle était leur prière?
3. Qui est-ce que les jeunes voulaient imiter? Que faisaient-ils pour l'imiter? Quelle autre activité marque leur admiration pour cette personne?
4. Comment s'appelait l'équipe de Maurice Richard? Pour quelle ville jouaient-ils?

5. Pourquoi fallait-il que la mère du garçon (le narrateur) lui achète un nouveau chandail? Où l'a-t-elle acheté?

6. Qu'est-ce qui a provoqué la grande déception du garçon?

7. Expliquez à votre façon le raisonnement de la mère lorsqu'elle refuse d'échanger le chandail. Trouvez au moins trois arguments différents.

8. Que s'est-il passé quand le garçon est arrivé à la patinoire? Quelle a été la réaction de ses amis? du chef d'équipe?

9. Pourquoi est-ce que l'arbitre a sifflé quand le garçon a sauté sur la glace pour jouer? Comment est-ce que le narrateur a réagi?

10. Après la colère du garçon, qui est intervenu? Qu'est-ce que cette personne lui a dit?

11. Quand le narrateur a prié à la fin de l'histoire, qu'a-t-il demandé?

- -

COMMENTAIRE DU TEXTE

1. Analysez le personnage qui raconte l'histoire. Faites une liste d'adjectifs qui le décrivent (A) tel qu'il est au moment d'écrire l'histoire et (B) tel qu'il était au moment où l'histoire se passait.

A	B
adulte	enfant
_____	_____
_____	_____

2. Est-ce que les personnages d'«Une abominable feuille d'érable sur la glace» vous semblent réels? Qu'est-ce qui les rend réalistes ou pas réalistes? Citez des passages pour soutenir votre opinion.

3. Quand la mère du narrateur a acheté le nouveau chandail, elle l'a commandé dans le catalogue Eaton. Trouvez dans le texte des détails qui laissent penser que la mère est à la fois un peu snob et un peu naïve.

4. Les personnages réagissent différemment au chandail des Maple Leafs. Indiquez quels personnages de la colonne A ont les réactions de la colonne B. Ensuite discutez des raisons qui pourraient expliquer différentes attitudes.

A	B
_____ le narrateur	a. pense que le narrateur se trouve supérieur à cause du chandail
_____ la mère	b. ne laisse pas jouer le narrateur à cause du chandail
_____ les co-équipiers du narrateur	c. trouve le chandail abominable
_____ le chef d'équipe	d. ne comprend pas l'importance du chandail
_____ le vicaire	e. trouvent étrange que le narrateur porte ce chandail

5. Quand le vicaire intervient à la fin de l'histoire, le garçon fait ce qu'il lui demande. Qu'est-ce que cela indique à propos du rôle de l'Eglise au Québec pendant les années 50?

DE LA LITTERATURE A LA VIE

1. Au Québec la population est divisée entre francophones, comme la mère du narrateur, et anglophones, comme M. Eaton le vendeur de chandails. Le conflit entre les deux groupes soulève parfois des questions. Y a-t-il de telles questions dans votre pays? Dans votre région? Parlez-en, et expliquez ce que vous voyez comme solutions.
2. Pendant sa carrière, Maurice Richard était parfois très violent lors des matches de hockey. Il était également un des meilleurs joueurs de notre temps. Y a-t-il des athlètes que l'on peut appeler «héros»? Quels athlètes méritent l'attention du public? Qu'est-ce qu'ils font pour la mériter? Y en a-t-il d'autres qui reçoivent de l'attention sans en mériter? Pourquoi?
3. Décrivez une ou plusieurs équipes de votre ville ou de votre université. Quel est le nom de l'équipe (des équipes)? Quelles sont leurs couleurs? Gagnent-elles souvent? Y a-t-il un ou plusieurs joueurs importants? Que pensez-vous du rôle du sport dans votre université ou dans votre ville?
4. Quels sports pratiquez-vous? Est-ce que vous aimeriez en pratiquer d'autres? Lesquels? Que faudrait-il que vous fassiez pour commencer?

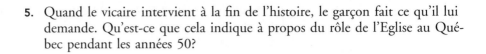

Le Sportif au lit

HENRI MICHAUX

D'origine belge, Henri Michaux (1899–1984) est un poète, un artiste et un magicien de l'imagination. On voit la magie des mots à travers son œuvre poétique (en vers et en prose) et la magie des images dans son art graphique, car tous les deux servent à transformer la réalité en une création imaginaire sans limites. De plus, dans le recueil *L'Espace du dedans* (composé de textes écrits entre 1927 et 1959) Michaux parle non seulement du monde extérieur mais aussi de la vie intérieure des êtres humains. Pour cela, il cherche le sens de ses rêves, il étudie des malades mentaux et, plus tard, il fait des expériences avec la mescaline. Le langage et l'humour sont pour lui des façons d'explorer les différentes facettes de l'univers, et aussi d'intervenir dans cet univers. Le *je* qui nous parle dans «Le Sportif au lit» peut tout faire, simplement parce qu'il nous dit qu'il le peut. Peu importe que ce soit dans ses rêves.

Mise en route

Dans nos rêves, nous sommes parfois tout-puissants; nous faisons l'impossible sans aucune difficulté. Imaginez les rêves de certains de vos contemporains. Donnez d'abord le nom de la personne et indiquez ensuite ce qu'elle peut faire dans ses rêves.

1. Un homme/Une femme politique qui s'appelle

   _____ rêve qu'il/elle peut

   _____ .

2. Mon musicien/Ma musicienne préféré(e) s'appelle

   _____ . Il/Elle rêve qu'il/elle peut

   _____ *defaut en joue* ___ .

   is

   he can   cashe

3. Mon/Ma meilleur(e) ami(e) s'appelle _____ .

   Il/Elle rêve qu'il/elle peut _____ .

4. Une personne que j'admire s'appelle _____ .

   Il/Elle rêve qu'il/elle peut _____ .

Et vous? Est-ce que vous rêvez que vous pouvez faire des exploits extraordinaires? Voler comme un oiseau? Danser comme un professionnel? Skier très vite? Réussir à tous vos examens sans étudier? Autre chose? Comparez vos réponses avec celles d'un(e) partenaire.

Mots et expressions

atteindre (*p.p.* **atteint**) to attain, to reach
assister à to attend
le défaut fault, flaw
(s')éloigner de to move away from, to distance oneself from

le glissement sliding
la justesse accuracy, perfection
mouiller to dampen, to wet
patiner to ice-skate, to slide
le plongeon diving

APPLICATIONS **A.** En utilisant les expressions de la liste, complétez les phrases suivantes.

1. J'avais très peur de m'approcher du chien méchant.
   J'étais très contente de ~~mouiller~~ du chien méchant.

2. Une de mes grandes qualités est la patience.
   Un de tes grands ~~defaut~~ est l'impatience.

3. Le vent a séché mes vêtements.
   La pluie ~~mouille~~ tes vêtements.

4. J'ai manqué la réunion.
   Tu as ~~assiste à~~ la réunion.

5. J'ai mal chanté, avec beaucoup de fausses notes.
   Tu as bien chanté, avec ~~justesse~~

6. Je ne suis pas arrivé au sommet de la montagne.
   Tu as ~~atteindre~~ le sommet de la montagne.

B. Trouvez le mot de la même famille. Ensuite, utilisez l'un des deux mots dans une phrase.

1. glisser   2. le patinage   3. plonger

Le Sportif au lit ~~bed~~

Il est vraiment étrange que, moi qui me <u>moque</u> du patinage comme de je ne sais quoi,° à <u>peine</u> je ferme les yeux, je vois une immense patinoire. ~~hardly~~ ~~make fun of~~
Et avec quelle <u>ardeur</u> je patine! ~~zeal~~ ~~ice rink~~

Après quelque temps, grâce à mon <u>étonnante vitesse</u> qui ne baisse jamais, je ~~surprising/aston. speed~~
5 m'éloigne petit à petit des centres de patinage, les groupes de moins en moins nombreux s'échelonnent° et se perdent. J'avance seul sur la rivière glacée qui me ~~are spaced apart~~
<u>porte à travers</u> le pays. ~~lost?~~
~~door through~~

qui... who couldn't really care less about ice-skating

"Je ne me plais qu'à avancer dans l'étendue silencieuse, bordée de terres dures et noires, sans jamais me retourner..."

Ce n'est pas que je cherche des distractions dans le paysage. Non. Je ne me plais qu'à avancer dans l'étendue° silencieuse, bordée de terres dures et noires,
10 sans jamais me retourner, et, si souvent et si longtemps que je l'aie fait, je ne me souviens pas d'avoir jamais été fatigué, tant la glace est légère à mes patins rapides.

• • •

Au fond, je suis un sportif, le sportif au lit. Comprenez-moi bien, à peine ai-je les yeux fermés que me voilà en action.

15　Ce que je réalise° comme personne, c'est le plongeon. Je ne me souviens pas, ~fais~

même au cinéma, d'avoir vu un plongeon en fil à plomb° comme j'en exécute. ~en... in a straight line~

Ah, il n'y a aucune mollesse° en moi dans ces moments. ~weakness~

Et les autres, s'il y a des compétiteurs, n'existent pas à côté de moi. Aussi

n'est-ce pas sans sourire que j'assiste, quand exceptionnellement ça m'arrive, à

20　des compétitions sportives. Ces petits défauts un peu partout dans l'exécution

qui ne frappent pas le vulgaire° appellent immédiatement l'attention du virtuose, ~the common person~

ce ne sont pas encore ces gaillards°-là, ces «Taris»* ou autres qui me battront. Ils ~fellows~

n'atteignent pas la vraie justesse.

Je puis difficilement expliquer la perfection de mes mouvements. Pour moi

25　ils sont tellement naturels. Les trucs du métier° ne me serviraient à rien, puisque ~Les trucs... The tricks of the trade~

je n'ai jamais appris à nager, ni à plonger. Je plonge comme le sang coule° dans ~le... the blood flows~

les veines. Oh! glissement dans l'eau! Oh! l'admirable glissement! On hésite à

remonter. Mais je parle en vain. Qui parmi vous comprendra jamais à quel point

on peut y circuler comme chez soi? Les véritables plongeurs ne savent plus que

30　l'eau mouille. Les horizons de la terre ferme les stupéfient.° Ils retournent con- ~les... les surprennent beaucoup~

stamment au fond de l'eau. 🌿

AVEZ-VOUS COMPRIS?

1. Qu'est-ce que le narrateur voit quand il ferme les yeux?
2. Le narrateur est-il sportif? Quels sont les deux sports dont il rêve? Comment les fait-il?
3. Décrivez l'endroit où il patine. Quelles images associe-t-il avec ce sport?
4. Comment est-ce que le narrateur exécute un plongeon? Est-il toujours seul quand il le fait? Décrivez les situations dans lesquelles il peut se trouver quand il plonge.
5. Pourquoi est-ce que le narrateur dit qu'il parle en vain? Qu'est-ce que ces lecteurs ne comprendront pas?

COMMENTAIRE DU TEXTE

1. Que signifie le titre du texte?
2. Est-ce que «Le Sportif au lit» est un texte où le monde fictif est vraisemblable? Peu vraisemblable? Justifiez votre réponse.
3. Est-ce que ce narrateur vous semble modeste? Egoïste? Se moque-t-il de lui-même? Trouvez d'autres adjectifs pour le décrire et cherchez des phrases dans le texte qui justifient votre réponse.

---

*Michaux invente des personnages, et même des races imaginaires. Les Taris en sont un exemple.

4. Comment est-ce que vous imaginez ce personnage physiquement? Est-il jeune ou vieux? gros ou mince? beau ou laid? Qu'est-ce qui vous donne ces impressions?

5. Cet homme fait des choses extraordinaires dans ses rêves. Qu'est-ce que cela indique à propos de sa vie de tous les jours? Pourquoi?

6. Quels sont les thèmes de ce texte? Justifiez votre réponse.

DE LA
**LITTERATURE
A LA VIE**

1. Croyez-vous que les rêves aient une signification psychologique? Leur rôle est-il d'exprimer des choses cachées? des désirs? autre chose? Pensez-vous que nous devrions les analyser? Pourquoi (pas)?

2. Quel est le rôle des activités sportives dans la vie des jeunes? Et des gens plus âgés? Est-ce que tous les jeunes devraient être obligés de faire du sport à l'école? Jusqu'à quel âge? Pourquoi?

CHAPITRE 10

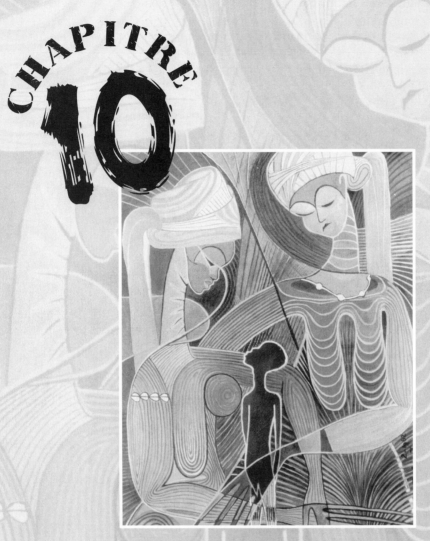

Papa Ibra Tall
(peintre sénégalais):
La Forêt aux souvenirs
(1962, détail)

LE FRANÇAIS DANS LE MONDE

The French language is spoken not just in Europe but in many countries all over the world. In Quebec and in many former colonies in Africa, for example, French language and culture play an important role in daily life, in government, and in literary creation.

The development of the French Canadian novel illustrates one type of French influence over the literature of a former colony. The first novels and short stories from French-speaking Canada were strongly influenced by French romanticism. Nineteenth- and twentieth-century fiction, however, is clearly rooted in the Canadian experience. In the first chapter reading, from *La Petite Poule d'Eau*, Gabrielle Roy pays tribute to the French origins of her ancestors, but also shows that the early settlers quickly became Canadians, with a whole set of traditions and values all their own.

French-speaking African writers confront a more complex set of questions when they write in French. Unlike authors from Quebec, they are often not writing in their first language, the language of family and friends. (Many nations of sub-Saharan Africa have no single national language; after decolonization, they adopted French, which had been the official language of government, for most written communication, but continue to speak various local languages in daily life.) Moreover, educated Africans frequently have studied in Europe, or at least in a European school system in Africa. Well-versed in the language and literary

conventions of France and Belgium, they must adapt them to express the African experience. Not surprisingly, their work often deals with the gulf between the European and the African worlds, and the personal conflicts they face as members of two very different cultures. You will find these themes in the novel *Dramouss* by Camara Laye, from which our second reading is taken, and also in the poem «A mon mari» by Yambo Ouologuem.

Lire la littérature

Setting

When you begin reading something new, you are like an explorer. You must, from the outset, discover *where* you are. Is it Africa, in the center of a vast plain? A tiny Swiss village? Another planet? Then you must also figure out *when* the story is taking place. Just imagine the difference between two tales set in Paris, one in 1797 and the other in 1997! These two aspects of setting (**l'univers fictif**) are crucial to understanding a poem or story.

Sometimes the author gives information on the setting quite directly, as in this passage from *La Princesse de Clèves:*

> La magnificence et la galanterie n'ont jamais paru en France avec tant d'éclat que dans les dernières années du règne de Henri second. Ce prince était galant, bien fait et amoureux...

Even if you don't know that Henri II reigned in France from 1547 to 1559, it is possible to surmise that what you are about to read takes place in France, probably before the Revolution. In other works, the author may include more subtle indicators of setting.

> [...]Quelques heures plus tard, sa présence m'aurait paru naturelle. Sa tribu vivait dans les hauts arbres répandus autour de la hutte; des familles entières jouaient sur une seule branche. Mais j'étais arrivé la veille, épuisé, à la nuit tombante. C'est pourquoi je considérais en retenant mon souffle le singe minuscule posé si près de ma figure.

In this setting there are huts, huge trees, and monkeys; it's probably in Africa. It isn't of great importance to know that we are in Kenya at this point, but we shall learn that later on in the novel *Le Lion* by Joseph Kessel.

In the following activity, you will find setting descriptions from works of fiction, but a word is missing! Using the list, choose the word that fits the best.

jardin   campagne   boulevard   métro   plage

1. «Nous avons marché longtemps sur la _____. Le soleil était maintenant écrasant. Il se brisait en morceaux sur le sable et sur la mer.» (*L'Etranger,* Albert Camus)

2. «Ils se trouvent en pleine _____, au sortir de la petite gare. Pas un bruit. Des oiseaux chantant dans les arbres, un clair ruisseau coule au fond d'un vallon.» («Voyage circulaire», Emile Zola)

3. «Lorsque tu viendras à Paris, dans ce Paris qui vit sous terre, à circuler dans le _____, achète-toi un guide.» (*Un Nègre à Paris*, Bernard Dadié)

4. «Sa fleur lui avait raconté qu'elle était seule de son espèce dans l'univers. Et voilà qu'il en était cinq mille, toutes semblables, dans un seul _____.» (*Le Petit Prince*, Antoine de Saint-Exupéry)

5. «Mais bon Dieu qu'il fait froid. Il est sept heures et demie, je n'ai pas faim et le cinéma ne commence qu'à neuf heures, que vais-je faire? Il faut que je marche vite, pour me réchauffer. J'hésite: derrière moi le _____ conduit au cœur de la ville.» (*La Nausée*, Jean-Paul Sartre)

Avec votre partenaire, discutez de vos réponses. Quels sont les mots-clés qui vous ont aidé(e) à découvrir l'univers représenté par l'auteur? Essayez de donner d'autres renseignements sur le lieu ou le moment de chaque extrait. Lequel se passe en hiver? Lesquels se passent de toute évidence pendant la journée? le soir?

La Petite Poule d'Eau

GABRIELLE ROY

Gabrielle Roy (1909–1983) est née à Saint-Boniface, Manitoba. En 1937 elle part pour l'Europe afin d'étudier l'art dramatique à Paris et à Londres. Son premier roman, *Bonheur d'occasion,* lui attire l'attention du public français et lui vaut le prestigieux Prix Fémina (1945). Reconnue également au Canada et aux Etats-Unis comme un témoin de son siècle, elle présente des personnages à qui on peut croire et avec qui on partage les joies et les peines.

L'extrait ci-dessous est tiré de *La Petite Poule d'Eau,* paru en 1950. Dans ce roman, Gabrielle Roy peint de façon émouvante la vie et les valeurs d'un couple canadien d'origine française.

Mise en route

Dans l'extrait de *La Petite Poule d'Eau,* nous verrons que l'on peut beaucoup apprendre sur la vie de quelqu'un seulement en regardant où il ou elle habite. Un exemple un peu exagéré de cela se trouve dans un film français, *L'Argent de poche* de François Truffaut, où dans une des premières scènes un instituteur explique la géographie de la France. Pour amuser la classe, il recopie l'adresse qu'il a trouvée sur une carte postale, une adresse un peu bizarre.

Raoul Briquet	(le déstinataire)
H.L.M. Béranger	(son logement)
Thiers	(sa ville)
Puy-de-Dôme	(son département)
France	(son pays)
Europe	(son continent)
Univers	

Les gens qui regardent le film peuvent comprendre tout de suite que le garçon habite dans une Habitation à Loyer Modéré (H.L.M.) (un appartement pas trop cher) dans une petite ville d'une région du Massif Central en France, un pays qui fait partie de l'Europe. On peut en tirer certaines conclusions: la famille de Raoul a peu d'argent, ils parlent français, leur région est de tradition agricole.

Maintenant à vous. Ecrivez votre adresse avec autant de détails que possible (comme l'adresse de Raoul). Ne mettez pas votre nom, car vos camarades de classe vont deviner qui habite où!

_____ rue/résidence/appartement

_____ ville

_____ état (province)

_____ pays

_____ autre?

_____ autre?

Dans un groupe de 5 ou 6, mélangez les adresses et devinez l'identité de chaque habitant. Comment le savez-vous? Qu'est-ce que chaque partie de l'adresse indique sur la personne qui y habite et sur sa vie?

Mots et expressions

l'ancêtre (*m.*) ancestor
attirer to attract
déranger to bother
féliciter to congratulate
la honte shame
avoir honte (de) to be ashamed (of)

l'humeur (*f.*) disposition, mood
mal à l'aise ill at ease
obéir à to obey
rêvasser to daydream
supporter to bear, tolerate

A. Trouvez le contraire de chaque expression.

1. repousser
2. à l'aise
3. ne pas tolérer

4. la fierté *la honte*
5. un descendant
6. être fier (fière) de

B. Complétez le paragraphe avec les mots qui conviennent.

Rien ne me *dérange*. L'autre jour, pendant que je rentrais du bureau, je *rêvasse*². J'étais de bonne *humeur*³ car mon patron m'*félicite*⁴ sur mon travail. Je roulais assez vite lorsqu'un agent de police m'a arrêté pour me dire qu'il fallait *obéir à*⁵ la limitation de vitesse.

obéir à
féliciter
rêvasser
humeur
déranger

La Petite Poule d'Eau

Moorhen / Water-hen   *(farmer)*

Partie I

Luzina Bastien et Hippolyte Tousignant ont quitté le sud du Manitoba pour s'installer dans une partie isolée de la province qui s'appelle la Petite Poule d'Eau. C'est là où, loin du confort moderne, ces pionniers du vingtième siècle élèvent leurs enfants et cultivent la terre. Luzina exige quand même que les enfants apprennent à lire, à écrire et qu'ils suivent un programme d'études régulier. Elle écrit au gouverneur de la région et obtient qu'une institutrice soit envoyée chez eux. Hippolyte bâtit une petite cabane, tout près de la maison, qui sert d'école aux enfants Tousignant.

C'est le premier jour d'école. La maîtresse, qui donne une leçon de géographie et d'histoire, essaie de rendre ses élèves conscients de leurs origines françaises. Luzina, qui trouve un prétexte pour écouter sous la fenêtre de l'école, est vite captivée par les beaux récits que raconte Mlle Côté.

L'école était commencée depuis environ une heure. De temps en temps, de sa cuisine, Luzina entendait une explosion de petites voix; vers neuf heures et demie, un éclat de rire lui parvint, un vrai petit fou rire d'enfants à l'école, nerveux, agité et subitement réprimé;° mais, le plus souvent, elle eut beau guetter,° marcher sur la pointe des pieds, s'avancer jusqu'à sa porte ouverte, elle ne saisis-
sait° aucun bruit.

Luzina n'était pas de ces femmes que dérange beaucoup le tapage des enfants. Les nerfs tranquilles, l'humeur rêveuse et portée au beau,° elle l'oubliait facilement en se racontant des histoires. Ces histoires comportaient évidemment des incidents, des drames assez sinistres même, mais c'était uniquement pour le plai-

réprimé° *repressed* / eut... *watched*

saisis- *in vain*

ne... n'entendait *not hear*

portée... *with a penchant for all things beautiful*

sir d'en avoir raison à la fin et de tout voir s'arranger dans son cœur.° Quelquefois, elle imaginait des malheurs irréparables: Hippolyte se noyait subitement; elle
restait <u>veuve</u> avec neuf enfants; deux de ses fils tournaient mal et <u>épousaient</u> des
sauvagesses;° mais tout cela n'était inventé qu'en vue du soulagement° qu'obte-
nait toujours Luzina lorsque, sortant de ses histoires macabres, elle voyait à quel
point aucune ne tenait debout.° Les bruits habituels, le <u>criaillement</u> des poules et
des enfants, favorisaient cette évasion de Luzina. Ce matin, c'était le silence qui
la <u>dérangeait.</u>   *disturb, bother*

Que pouvaient-ils faire maintenant à l'école? Qu'est-ce qui les avait fait rire
tous, un instant auparavant? Mais surtout, à quelle occupation pouvaient-ils se
livrer° dans un tel silence?

Vers dix heures et demie, Luzina eut besoin de copeaux° pour alimenter° son
four où cuisait un gâteau à <u>la mélasse</u>, et elle s'en alla tout naturellement ramasser ceux qui étaient tombés du rabot° d'Hippolyte tout autour de l'école. Loin
d'elle, l'idée d'épier° la maîtresse. Luzina était bien déterminée à respecter l'indépendance de Mademoiselle Côté. Ce matin même, elle croyait avoir tranché° une
fois pour toutes cette question du partage de l'autorité dans l'île de la Petite
Poule d'Eau. «A l'école, avait prononcé Luzina, vous obéirez <u>aveuglément</u> à votre
maîtresse.» Elle ne serait pas de ces femmes qui tiennent pour° leurs enfants
contre la maîtresse, les plaignent° d'une petite correction reçue et nuisent ainsi
au° prestige de l'autorité.

Le dos penché, la tête rentrée dans les épaules, elle s'apprêtait à° dépasser le
coin de l'école sans être vue par la fenêtre ouverte, lorsqu'une question bien précise cloua Luzina sur place.°

*d'en... of having (the sto-
ries) end the way she
wanted*
to be drowned
marry
widow
Indiennes / *relief*

shouting, crying bawling
*aucune... aucune (his-
toire) n'était possible*

se... to engage in
*wood shavings / feed
(fuel)*
molasses
carpenter's plane
Loin... *Far be it from
her to spy on*
décidé

blindly, recklessly

*tiennent... sont du côté
de   next to*
*les... sympathize with
them*
*nuisent... in this way
undermine*
s'apprêtait... se préparait à

*cloua... fit arrêter
Luzina*

Le Canada

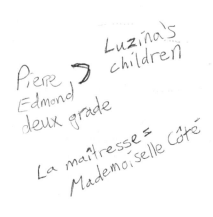

Pierre → Luzina's children
Edmond
deux grade

La maîtresse = Mademoiselle Côté

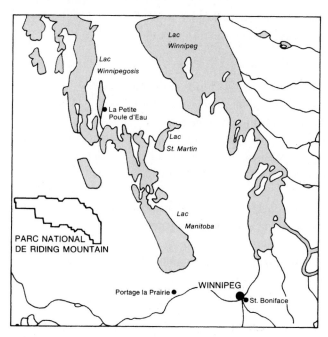

Le Manitoba; région de la Petite Poule d'Eau

35   —Dans quelle province vivons-nous? voulait savoir Mademoiselle Côté.
    Quelle question! Luzina s'apprêtait à répondre. Il se trouvait une souche,°   *stump*
tout contre l'école, exactement sous la fenêtre ouverte. Luzina s'y laissa choir.°   tomber
    —Quel est le nom de notre province? répéta Mademoiselle Côté.
    Aucun enfant ne répondait.
40   Luzina commença de se sentir mal à l'aise. «Bande de petits ignorants!» pensa
Luzina. «Vous devriez pourtant savoir cela.» Ses lèvres formaient la réponse, en
détachaient les syllabes. Toute sa volonté était tendue à° la faire passer dans   Toute... *Her whole being*
l'esprit des écoliers. «Si c'est pas une honte, pas même savoir où on vit!»   *was bent on*
    Une voix s'éleva enfin, défaillante, peureuse:°   défaillante... faible,
45   —La Poule d'Eau, Mademoiselle.   timide
    Luzina avait reconnu la voix de Pierre.
    «Si c'est pas honteux, un grand garçon de onze ans! se dit Luzina. Je m'en
vas lui en faire° des Poule d'Eau quand il va revenir à la maison, celui-là!»   Je... *I'll show him*
    La maîtresse continuait avec patience.
50   —Non, Pierre, la Poule d'Eau est le nom de cette région seulement. Encore,
je ne sais pas trop si c'est le véritable nom géographique. C'est plutôt, je crois,
une expression populaire. Mais je demande le nom de la grande province dans
laquelle est comprise la Poule d'Eau et bien d'autres comtés. Quelle est cette
province?
55   Aucune illumination ne frappait l'esprit des écoliers Tousignant.

—C'est une très grande province, les aida encore un peu plus Mademoiselle Côté. Elle est presque aussi grande à elle seule que toute la France. Elle part des Etats-Unis et va jusqu'à la baie d'Hudson.

—Le Manitoba!

60 C'était Edmond qui venait de lancer le mot. Sa petite voix pointue° avait pris l'accent même de la victoire. De l'autre côté du mur de l'école, Luzina était tout aussi fière. Son gras visage rose s'attendrissait.° Edmond vraiment! Une petite graine° qui n'avait pas encore huit ans! Où est-ce qu'il avait appris celui-là que l'on vivait dans le grand Manitoba? Il avait le nez partout° aussi, cet Edmond,
65 fureteur,° toujours occupé à écouter les grandes personnes. Luzina lui accorda une vaste absolution.

—Très bien, approuvait la maîtresse. Cette province est en effet le Manitoba. Mais elle est comprise ainsi que huit autres provinces dans un très grand pays qui se nomme...

70 —Le Canada, offrit Pierre sur un ton de voix humble, comme s'excusant.

—Mais oui, mais oui, très bien, Pierre. Puisque nous habitons le Canada, nous sommes des... Cana... des Canadi...

—Des Canadiens, trouva Pierre.

—C'est cela, c'est très bien, le félicita Mademoiselle. congratulate

75 Luzina convint° que Pierre s'était quelque peu racheté.° Tout de même: aller dire qu'on vivait dans la province de la Poule d'Eau. Quel enfant imbécile!

—Nous sommes des Canadiens, poursuivait la maîtresse, mais nous sommes surtout des Canadiens français. Il y a bien longtemps, il y a plus de trois cents ans, le Canada n'était habité que par des Peaux-Rouges.° Le roi de France
80 envoya alors un Français découvrir le Canada. Il se nommait Jacques Cartier.

Le soleil réchauffait Luzina, bien à l'abri du vent,° le dos contre le mur de l'école. Elle avait croisé les mains. Ravie, elle écoutait la belle, vieille, vieille histoire, qu'elle avait connue un jour et, par la suite, presque oubliée. C'était beau! Plus beau encore que dans les livres à l'entendre raconter par la maîtresse avec
85 tout ce talent, cette jeunesse fervente qu'elle y mettait. Luzina avait envie de rire, de pleurer.

—Les premiers colons furent des Français... le gouverneur de Montréal, Maisonneuve... Celui de Québec se nommait Champlain... les explorateurs du Nouveau-Monde, presque tous étaient des Français: Iberville, des Groseilliers, Pierre
90 Radisson. Le Père Marquette et Louis Joliet avaient découvert le chemin des Grands Lacs. La Vérendrye était allé à pied jusqu'aux Rocheuses.° Cavelier de la Salle avait navigué jusqu'à l'embouchure° du Mississippi. Tout ce pays était à la France.

—La Poule d'Eau aussi? demanda Edmond.

95 —La Poule d'Eau aussi, acquiesça la maîtresse en riant.

Bien sûr, la France était maîtresse de tout le pays! En bonne écolière, Luzina suivait attentivement la leçon, mais elle était tout de même plus avancée que les

shrill

softened
Une... *A little tyke*
avait... était très curieux
nosy

admitted / redeemed

Indiens

à... protégée du vent

les montagnes
Rocheuses
entrée dans la mer

Luzina thinks the teacher is excellent & tells stories well w/ talent.

enfants; sa mémoire, délivrée de soucis ménagers, affranchie° de presque toute sa vie, déterrait° des dates, certaines batailles qu'elle retrouvait avec délices. Tout en écoutant, Luzina avait même commencé de mener° pour son propre compte le récit du passé. ❧

set free
unearthed
faire

100

1. Qu'est-ce que Luzina essaie d'entendre de sa cuisine le premier jour d'école?
2. Décrivez Luzina. Quel tempérament a-t-elle? Quel genre d'histoires aime-t-elle se raconter pendant qu'elle s'occupe de la maison? Pourquoi aime-t-elle imaginer des malheurs?
3. Pourquoi le silence la dérange-t-il ce matin-là?
4. Quel prétexte amène Luzina près de l'école?
5. A quelle question les enfants ne peuvent-ils pas répondre? Quelle est la réaction de Luzina?
6. En quoi la réponse de Pierre n'est-elle pas correcte?
7. Qu'est-ce qui rend Luzina fière d'Edmond? Pourquoi est-elle surprise qu'il sache la bonne réponse?
8. Ecrivez l'adresse d'un des garçons en suivant le modèle exagéré dans la **Mise en route.**
9. Sur quel aspect de leur passé la maîtresse essaie-t-elle d'attirer l'attention des écoliers? Quels événements et personnages historiques évoque-t-elle?
10. Comment Luzina réagit-elle lorsqu'elle entend raconter l'histoire des Canadiens français? Montrez le rapport entre sa réaction et son tempérament tel que l'auteur le présente au début.

La Petite Poule d'Eau

Partie II

Séduite par les beaux récits que raconte Mlle Côté, Luzina se laisse aller à la rêverie. Se représentant l'histoire des familles Bastien et Tousignant, elle s'identifie aux premiers Canadiens français. Comme eux, elle travaille avec Hippolyte à civiliser cette région presque inhabitée, ce qui lui donne l'impression de suivre les traces non seulement de ses propres ancêtres, mais aussi de tous ceux qui ont colonisé le pays.

Certainement, parmi ces premiers colons venus de France, il y avait eu des Tousignant et des gens de sa famille à elle, des Bastien. Luzina s'était laissé dire° que les colons français avaient été triés sur le volet;° qu'aucun bandit ou paresseux n'avait pu se glisser° dans leur nombre. Tous du bon monde.° Ils

s'était... avait cru / triés... screened se... to infiltrate / bon... gens respectables

s'étaient établis dans ce que l'on appelait autrefois le Bas-Canada et qui devait
plus tard être compris dans la province de Québec. Les Tousignant et les Bastien
en étaient.° Mais, aventuriers et courageux tels que les voyait Luzina en ce
moment, quelques-uns de ces Tousignant et de ces Bastien du Bas-Canada
avaient émigré à l'Ouest, jusqu'au Manitoba. Déjà, ils étaient loin, bien loin de
leur endroit d'origine. Mais attendez! dit Luzina à voix haute. Il s'était trouvé°
une Bastien et un Tousignant de Manitoba qui avaient dans le sang le goût des
ancêtres, coureurs de bois° et coureurs de plaine. On n'allait plus à l'Ouest, dans
ce temps, mais il restait le Nord. Pas de chemin de fer, pas de route, presque pas
d'habitations; ils avaient été attirés par le Nord. Pas de communications, pas
d'électricité, pas d'école, cela les avait tentés.° Comment expliquer cette folie
d'ailleurs,° puisque, à peine installés dans le Nord, ils s'étaient mis à l'œuvre
pour lui donner la ressemblance d'ailleurs! Ils avaient quitté des villages tout établis, elle Saint-Jean-Baptiste sur la rivière Rouge, Hippolyte son beau village de
Letellier; et, depuis ce temps-là, ils travaillaient à changer le Nord, ils travaillaient à y amener les coutumes, l'air, l'abondante vie du Sud. Peut-être étaient-ils
de ces bâtisseurs de pays dont Mademoiselle parlait avec tant de chaleur. Ah! si
tel était le cas, Luzina n'en pourrait supporter la gloire sans pleurer un peu. Son
œil s'humecta.° Elle ne pouvait pas soutenir d'entendre les trop beaux récits.
Ceux qui étaient tristes non plus. Mais c'étaient les plus beaux qui en définitive
jouaient davantage avec son cœur. Elle écrasa° une petite larme au coin de sa
paupière gonflée.°

Oh, mais attendez encore! D'être venu à la Poule d'Eau n'était pas le mieux
de l'histoire. La plus belle partie de l'histoire, c'était d'être rejoint dans l'île de la
Petite Poule d'Eau par les ancêtres, les anciens Tousignant, les Bastien inconnus,
le Bas-Canada, l'histoire, la France, La Vérendrye, Cavelier de la Salle. Luzina
renifla.° C'était cela le progrès, bien plus grand que la vieille Ford du facteur,° les
catalogues du magasin. Comment dire! Les vents pourraient hurler six mois de
l'année sans dérougir;° la neige pourrait ensevelir° la maison jusqu'au toit; et
c'était comme si les Tousignant, dans leur île, ne seraient plus jamais seuls.

—Mon gâteau! pensa Luzina.

Elle fuyait fâchée contre elle-même, rouge jusqu'au front et perdant des
copeaux de son tablier.° Quelle sorte de femme était-elle pour négliger ainsi son
devoir! A chacun sa tâche dans la vie: à la maîtresse d'expliquer, aux enfants d'apprendre; et à elle, Luzina, de les servir. 🌸

AVEZ-VOUS COMPRIS?

1. Racontez l'histoire des ancêtres de Luzina (Bastien) et d'Hippolyte (Tousignant). Dans quelle partie du Canada se sont-ils d'abord établis? Où
ont-ils émigré ensuite? Quels traits de caractère Luzina leur attribue-t-elle?

2. Pourquoi Luzina estime-t-elle qu'elle et son mari ont le goût des ancêtres dans le sang? Qu'est-ce qui les a attirés vers le Nord? A peine installés dans la région, à quoi travaillent-ils? Comment Luzina s'explique-t-elle cette attitude contradictoire?

3. Pourquoi pleure-t-elle? Quelles sortes de récits la touchent le plus?

4. Qu'est-ce qui la rend particulièrement fière d'être venue à la Petite Poule d'Eau? Pourquoi a-t-elle l'impression que sa famille ne sera plus jamais seule?

5. Pourquoi a-t-elle tout à coup honte d'avoir oublié son gâteau? Quel est, d'après elle, son devoir? D'après ce détail, quelle idée vous faites-vous de son caractère?

COMMENTAIRE DU TEXTE

1. Luzina est «d'humeur rêveuse et portée au beau». Dans quelles parties du récit ces traits de caractère se manifestent-ils? Quelles autres facettes de sa personnalité pouvez-vous relever?

2. Luzina a le goût du drame: elle invente des histoires dramatiques; elle est facilement émue; elle s'identifie aux premiers colons venus de France. A votre avis, quelle carrière aurait-elle choisie si elle ne s'était pas mariée ou si elle n'avait pas eu autant d'enfants?

3. Caractérisez Luzina en tant que mère. Analysez la conception qu'elle se fait de son devoir, sa réaction aux réponses de ses enfants et son intention de respecter l'autorité de Mlle Côté.

4. Comment Luzina idéalise-t-elle l'histoire de ses propres ancêtres? De quoi est-elle fière? Comment voit-elle son rôle et celui de sa famille dans l'histoire du Canada?

5. Mlle Côté raconte aux petits Tousignant l'histoire des Canadiens français. Elle en parle avec enthousiasme, mais c'est le récit de Luzina qui rend cette histoire vivante et humaine. Expliquez pourquoi.

6. Les romanciers révèlent souvent, consciemment ou inconsciemment, leur attitude envers leurs personnages. Gabrielle Roy décrit Luzina avec affection et humour. Trouvez des exemples dans le texte qui justifient cette constatation.

7. Quelle est l'importance de l'endroit où cette histoire se passe? Pourrait-elle se passer dans une grande ville? Aux Etats-Unis? Expliquez.

DE LA LITTERATURE A LA VIE

1. Qu'y a-t-il chez Luzina qui vous touche? Pouvez-vous vous identifier à elle? Aimez-vous rêvasser? Quels besoins psychologiques les rêveries satisfont-elles?

2. Qu'est-ce qui peut pousser un homme et une femme à partir à l'aventure pour vivre dans des lieux tout à fait isolés? Si on vous proposait de faire une telle expérience, quelles seraient vos raisons d'accepter ou de refuser?

3. Que savez-vous de vos ancêtres, de ce qui les a amenés à l'endroit où ils se sont installés? Avez-vous l'impression de marcher dans la voie qu'ils ont tracée ou poursuivez-vous d'autres buts? Expliquez.

 Dramouss

CAMARA LAYE

Camara Laye (1928–1980) est né en Haute-Guinée. Il fait ses études au collège Poiret de Conakry où il montre un certain talent pour les mathématiques. Grâce à une bourse, il part en France où il est admis au Centre Ecole Automobile d'Argenteuil, près de Paris. Pour gagner sa vie, il travaille à la chaîne aux usines Simca. C'est pendant cette période qu'il connaît le découragement et la pauvreté dont souffrent tant d'étudiants et de travailleurs africains en Europe, mais il découvre aussi l'amitié d'une Française. Son expérience en dehors de son pays lui enrichit la vie. Son premier livre, *L'Enfant noir,* naît de son besoin de retrouver la chaleur et l'amour de sa terre natale. La publication de ce livre lui vaut à l'âge de vingt-six ans le Prix International du Roman Français. Deux ans après, il rentre définitivement en Afrique, où il écrit son livre *Dramouss*, dans lequel il envisage un programme de réformes sociales pour son pays. Mais la publication du livre est interdite; *Dramouss* sort à Paris en 1966 et son auteur est obligé de prendre la voie de l'exil. Camara Laye s'établit au Sénégal. *Le Maître à parole,* son dernier livre, est une étude sur la tradition orale du conte africain.

Mise en route

Que se passe-t-il quand on revient chez soi après une absence plus ou moins longue? En quelques phrases, écrivez l'histoire de la personne sur la photo qui revient chez elle après un certain temps.

Vous pouvez vous inspirer de vos expériences personnelles ou même d'un film qui parle d'un retour et vous pouvez utiliser les questions suivantes comme guide.

Depuis combien de temps est-ce que la personne est absente? Pourquoi était-elle partie? Où était-elle allée?

Qu'est-ce que la personne a fait en arrivant? Quelles étaient les réactions des autres quand elle est revenue? Quel était le sentiment général associé au retour?

_____

_____

_____

_____

_____

Relisez votre petite histoire. Maintenant, racontez-la à votre partenaire, sans lui montrer votre copie. Vérifiez que votre partenaire comprend ce que vous dites, et expliquez-lui ce qu'il/elle ne comprend pas. Maintenant, écoutez l'histoire de votre partenaire. Posez-lui des questions, si nécessaire.

Mots et expressions

la case hut
dépendre de to depend on
entendre dire que to hear (it said) that
éprouver to feel, experience (*sensation, pain, etc.*)

exiger to require, demand
l'impuissance (*f.*) helplessness
jouir de to enjoy; to be in full possession of

A. Répondez aux questions suivantes.

1. Quels sentiments éprouvez-vous quand vous retrouvez des amis après un certain temps?
2. Dans quels pays ou quelles régions trouve-t-on des cases?
3. Jouissez-vous d'une bonne santé?
4. Quelles qualités exigez-vous de vos amis?

B. Trouvez l'équivalent de chaque expression.

1. faiblesse, incapacité
2. apprendre par ce qui se dit
3. résulter de

Dramouss

Dans la première partie du roman Dramouss, *Camara Laye, sous le nom de Fatoman, raconte son retour en Haute-Guinée après six ans d'absence. Il y retrouve Mimie, la jeune institutrice avec qui il s'était fiancé avant son départ et qu'il épouse aussitôt. Quelques jours après, les nouveaux mariés vont rendre visite aux parents de Fatoman, qui habitent Karoussa.*

Nous gagnâmes° notre «concession».°
    Ma mère, qui se tenait à l'entrée du vestibule, n'eut aucun mal à nous apercevoir. Sur le seuil, on eût dit° qu'elle attendait une visiteuse. Mais peut-être prenait-elle l'air, simplement. Et avant même que je n'eusse le temps de libérer°
5 nos deux porteurs et de ranger nos valises dans une case, la «concession» fut envahie par nos voisines, car elles avaient été averties de notre arrivée par les cris de joie de ma mère. Elles ne tardèrent pas° à improviser une danse, qui, très vite, prit de l'ampleur.° L'une après l'autre, les femmes se détachaient de la ronde pour nous serrer la main, dans des éclats de rire sans retenue.°
10   Nous serrâmes ainsi d'innombrables mains, nous répondîmes à d'innombrables salutations.
    —Bonne arrivée! s'écriaient-elles le plus souvent, donnant libre cours à leur allégresse.° Vos camarades se portent-ils bien?... Vos amis, vos maîtres et connaissances jouissent-ils d'une bonne santé?
15   La tradition exigeait que nous répondions à chacune, dans l'ordre même des questions posées:

reached | plot of land with several huts on it, all belonging to a single family
on... il semblait
avant... (imparfait subj.) before I even had a chance to dismiss

Elles... They didn't hesitate
prit... became more animated
sans... unbridled

joie

L'Afrique, où le progrès rencontre la tradition
(Port de Conakry en République de Guinée)

—Oui, très bien! Tout va bien là-bas. Nos maîtres, nos amis et connaissances vous saluent. Ils jouissent d'une bonne santé.

Au bout d'un certain temps, cependant, nous nous avisâmes° que nous ne
20 nous conformions plus strictement à la règle de civilité, parce que nous étions fatigués, parce que nous avions quitté Conakry à l'aube et qu'il était vingt heures.

Nous prîmes congé° du groupe, non sans discrétion, et pénétrâmes dans la case de ma mère. Et les voisines, ces danseuses si souples, aux joyeuses improvisa-
25 tions, ne tardèrent pas à rejoindre leur domicile. Mon père s'était joint à nous.

nous nous... *we realized*

Nous... *We took leave*

La présence de la langue française en Afrique

Et puis, je ne sais pas, je ne sais plus, dans quel état je me trouvais à cet instant. J'étais heureux, sans doute, d'avoir retrouvé les miens;° j'étais triste aussi, affreusement frappé de les voir vieillis, marqués par l'âge et par l'âpreté° d'une pénible existence. Je pensai subitement à la mort. Mais ma conscience me répondit

30 que la mort n'est pas toujours fonction de l'âge. M'avisant que j'étais pour le moment, et peut-être pour longtemps encore, incapable pécuniairement° de porter secours à° mes parents, des larmes subitement noyèrent mes yeux. Me voyant désolé, ils se mirent eux aussi à pleurer. Mais certainement pas pour les mêmes raisons que moi. Moi je pleurais sur mon impuissance. J'aurais souhaité disposer

35 de° plus de moyens matériels, pour les en faire profiter. Mais eux, ne pleuraient-ils pas de joie? La joie de retrouver leur fils, l'aîné des fils, devenu si grand, et à présent marié....

les... ma famille
hardship

financièrement
porter... aider

disposer... avoir

Mimie assistait à cette scène, troublée et la tête baissée.

Ma mère, soudain, leva la tête pour la regarder...

40 —Belle-Fille, murmura-t-elle, ta mère se porte-t-elle bien?

—Oui, Belle-Mère.

—Et les frères et sœurs sont-ils en bonne santé?

—Oui. Ils vous saluent.

—Et toi, Belle-Fille, comment vas-tu?

45 —Je ne sais pas, Belle-Mère, répondit-elle tristement.

—Es-tu triste?

—Oh non! fit-elle d'un air mécontent.

—N'es-tu pas contente d'être venue me voir? demanda ma mère dans un
sourire.

50 —Si!... Si!

—Alors, pourquoi cette mine d'enterrement°?

cette... ce visage triste

Mimie réfléchit un moment, puis répondit timidement:

—J'aurais voulu ne pas quitter Maman aussi vite.

—Mais ne l'avais-tu donc pas déjà quittée assez longtemps?

55 —Si, si, Belle-Mère. Pendant quatre ans.

—Alors, sois brave, ma fille. Ta nostalgie te passera.

Puis, après quelques minutes de silence, d'un ton maternel elle ajouta:

—Repose-toi. Tu trouveras auprès de° moi le même accueil et la même affec-

auprès... chez, avec

tion que chez ta mère.

60 —Je n'en doute pas, s'écria Mimie, l'air heureux.

Mon père, plus calme, qui n'avait pas pris une part active à la discussion,
était sorti. Et déjà ma mère ne pleurait plus. Les sanglots avaient cessé. Mimie,
de son côté s'était de nouveau parfaitement résignée. Je me mis à questionner
ma mère:

65 —As-tu reçu ma récente lettre?

—Oui. Mais tu avais oublié d'indiquer la date de ton arrivée. Aussi° regret-

Alors

tons-nous de n'avoir pas pu aller chercher notre belle-fille à la gare.

—Je l'ai fait sciemment° ne voulant pas que vous vous dérangiez pour nous.

exprès

—Crois-tu que cela nous dérange?

70 —Non, Mère, mais la discrétion!... J'aime la discrétion. Te souviens-tu de
l'époque où tu m'appelais *Saadéni*?

—Il y a longtemps de cela!

—Et pourquoi m'avais-tu baptisé *Saadéni*?

—Parce que tu aimais la solitude. Tu es toujours aussi solitaire?

75 Mimie, amusée par les taquineries que je faisais à ma mère, souriait gentiment.

—A présent, j'aime la foule, dis-je pour l'apaiser.

—Hé! cria-t-elle tout à coup, dis-moi, Fatoman, tu mangeais bien là-bas?

—Très bien, répondis-je.

remarque

eût... *would do*

gentil

te... *devote yourself (to your duties)*

nous... nous laver

tub made of tightly woven reeds

Très fatiguée
j'avais... *no matter how hard I tried to force myself*
depth
framework / toit... *thatched roof*
faint / *storm lantern*
blurred

80   Mais cette réponse ne semblait pas la satisfaire, et elle s'inquiétait toujours.

    —C'est une femme qui préparait tes repas?

    —Une femme? Non! C'était moi-même.

    —Faire la cuisine toi-même, comme une femme?

    Mimie et moi, nous éclatâmes de rire, trouvant amusante cette réplique° de
85 ma mère. Mais, à la réflexion, nous l'estimâmes raisonnable, car, durant sa vie,
elle n'avait jusqu'alors jamais entendu dire qu'un homme eût fait° la cuisine
pour lui-même.

    —Oui, Belle-Mère, expliqua Mimie avec un sourire complaisant,° là-bas la
cuisine n'est pas un art exclusivement réservé aux femmes.

90   —Alors, toi, ma fille, tu laisseras ton mari faire la cuisine pour lui-même? Si
tu ne te dévoues° pas, comment tes enfants auront-ils de la chance dans la vie?
Tu le sais, la chance des enfants dépend, d'après nos traditions, du dévouement
de la femme envers son mari.

    —Belle-Mère, ne sois pas inquiète! Désormais Fatoman ne s'approchera pas
95 de la cuisine. A présent, je suis là.

    —Mère, interrompis-je, n'aurais-tu pas un peu d'eau chaude pour nous?
Nous voudrions nous débarbouiller.°

    —Si. L'eau est dans le *tata.*° Allez, allez maintenant vous laver, puis manger
et vous coucher.

100   A tour de rôle, nous nous débarbouillâmes à l'eau tiède, avant de gagner la
case qui nous était attribuée. Harassée,° Mimie s'endormit aussitôt. Quant à moi,
j'avais beau me contraindre° à dormir, le film de ma vie, des six années passées
loin de ma terre natale, resurgissait du tréfonds° de mon être. Au lieu de dormir,
je restais les yeux fixés sur la charpente° et sur le toit de chaume,° éclairés par la
105 lueur chiche° de la lampe-tempête;° et les souvenirs, cette nuit-là, affluaient dans
ma mémoire et me brouillaient° la vue. Le film tournait, tournait...

AVEZ-VOUS COMPRIS?

1. Comment se manifeste la joie générale à l'arrivée de Fatoman et de son
épouse? Comment les voisines les accueillent-elles? Quelles questions leur
posent-elles? Qu'est-ce qui est exigé par la tradition?

2. Quels sentiments Fatoman éprouve-t-il en retrouvant ses parents? Qu'est-
ce qui le rend triste malgré la joie du retour? Pourquoi pleure-t-il? Et sa
famille?

3. Comment la mère de Fatoman essaie-t-elle d'établir le contact avec sa
belle-fille? Pourquoi Mimie est-elle troublée? Que lui dit la mère de Fatoman pour la rassurer?

4. Quelles raisons Fatoman donne-t-il de son silence au sujet de la date de leur arrivée?

5. Quels souvenirs de l'enfance de Fatoman sont évoqués? Pensez-vous qu'il ait changé?

6. Qu'est-ce qui choque la mère de Fatoman dans sa vie d'étudiant? Pourquoi?

7. Comment la mère voit-elle le rôle de la femme à la maison?

8. Malgré la fatigue du voyage quelles pensées empêchent Fatoman de trouver le sommeil?

COMMENTAIRE DU TEXTE

1. Fatoman et Mimie ont subi une influence européenne tout en restant profondément africains. Par quels détails peut-on le comprendre?

2. Comparez le comportement du père et de la mère de Fatoman. D'après le texte, quelle est l'importance des femmes dans la vie familiale?

3. Dans ce passage, on peut percevoir des différences entre l'Europe et l'Afrique. Quelles règles de politesse faut-il observer dans le pays de Fatoman? Quelle est votre impression des rapports entre parents et enfants?

4. A quel public ce texte est-il destiné? Un public européen? africain? les deux? Comment le savez-vous?

5. Est-ce que l'endroit où l'histoire se passe joue un rôle important, ou pensez-vous qu'elle puisse arriver de la même manière n'importe où? Expliquez votre réponse.

DE LA LITTERATURE A LA VIE

1. Quels sentiments avez-vous eus la première fois que vous êtes rentré(e) chez vous après une absence plus ou moins longue? Comment vos réactions envers votre famille ont-elles changé quand vous êtes devenu(e) adulte? Quels changements vos rapports avec vos parents ont-ils subis?

2. Les relations entre voisins diffèrent d'une région à l'autre ou d'une culture à l'autre. Comment expliquez-vous ces différences? Dans votre pays, dans quelle mesure la vie familiale est-elle partagée par les voisins?

3. Michel de Montaigne (XVIème siècle) a écrit que quand on voyage il faut se débarrasser des «lunettes» de son village. Pourquoi ce conseil est-il précieux pour comprendre un milieu différent de celui d'où l'on vient?

A mon mari

YAMBO OUOLOGUEM

Yambo Ouologuem est né au Mali en 1940. Très doué, il se distingue dans les études de littérature et de sociologie qu'il poursuit à Paris. Il se fait connaître grâce à sa chronique romanesque *Le Devoir de violence* qui reçoit en 1968 le Prix Renaudot. Sa veine parodique peut se transformer en satire mordante et parfois féroce de l'Europe comme de l'Afrique. Le poème «A mon mari», au ton doux-amer, présente, en microcosme, les thèmes qui animent l'œuvre de cet écrivain.

Mise en route

Que signifie le nom d'une personne? Après tout, des vedettes de cinéma prennent des noms différents (Norma Jean Baker est devenue Marilyn Monroe) et parfois certaines personnes changent de nom lors d'un changement de religion (le boxeur Cassius Clay est devenu Muhammad Ali).

D'après vous, lorsqu'une femme se marie, doit-elle prendre le nom de son mari ou garder son nom de jeune fille? Les hommes peuvent-ils prendre le nom de leur femme?

Et votre nom? Accepteriez-vous de le changer, pour le mariage par exemple? Pour d'autres raisons? Pourquoi (pas)?

A votre avis, est-ce que changer de nom veut dire changer d'identité? Expliquez votre réponse.

Ouologuem évoque une Afrique en voie de transformation profonde et qui voit peu à peu disparaître son héritage culturel devant la présence européenne. Dans ce poème, une femme s'adresse à son mari, lui faisant remarquer les changements que la culture européenne a apportés dans leur vie de tous les jours. Elle oppose son point de vue à celui de son mari.

Tu t'appelais Bimbircokak
Et tout était bien ainsi
Mais tu devins Victor-Emile-Louis-Henri-Joseph
Et achetas un service de table°

service... *set of dishes*

Large gourd | ladle

Flask | crushed wheat
dish served with meat
and vegetables
du... conversation
quotidienne
paternalistic

A... Comme d'habitude

pout

pain... cake similar to
gingerbread

With Rockefeller
je... je ne suis pas une
experte

5   J'étais ta femme
Tu m'appelas ton épouse
Nous mangions ensemble
Tu nous séparas autour d'une table

Calebasse° et louche°
10 Gourde° et couscous°
Disparurent du menu oral°
Que me dictait ton commandement paterne°

Nous sommes modernes précisais-tu

Chaud chaud chaud est le soleil
15 A la demande° des tropiques
Mais ta cravate ne quitte
Point ton cou menacé d'étranglement

Et puisque tu boudes° quand je te rappelle ta situation
Eh bien n'en parlons plus mais je t'en prie
20 Regarde-moi
Comment me trouves-tu

Nous mangeons des raisins du lait pasteurisé du pain d'épice°
D'importation
Et mangeons peu

25 Ce n'est pas ta faute
Tu t'appelais Bimbircokak
Et tout était bien ainsi
Tu es devenu Victor-Emile-Louis-Henri-Joseph
Ce qui

30 Autant qu'il m'en souvienne
Ne rappelle point ta parenté
Roqueffelère°
(Excuse mon ignorance je ne m'y connais pas° en finances et en Fétiches)

Mais vois-tu Bimbircokak
35 Par ta faute
De sous-développée je suis devenue sous-alimentée. ▨

- -

COMMENTAIRE
DU TEXTE

1. En lisant le poème, complétez le schéma ci-dessous sur une feuille de
papier en y notant des contrastes entre le point de vue du mari et celui

de sa femme. Après avoir lu le poème en entier, vérifiez votre schéma en le comparant avec ceux de vos camarades de classe.

LA FEMME   LE MARI

nom africain de son mari   noms français

_____   _____

_____   _____

2. Que signifie, pour la femme, le fait que le mari ait changé de nom?
3. Analysez les changements que le nouveau nom a apportés dans la maison.

   a. Quelle différence y a-t-il entre *femme* et *épouse*?
   b. Comment les habitudes de manger de ce couple africain ont-elles changé?
   c. Le mari a supprimé certains mots de la conversation de tous les jours. Quelle attitude ou quel trait de caractère cela révèle-t-il?
   d. Qu'est-ce que la femme a à reprocher à son mari en ce qui concerne sa manière de s'habiller?
   e. Que représentent les trois aliments (vers 22)? Pourquoi mangent-ils peu?
   f. Que suggère le nom de Roqueffelère? D'après vous, pour quelle raison la femme déclare-t-elle son ignorance des finances et des «Fétiches»? Si

République de Guinée: une femme Peuhl vend du lait caillé.

l'ironie, au sens large du terme, veut dire une disposition moqueuse, qu'y a-t-il d'ironique dans l'attitude de la femme? Quels autres exemples d'ironie trouvez-vous dans ce poème?

4. Que peut-on conclure quant aux rapports entre le mari et la femme? A votre avis, pourquoi le poète a-t-il choisi d'adopter l'optique de la femme? Quels traits de caractère observez-vous chez elle?

5. Le poète semble opposer deux façons de vivre, l'africaine et l'européenne. Quel est en réalité le vrai objet de sa critique?

6. Quand on n'a pas assez à manger, on devient «sous-alimenté». Dans ce poème, faut-il prendre le mot à la lettre? Quels autres sens peut-il avoir?

7. Ecrivez une strophe du point de vue du mari où il explique son changement de nom.

DE LA LITTERATURE A LA VIE

1. Quand vous vous trouvez dans un milieu différent du vôtre, qu'il s'agisse de nationalité, d'âge, d'éducation, de niveau social ou intellectuel, d'ethnie, etc., quelle est votre attitude? Etes-vous prêt(e) à tout accepter? Préférez-vous rester fidèle à vos habitudes, à vos traditions? Vous donnez-vous la peine de chercher un compromis?

2. En s'industrialisant, les pays du tiers-monde intègrent dans leurs cultures des usages nouveaux, différents des leurs. Les conflits qui en résultent sont-ils inévitables? Si oui, comment les éviter? Comment les résoudre?

CHAPITRE 11

Henri Daumier:
Connoisseurs
(c. 1862–1864)

LES BEAUX-ARTS

Each of the readings in this chapter is about a painter. Although the settings differ greatly, in each one, an artist confronts a problem for which he finds both the cause and the solution in his art.

In «La Naissance d'un maître», André Maurois invites us to reflect on the role of the critic in the art world. He raises the perennial question of what constitutes success for an artist—talent and creativity, or conformity to contemporary trends and tastes?

Marguerite Yourcenar's beautiful tale, «Comment Wang-Fô fut sauvé», takes place in imperial China. In it you will discover that the notion of artistic creation takes on an unexpected meaning.

Lire la littérature

Tone

One definition of tone (**le ton**) in music is "the quality and character of a sound." In everyday life, tone of voice lets us know a great deal about how the speaker feels about something. In literature, the tone indicates, either directly or indirectly, authors' attitudes toward their subjects. The tone of a work or a passage can be, for example, light, serious, ironic, mocking, tragic, or even more or less neutral, and it is the reader's job to "hear" it. Like a composer choosing notes, instruments, and rhythms, an author chooses words, arrangements of sentences, and levels of language to communicate a certain tone.

Read the following passage and select the tone(s) conveyed by the author.

> Au fond, je suis un sportif, le sportif au lit. Comprenez-moi bien, à peine ai-je les yeux fermés que me voilà en action.
>
> Ce que je réalise comme personne, c'est le plongeon. [...]
>
> —Henri Michaux, «Le Sportif au lit»

The tone is:

A. serious   **B.** angry   **C.** ironic   **D.** light

Both **C** and **D** can be justified, but in different ways. The passage can be seen as ironic because the author presents a character quite proud of himself for doing something rather silly. The lightness comes from the type of sentences; the effect is almost like a conversation («Comprenez-moi bien... »). One might add that although the tone is light, it is not familiar, because of the use of the more formal **vous** and the inversion with **je.** Michaux likes his character, but pokes fun at him nonetheless.

Look for the tone in the following passage from Zola's *Voyage circulaire*. How does the author feel about the character or situation he is presenting?

> Il y a huit jours que Lucien Bérard et Hortense Larivière sont mariés. Mme veuve Larivière, la mère, tient, depuis trente ans, un commerce de bimbeloterie, rue de la Chaussée-D'Antin. C'est une femme sèche et pointue, de caractère despotique, qui n'a pu refuser sa fille à Lucien, le fils unique d'un quincaillier du quartier, mais qui entend surveiller de près le jeune ménage.

What tone(s) is (are) created here? _____

_____

How does the author create it (them)? _____

_____

La Naissance d'un maître

ANDRE MAUROIS

André Maurois (1885–1967), après ses études dans le nord de la France, travaille pendant dix ans dans l'entreprise textile familiale. Sa parfaite connaissance de l'anglais lui permet de remplir les fonctions d'interprète et d'agent de liaison lors de la Première Guerre mondiale. Après le succès de son roman *Les Silences du Colonel Bramble* (1919), il se consacre entièrement à la littérature. En 1938 il est élu à l'Académie française, suite à ses travaux biographiques sur Shelley, Disraeli, Byron et Voltaire. En 1940, il émigre aux Etats-Unis où il enseigne à Princeton ainsi que dans d'autres universités américaines.

André Maurois est aussi l'auteur de plusieurs ouvrages historiques sur la France, l'Angleterre et les Etats-Unis. Son talent de narrateur élégant, lucide, pénétrant et gentiment ironique se révèle particulièrement dans ses *Contes*. «La Naissance d'un maître» est parmi les plus connus et les plus aimés.

Mise en route

Quand on va dans un musée ou dans une galérie d'art, on voit souvent toutes sortes de styles et d'écoles de peinture. C'est pourtant à chaque visiteur de décider ce qui lui plaît et ce qui ne lui plaît pas.

Regardez chacun des tableaux suivants et écrivez deux adjectifs qui décrivent chacun.

Louis le Nain:
Retour de baptême (XVIIᵉ s.)

_____   _____

La Présentation de la Vierge au temple (c. 1050) de l'Abbaye de Saint-Pierre, Salzburg

_____
_____

René Magritte:
Le Château des Pyrénées (1959)

Comparez vos adjectifs avec ceux de votre partenaire, et discutez des différents sujets, des styles, etc. Lesquels vous plaisent? Avez-vous les même goûts?

Maintenant, choisissez un des tableaux. Sans l'identifier, décrivez-le pour votre partenaire. Il ou elle va deviner le plus vite possible lequel vous avez choisi. Ensuite, changez de rôles.

Mots et expressions

coûteux/coûteuse expensive
insondable unfathomable
le métier trade
la nature morte still life
l'orgueil (*m.*) pride, arrogance

un salon an exhibit
secouer to shake
la toile canvas, painting
le vernissage opening (*of an art show*)

A. Trouvez l'équivalent de chaque expression.

1. le contraire de l'humilité
2. agiter
3. immense, infini
4. cher
5. une exposition
6. un tableau

B. Complétez le paragraphe suivant avec les mots qui conviennent.

J'ai assisté au _____ de l'exposition de ce jeune peintre. De tous ses tableaux, j'ai préféré la _____ aux pommes. On ne peut pas nier qu'il connaît son _____.

La Naissance d'un maître

Le peintre Pierre Douche achevait une nature morte, fleurs dans un pot de pharmacie, aubergines° dans une assiette, quand le romancier, Paul-Emile Glaise, entra dans l'atelier. Glaise contempla pendant quelques minutes son ami qui travaillait, puis dit fortement:

5 —Non.

L'autre, surpris, leva la tête, et s'arrêta de polir° une aubergine.

—Non, reprit Glaise, crescendo,° non, tu n'arriveras jamais. Tu as du métier,° tu as du talent, tu es honnête. Mais ta peinture est plate, mon bonhomme. Ça n'éclate pas, ça ne gueule pas.° Dans un salon de cinq mille toiles,
10 rien n'arrête devant les tiennes le promeneur° endormi... Non, Pierre Douche, tu n'arriveras jamais. Et c'est dommage.

—Pourquoi? soupira l'honnête Douche. Je fais ce que je vois: je n'en demande pas plus.

—Il s'agit bien de cela: tu as une femme, mon bonhomme, une femme et
15 trois enfants. Le lait vaut dix-huit sous le litre, et les œufs coûtent un franc pièce. Il y a plus de tableaux que d'acheteurs, et plus d'imbéciles que de connaisseurs. Or, quel est le moyen, Pierre Douche, de sortir de la foule inconnue?

—Le travail?

—Sois sérieux. Le seul moyen, Pierre Douche, de réveiller les imbéciles, c'est
20 de faire des choses énormes.° Annonce que tu vas peindre au Pôle Nord. Promène-toi vêtu en° roi égyptien. Fonde une école. Mélange dans un chapeau des mots savants: extériorisation dynamique, et compose des manifestes. Nie° le mouvement, ou le repos; le blanc, ou le noir; le cercle, ou le carré. Invente la peinture néo-homérique,° qui ne connaîtra que le rouge et le jaune, la peinture
25 cylindrique, la peinture octaédrique, la peinture à quatre dimensions...

A ce moment, un parfum étrange et doux annonça l'entrée de Mme Kosnevska. C'était une belle Polonaise dont Pierre Douche admirait la grâce. Abonnée°

eggplants

perfectionner
élevant la voix
Tu... Tu sais ce que tu fais
ça ne... (*pop.*) ça ne crie pas
celui qui regarde les tableaux

exagérées
vêtu... habillé comme un
Renounce

imitant le style grec

A subscriber

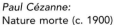
Paul Cézanne:
Nature morte (c. 1900)

à des revues coûteuses qui reproduisaient à grands frais des chefs-d'œuvre d'enfants de trois ans, elle n'y trouvait pas le nom de l'honnête Douche et méprisait
30   sa peinture. S'allongeant sur un divan, elle regarda la toile commencée, secoua
ses cheveux blonds, et sourit avec un peu de dépit:°   mépris, dédain

—J'ai été hier, dit-elle, de son accent roulant et chantant, voir une exposition
d'art nègre de la bonne époque. Ah! la sensibilité, le modelé,° la force de ça!   *relief*

Le peintre retourna pour elle un portrait dont il était content.

35   —Gentil, dit-elle du bout des lèvres,° et, roulante, chantante, parfumée,   du... avec dédain
disparut.

Pierre Douche jeta sa palette dans un coin et se laissa tomber sur le divan:

—Je vais, dit-il, me faire inspecteur d'assurances, employé de banque, agent
de police. La peinture est le dernier des métiers. Le succès, fait par des badauds,°   fait... *defined by idle*
40   ne va qu'à des faiseurs.° Au lieu de respecter les maîtres, les critiques encouragent   *critics*
les barbares. J'en ai assez, je renonce.   peintres inférieurs

Paul-Emile, ayant écouté, alluma une cigarette et réfléchit assez longuement.

—Veux-tu, dit-il enfin, donner aux snobs et aux faux artistes la dure leçon
qu'ils méritent? Te sens-tu capable d'annoncer en grand mystère et sérieux à la
45   Kosnevska, et à quelques autres esthètes, que tu prépares depuis dix ans un
renouvellement de ta manière°?   renouvellement... chan-
                                                                                                       gement de ton style
—Moi? dit l'honnête Douche étonné.

—Ecoute... Je vais annoncer au monde, en deux articles bien placés,° que tu   bien... dans des revues
fondes l'Ecole idéo-analytique. Jusqu'à toi, les portraitistes, dans leur ignorance,   appropriées

ont étudié le visage humain. Sottise! Non, ce qui fait vraiment l'homme, ce sont
les idées qu'il évoque en nous. Ainsi le portrait d'un colonel, c'est un fond bleu
et or que barrent° cinq énormes galons,° un cheval dans un coin, des croix dans
l'autre. Le portrait d'un industriel, c'est une cheminée d'usine, un poing° fermé
sur une table. Comprends-tu, Pierre Douche, ce que tu apportes au monde, et
peux-tu me peindre en un mois vingt portraits idéo-analytiques?

Le peintre sourit tristement.

—En une heure, dit-il, et ce qui est triste, Glaise, c'est que cela pourrait
réussir.

—Essayons.

—Je manque de bagout.°

—Alors, mon bonhomme, à toute demande d'explication, tu prendras un
temps, tu lanceras une bouffée° de pipe au nez du questionneur, et tu diras ces
simples mots: «Avez-vous jamais regardé un fleuve?»

—Et qu'est-ce que cela veut dire?

—Rien, dit Glaise, aussi° le trouveront-ils très beau, et quand ils t'auront
bien découvert, expliqué, exalté, nous raconterons l'aventure et jouirons de leur
confusion.

Deux mois plus tard, le vernissage de l'Exposition Douche s'achevait en
triomphe. Chantante, roulante, parfumée, la belle Mme Kosnevska ne quittait
plus son nouveau grand homme.

—Ah, répétait-elle, la sensibilité! le modelé, la force de ça! Quelle intelligence! Quelle révélation! Et comment, cher, êtes-vous parvenu à ces synthèses
étonnantes?

Le peintre prit un temps, lança une forte bouffée de pipe, et dit: «Avez-vous
jamais, chère madame, regardé un fleuve?»

Les lèvres de la belle Polonaise, émues,° promirent des bonheurs roulants et
chantants.

En pardessus à col de lapin, le jeune et brillant Lévy-Cœur discutait au
milieu d'un groupe: «Très fort! disait-il, très fort! Pour moi, je répète depuis longtemps qu'il n'est pas° de lâcheté pire que de peindre d'après un modèle. Mais,
dites-moi, Douche, la révélation? D'où vient-elle? De mes articles?»

Pierre Douche prit un temps considérable, lui souffla au nez une bouffée
triomphante, et dit: «Avez-vous jamais, monsieur, regardé un fleuve?

—Admirable! approuva l'autre, admirable!»

A ce moment, un célèbre marchand de tableaux, ayant achevé le tour de l'atelier, prit le peintre par la manche et l'entraîna° dans un coin.

—Douche, mon ami, dit-il, vous êtes un malin.° On peut faire un lancement
de ceci. Réservez-moi votre production. Ne changez pas de manière avant que je
ne vous le dise, et je vous achète cinquante tableaux par an... Ça va?

Douche, énigmatique, fuma sans répondre.

Lentement, l'atelier se vida. Paul-Emile Glaise alla fermer la porte derrière le
dernier visiteur. On entendit dans l'escalier un murmure admiratif qui s'éloi-

que... décoré par / stripes
fist

manque... don't have the gift of gab

la fumée qui sort de la pipe

par conséquent

touchées

il... il n'y a pas

led him away
rusé, intelligent

gnait. Puis, resté seul avec le peintre, le romancier mit joyeusement ses mains dans ses poches et partit d'un éclat de rire formidable. Douche le regarda avec surprise.

—Eh bien! mon bonhomme, dit Glaise, crois-tu que nous les avons eus°? As-tu entendu le petit° au col de lapin? Et la belle Polonaise? Et les trois jolies jeunes filles qui répétaient: «Si neuf! si neuf!» Ah! Pierre Douche, je croyais la bêtise humaine insondable, mais ceci dépasse mes espérances.

Il fut repris d'une crise de rire invincible. Le peintre fronça le sourcil,° et, comme des hoquets convulsifs agitaient l'autre, dit brusquement:

—Imbécile!

—Imbécile! cria le romancier furieux. Quand je viens de réussir la plus belle charge° que depuis Bixiou°... »

Le peintre parcourut des yeux avec orgueil les vingt portraits analytiques et dit avec la force que donne la certitude:

—Oui, Glaise, tu es un imbécile. Il y a quelque chose dans cette peinture...

Le romancier contempla son ami avec une stupeur infinie.

—Celle-là est forte!° hurla-t-il. Douche, souviens-toi. Qui t'a suggéré cette manière nouvelle?

Alors Pierre Douche prit un temps, et tirant de sa pipe une énorme bouffée:

—As-tu jamais, dit-il, regardé un fleuve?... 🎋

Side glosses:

nous... (*fam.*) nous les avons trompés
petit homme

fronça... *frowned*

hoax / personnage d'un roman de Balzac connu pour ses ruses

Celle-là...! *That's a good one!*

AVEZ-VOUS COMPRIS?

1. Qu'est-ce que Pierre Douche est en train de peindre quand Glaise entre dans l'atelier?
2. Quelle est la réaction de Glaise en voyant la toile de son ami? Quelles qualités trouve-t-il chez Douche en tant que peintre? Pourquoi, selon lui, Douche n'a-t-il pas de succès?
3. Pour se faire remarquer, dit Glaise, il faut faire «des choses énormes». Quels exemples en donne-t-il?
4. Décrivez Mme Kosnevska. Pourquoi méprise-t-elle la peinture de Douche? Comment son mépris se fait-il sentir? Quel genre d'art admire-t-elle?
5. Pourquoi Douche voudrait-il changer de métier?
6. Quels conseils Glaise donne-t-il à son ami? Comment va-t-il l'aider? Qu'est-ce que l'école «idéo-analytique»? Quels exemples Glaise en donne-t-il?
7. Qu'est-ce que Douche doit répondre à ceux qui lui demandent une explication de ses tableaux idéo-analytiques? En quoi cette réponse pourra-t-elle impressionner les questionneurs?
8. Quel effet la nouvelle manière du peintre a-t-elle sur les gens qui assistent au vernissage?
9. Pourquoi Glaise rit-il après le départ des visiteurs?
10. Quel changement se manifeste dans l'esprit du peintre? Qu'est-ce qui rend son ami furieux? Qui a le dernier mot?

1. Quel est le ton de ce texte? Trouvez des passages qui justifient votre réponse.

2. André Maurois fait-il une satire de la peinture moderne ou bien des gens qui se laissent subjuguer par ce qui est à la mode? Justifiez votre réponse.

3. Avec très peu de détails Maurois a réussi à faire de Pierre Douche un personnage réel et vivant. Qu'est-ce que le tableau qu'il est en train de peindre au début du conte suggère quant à sa personnalité? Quelles nuances de sens l'adjectif «honnête» implique-t-il? Pourquoi ce mot est-il le plus approprié pour décrire le peintre au début? A votre avis, son attitude change-t-elle vraiment? Expliquez.

4. Que pensez-vous de Glaise? Quel est son rôle dans cette histoire?

5. Expliquez l'ironie de la phrase «Avez-vous jamais regardé un fleuve?». Quelle valeur a-t-elle dans ce conte?

6. Quelle sorte de gens Mme Kosnevska représente-t-elle? Notez que l'auteur emploie la répétition pour rendre le portrait de ce personnage ironique et comique. Trouvez les expressions répétées et expliquez-en l'ironie et l'humour.

1. Quand il s'agit de juger la valeur d'une œuvre d'art, attachez-vous beaucoup d'importance aux opinions des critiques ou bien préférez-vous suivre votre propre intuition? Expliquez.

2. Qu'admirez-vous dans une œuvre d'art? La composition? Le sujet? Les couleurs? La représentation de la réalité? L'abstraction? Pourquoi?

3. Beaucoup de gens mettent la photographie sur le même plan artistique que la peinture, surtout en ce qui concerne le portrait. Quelle est votre opinion à ce sujet? Qu'est-ce que la peinture peut faire que la photographie ne peut pas faire et vice versa?

Comment Wang-Fô fut sauvé

MARGUERITE YOURCENAR

Marguerite Yourcenar (1903–1988) est née à Bruxelles, mais elle grandit en France. Elle reçoit une solide formation intellectuelle enrichie par de nombreux voyages.

La vocation littéraire de Marguerite Yourcenar s'affirme de bonne heure: à l'âge de dix-neuf ans, elle a déjà produit deux volumes en vers. Entre 1929 et 1939, elle publie neuf livres, parmi lesquels il faut signaler *Nouvelles orientales* (1938). Lorsque la guerre éclate en 1939, elle se trouve aux Etats-Unis, où elle finit par s'établir définitivement, dans Mount Desert Island au large du Maine, devenant citoyenne américaine en 1947. De 1940 à 1950, elle enseigne la littérature française et l'histoire de l'art, mais à partir de 1951, elle se consacre entièrement à la littérature, en multipliant les honneurs. Elle est élue à l'Académie royale belge de langue et de littérature françaises en 1970 et, en 1980, à l'Académie française, la première femme à y être reçue.

L'œuvre de Marguerite Yourcenar est remarquable par son originalité et sa diversité. Romancière, conteuse, essayiste, poète et dramaturge, cette grande dame des lettres françaises nous laisse aussi plusieurs traductions, dont des œuvres de Henry James et de Virginia Woolf, des poèmes grecs et un recueil de Negro-spirituals.

«Comment Wang-Fô fut sauvé» (*Nouvelles orientales*) s'inspire d'un apologue taôiste de la vieille Chine. Dans l'extrait suivant, tiré de la fin du conte, on trouve deux thèmes qui reviennent souvent chez Marguerite Yourcenar: la coexistence du réel et de l'imaginaire et le pouvoir créateur de l'art.*

Mise en route

Les Chinois considèrent l'art comme très important. La calligraphie chinoise, par exemple, est non seulement un moyen de communication, mais aussi une forme d'art. Groupez-vous par quatre et discutez du rôle de l'art pour votre génération. Quelle importance l'art a-t-il pour les jeunes d'aujourd'hui? Quelles sont les formes d'art les plus appréciées? La peinture? La sculpture? La musique? Le cinéma? La photographie?... Pourquoi, à votre avis? Notez vos conclusions et partagez-les avec les autres étudiants.

Mots et expressions

apercevoir to see, perceive; **s'apercevoir (de, que)** to notice, become aware (of, that)
le canot rowboat
le crépuscule dusk, twilight
effacer to erase, obliterate; **s'effacer** to fade, disappear
l'esquisse (*f.*) sketch
étendre to spread; **s'étendre** to stretch (*out*)

la grotte cave
(in)achevé(e) (un)finished
(se) pencher to bend, lean over
le pinceau paintbrush
le premier plan (d'un tableau) foreground (of a painting)
la tache spot, stain
la tâche task
la toile canvas, painting

---

*Les divisions du texte sont celles de l'éditeur.

A. Trouvez l'équivalent de chaque expression.

1. un petit bateau **2.** l'outil principal d'un peintre **3.** fini, terminé
4. disparaître **5.** un tableau **6.** appliquer sur une surface **7.** remarquer
8. s'incliner, se baisser **9.** la première forme d'un dessin ou d'un tableau
10. la lumière qui suit le soleil couchant **11.** devenir plus long **12.** une
caverne **13.** quelque chose qu'il faut accomplir

B. Complétez les phrases avec les mots qui conviennent.

1. Connaissez-vous la Symphonie _____ de Schubert? On ne sait pas pourquoi il ne l'a pas terminée.
2. Cette table est sale; il y a des _____ partout.
3. Il _____ sa tête vers le petit garçon, qui parlait tout bas.
4. Le peintre a peint un visage au _____ du tableau. Derrière, il n'y a que
des arbres et un lac.
5. Je ne vois pas très clair, mais j'_____ au loin une montagne.
6. _____ ce qui est écrit au tableau, s'il vous plaît.

Comment Wang-Fô fut sauvé

Partie I

Le vieux peintre Wang-Fô et son disciple Ling vagabondent sur les routes du royaume de Han. Wang-Fô, dont les tableaux sont très demandés, refuse de se faire payer ou de s'encombrer de biens matériels, car il aime «l'image des choses, et non les choses elles-mêmes». Son esprit artiste transforme tout ce qu'il voit en beauté, voire°

même

la mort. Ling, jeune homme riche qui a tout sacrifié pour suivre son maître, mendie°

demande de l'argent aux passants

pour subvenir à° leurs besoins, heureux de le faire, car Wang-Fô lui a fait cadeau

subvenir... *provide for*

«d'une âme° et d'une perception neuves». C'est grâce au peintre que Ling a connu la beauté des objets les plus communs.

soul

Un soir, les deux vagabonds arrivent à la ville impériale. Le lendemain matin, ils sont arrêtés par des soldats qui les conduisent au palais jusque dans la salle du trône. Wang-Fô, innocent de tout crime, s'adresse à l'Empereur.

—**D**ragon Céleste, dit Wang-Fô prosterné,° je suis vieux, je suis pauvre, je

bowing low

suis faible. Tu es comme l'été; je suis comme l'hiver. Tu as Dix Mille
Vies;* je n'en ai qu'une, et qui va finir. Que t'ai-je fait? On a lié mes mains, qui
ne t'ont jamais nui.°

fait de mal

_____
*Cette formule est l'équivalent de l'expression «Vive l'Empereur!».

5 —Tu me demandes ce que tu m'as fait, vieux Wang-Fô? dit l'Empereur.

Sa voix était si mélodieuse qu'elle donnait envie de pleurer. Il leva sa main
droite, que les reflets du pavement° de jade faisaient paraître glauque° comme
une plante sous-marine, et Wang-Fô, émerveillé par la longueur de ces doigts
minces, chercha dans ses souvenirs s'il n'avait pas fait de l'Empereur, ou de ses
10 ascendants,° un portrait médiocre qui mériterait la mort.

—Tu me demandes ce que tu m'as fait, vieux Wang-Fô? reprit l'Empereur
en penchant son cou grêle° vers le vieil homme qui l'écoutait. Je vais te le dire.
Mais, comme le venin d'autrui ne peut se glisser° en nous que par nos neuf
ouvertures,° pour te mettre en présence de tes torts, je dois te promener le long
15 des corridors de ma mémoire, et te raconter toute ma vie. Mon père avait rassemblé une collection de tes peintures dans la chambre la plus secrète du palais, car
il était d'avis que les personnages des tableaux doivent être soustraits° à la vue
des profanes,° en présence de qui ils° ne peuvent baisser les yeux. C'est dans ces
salles que j'ai été élevé, vieux Wang-Fô, car on avait organisé autour de moi la

tiles / sea-green

ancêtres

maigre

se... pénétrer
les ouvertures du corps

cachés

gens ordinaires / les personnages des tableaux

20 solitude pour me permettre d'y grandir. Pour éviter à ma candeur° l'éclabous- | innocence
sure° des âmes humaines, on avait éloigné de moi le flot° agité de mes sujets | *stain, blot* / foule, multitude
futurs, et il n'était permis à personne de passer devant mon seuil,° de peur que | *threshold*
l'ombre de cet homme ou de cette femme ne s'étendît° jusqu'à moi. Les quel- | s'étendre (imparfait subj.)
ques vieux serviteurs qu'on m'avait octroyés° se montraient le moins possible; les | donnés
25 heures tournaient en cercle; les couleurs de tes peintures s'avivaient° avec l'aube° | devenaient plus intenses / heure du lever du soleil
et pâlissaient avec le crépuscule. La nuit, quand je ne parvenais° pas à dormir, je | réussissais
les regardais, et, pendant près de dix ans, je les ai regardées toutes les nuits. Le
jour, assis sur un tapis dont je savais par cœur le dessin, reposant mes paumes
vides sur mes genoux de soie jaune,* je rêvais aux joies que me procurerait l'ave-
30 nir. Je me représentais le monde, le pays de Han au milieu, pareil à la plaine | pareil... *lined, like the palm of one's hand, with*
monotone et creuse de la main que sillonnent° les lignes fatales des Cinq
Fleuves. Tout autour, la mer où naissent les monstres, et, plus loin encore, les
montagnes qui supportent le ciel. Et, pour m'aider à me représenter toutes ces
choses, je me servais de tes peintures. Tu m'as fait croire que la mer ressemblait
35 à la vaste nappe° d'eau étalée° sur tes toiles, si bleue qu'une pierre en y tombant | *sheet* / étendue
ne peut que se changer en saphir, que les femmes s'ouvraient et se refermaient
comme des fleurs, pareilles aux créatures qui s'avancent, poussées par le vent,
dans les allées° de tes jardins, et que les jeunes guerriers à la taille mince qui | petits chemins
veillent° dans les forteresses des frontières étaient eux-mêmes des flèches qui | *stand guard*
40 pouvaient vous transpercer le cœur. A seize ans, j'ai vu se rouvrir les portes qui
me séparaient du monde: je suis monté sur la terrasse du palais pour regarder les
nuages, mais ils étaient moins beaux que ceux de tes crépuscules. J'ai commandé
ma litière:° secoué sur des routes dont je ne prévoyais ni la boue ni les pierres, | *litter*
j'ai parcouru les provinces de l'Empire sans trouver tes jardins pleins de femmes
45 semblables à des lucioles,° tes femmes dont le corps est lui-même un jardin. Les | *fireflies*
cailloux des rivages° m'ont dégoûté des océans; le sang des suppliciés° est moins | plages / gens torturés
rouge que la grenade° figurée sur tes toiles; la vermine des villages m'empêche de | *pomegranate*
voir la beauté des rizières;° la chair des femmes vivantes me répugne comme la | champs de riz
viande morte qui pend aux crocs° des bouchers, et le rire épais° de mes soldats | *hooks* / *coarse*
50 me soulève le cœur. Tu m'as menti, Wang-Fô, vieil imposteur: le monde n'est
qu'un amas° de taches confuses, jetées sur le vide par un peintre insensé,° sans | masse / fou
cesse effacées par nos larmes.° Le royaume de Han n'est pas le plus beau des | tears
royaumes, et je ne suis pas l'Empereur. Le seul empire sur lequel il vaille la peine
de régner est celui où tu pénètres, vieux Wang, par le chemin des Mille Courbes
55 et des Dix Mille Couleurs. Toi seul règnes en paix sur des montagnes couvertes
d'une neige qui ne peut fondre, et sur des champs de narcisses qui ne peuvent
pas mourir. Et c'est pourquoi, Wang-Fô, j'ai cherché quel supplice te serait ré-
servé, à toi dont les sortilèges° m'ont dégoûté de ce que je possède, et donné le | enchantements

---

*La couleur jaune est la couleur impériale en Chine.

désir de ce que je ne posséderai pas. Et pour t'enfermer dans le seul cachot° dont   *(prison) cell*
60 tu ne puisses sortir, j'ai décidé qu'on te brûlerait les yeux, puisque tes yeux,
Wang-Fô, sont les deux portes magiques qui t'ouvrent ton royaume. Et puisque
tes mains sont les deux routes aux dix embranchements° qui te mènent au cœur   *branch roads*
de ton empire, j'ai décidé qu'on te couperait les mains. M'as-tu compris, vieux
Wang-Fô?

65   En entendant cette sentence, le disciple Ling arracha de sa ceinture un couteau ébréché et se précipita sur l'Empereur. Deux gardes le saisirent. Le Fils du
Ciel sourit et ajouta dans un soupir:

        —Et je te hais aussi, vieux Wang-Fô, parce que tu as su te faire aimer. Tuez
ce chien.

70   Ling fit un bond en avant pour éviter que son sang ne vînt° tacher la robe   *venir (imparfait subj.)*
du maître. Un des soldats leva son sabre, et la tête de Ling se détacha de sa
nuque, pareille à une fleur coupée. Les serviteurs emportèrent ses restes,°   *ses... son cadavre*
Wang-Fô, désespéré, admira la belle tache écarlate° que le sang de son disciple   *rouge*
faisait sur le pavement de pierre verte.

75   L'Empereur fit un signe, et deux eunuques essuyèrent les yeux de Wang-
Fô. ▨

AVEZ-VOUS COMPRIS?

1. Quels genres de tableaux Wang-Fô peint-il? Quelle sorte de personne est-ce?

2. Pourquoi l'Empereur a-t-il fait arrêter Wang-Fô? Qu'est-ce qu'il lui reproche?

3. Décrivez l'enfance de l'Empereur. Où et comment a-t-il été élevé? Qu'est-ce qu'il avait à la place des compagnons? Comment se représentait-il le monde?

4. Qu'est-il arrivé à l'Empereur à l'âge de seize ans? Qu'a-t-il vu et fait qui lui a ouvert les yeux sur le monde réel? Comment a-t-il réagi? Quelles déceptions a-t-il éprouvées? Selon lui, quel est le seul empire sur lequel il voudrait régner? Pourquoi?

5. Comment Wang-Fô sera-t-il puni? Pourquoi l'Empereur a-t-il choisi de le punir de cette manière? Quel est le royaume ou l'empire de Wang-Fô? En quoi ses yeux sont-ils les portes qui lui ouvrent son royaume? A quelles parties du corps les dix embranchements correspondent-ils?

6. Comment Ling réagit-il à la sentence prononcée par l'Empereur? Pourquoi ce dernier fait-il tuer le disciple du peintre?

7. Racontez la mort de Ling. Comment prouve-t-il son affection pour son maître? Qu'y a-t-il de poétique dans la description de sa mort? Précisez les sentiments de Wang-Fô.

Comment Wang-Fô fut sauvé

Partie II

L'Empereur dit à Wang-Fô de sécher ses larmes. Il doit garder les yeux clairs pour accomplir une dernière tâche. L'Empereur a dans sa collection des œuvres du peintre une toile inachevée où l'on voit tracés la mer, le ciel et des rochers. Avant de se soumettre à l'aveuglement, Wang-Fô doit terminer le tableau, sinon l'Empereur fera brûler toutes ses œuvres, laissant Wang-Fô «pareil à un père dont on a massacré les fils et détruit les espérances de postérité».

Sur un signe du petit doigt de l'Empereur, deux eunuques apportèrent respectueusement la peinture inachevée où Wang-Fô avait tracé l'image de la mer et du ciel. Wang-Fô sécha ses larmes et sourit, car cette petite esquisse lui rappelait sa jeunesse. Tout y attestait° une fraîcheur d'âme à laquelle Wang-Fô ne

montrait

pouvait plus prétendre, mais il y manquait cependant quelque chose, car à
l'époque où Wang l'avait peinte, il n'avait pas encore assez contemplé de
montagnes, ni de rochers baignant dans la mer leurs flancs nus, et ne s'était pas
assez pénétré de la tristesse du crépuscule. Wang-Fô choisit un des pinceaux que
lui présentait un esclave et se mit à étendre sur la mer inachevée de larges
coulées° bleues.   strokes

• • •

Wang commença par teinter de rose le bout de l'aile d'un nuage posé sur
une montagne. Puis il ajouta à la surface de la mer de petites rides° qui ne fai-   ripples
saient que rendre plus profond le sentiment de sa sérénité. Le pavement de jade
devenait singulièrement humide, mais Wang-Fô, absorbé dans sa peinture, ne
s'apercevait pas qu'il travaillait les pieds dans l'eau.

Le frêle° canot grossi sous les coups de pinceau du peintre occupait mainte-   fragile
nant tout le premier plan du rouleau de soie.° Le bruit cadencé° des rames°   rouleau... tableau /
s'éleva soudain dans la distance, rapide et vif comme un battement d'aile. Le   rythmique / oars
bruit se rapprocha, emplit doucement toute la salle, puis cessa, et des gouttes
tremblaient, immobiles, suspendues aux avirons du batelier.° Depuis longtemps,   avirons... boatman's oars
le fer rouge destiné aux yeux de Wang s'était éteint sur le brasier du bourreau.°   brasier... executioner's
Dans l'eau jusqu'aux épaules, les courtisans, immobilisés par l'étiquette,° se soule-   coals
vaient sur la pointe des pieds. L'eau atteignit enfin au niveau du cœur impérial.   par... as etiquette
Le silence était si profond qu'on eût entendu tomber des larmes.   required

C'était bien Ling. Il avait sa vieille robe de tous les jours, et sa manche droite
portait encore les traces d'un accroc° qu'il n'avait pas eu le temps de réparer, le   tear
matin, avant l'arrivée des soldats. Mais il avait autour du cou une étrange
écharpe° rouge.   scarf
Wang-Fô lui dit doucement en continuant à peindre:
—Je te croyais mort.
—Vous vivant, dit respectueusement Ling, comment aurais-je pu mourir?
Et il aida le maître à monter en barque.° Le plafond de jade se reflétait sur   canot
l'eau, de sorte que Ling paraissait naviguer à l'intérieur d'une grotte. Les tresses°   braids
des courtisans submergés ondulaient à la surface comme des serpents, et la tête
pâle de l'Empereur flottait comme un lotus.
—Regarde, mon disciple, dit mélancoliquement Wang-Fô. Ces malheureux
vont périr, si ce n'est déjà fait. Je ne me doutais pas° qu'il y avait assez d'eau   Je... Je ne croyais pas
dans la mer pour noyer un Empereur. Que faire?
—Ne crains rien, Maître, murmura le disciple. Bientôt, ils se trouveront à
sec et ne se souviendront même pas que leur manche ait jamais été mouillée.°   wet
Seul, l'Empereur gardera au cœur un peu d'amertume marine. Ces gens ne sont
pas faits pour se perdre à l'intérieur d'une peinture.
Et il ajouta:
—La mer est belle, le vent bon, les oiseaux marins font leur nid. Partons,
mon Maître, pour le pays au-delà des flots.°   au-delà... beyond the
                                                                                      waves

—Partons, dit le vieux peintre.

Wang-Fô se saisit du gouvernail,° et Ling se pencha sur les rames. La cadence des avirons emplit de nouveau toute la salle, ferme et régulière comme le bruit d'un cœur. Le niveau de l'eau diminuait insensiblement autour des grands rochers verticaux qui redevenaient des colonnes. Bientôt, quelques rares flaques° brillèrent seules dans les dépressions du pavement de jade. Les robes des courtisans étaient sèches, mais l'Empereur gardait quelques flocons d'écume° dans la frange° de son manteau.

Le rouleau achevé par Wang-Fô restait posé sur la table basse. Une barque en occupait tout le premier plan. Elle s'éloignait peu à peu, laissant derrière elle un mince sillage° qui se refermait sur la mer immobile. Déjà, on ne distinguait plus le visage des deux hommes assis dans le canot. Mais on apercevait encore l'écharpe rouge de Ling, et la barbe de Wang-Fô flottait au vent.

La pulsation des rames s'affaiblit, puis cessa, oblitérée par la distance. L'Empereur, penché en avant, la main sur les yeux, regardait s'éloigner la barque de Wang qui n'était déjà plus qu'une tache imperceptible dans la pâleur du crépuscule. Une buée° d'or s'éleva et se déploya° sur la mer. Enfin, la barque vira autour d'un rocher qui fermait l'entrée du large°; l'ombre d'une falaise tomba sur elle; le sillage s'effaça de la surface déserte, et le peintre Wang-Fô et son disciple Ling disparurent à jamais sur cette mer de jade bleu que Wang-Fô venait d'inventer. 🎴

rudder

puddles

flocons... *wisps of foam*
fringe

(boat's) wake

mist / se... *spread*
open sea

1. Quelle est la dernière tâche que l'Empereur impose à Wang-Fô? Comment Wang-Fô réagit-il en voyant sa peinture inachevée?
2. Quel objet est-ce que Wang-Fô ajoute au premier plan du tableau? Quel sentiment éprouve-t-il en peignant?

3. Pendant que Wang-Fô peint, qu'est-ce qui se passe dans la salle du trône de l'Empereur?

4. Qui est dans le canot? De quoi parle-t-il avec Wang-Fô? Que font les deux hommes ensuite?

5. Qu'est-ce qui arrive à l'Empereur et ses courtisans?

6. Wang-Fô pense que les courtisans vont mourir, mais selon Ling, il n'y a rien à craindre. Pourquoi? Comment interprétez-vous ce qu'il dit?

7. Qu'est-ce que Ling propose à Wang-Fô? Quel effet le départ des deux hommes a-t-il sur le niveau de l'eau?

8. Racontez la fin du conte. Où est le tableau? Où se trouvent Wang-Fô et Ling par rapport à l'Empereur et aux courtisans? Que deviennent le peintre et son disciple?

9. En décrivant les tableaux de Wang-Fô, l'Empereur parle des sortilèges (ligne 58, page 199). En quel sens la fin du conte donne-t-elle raison à l'Empereur?

COMMENTAIRE DU TEXTE

1. Dans la deuxième partie du texte, le réel et l'imaginaire se confondent. Expliquez comment les personnages font partie tantôt du monde réel, tantôt du tableau. A votre avis, que suggère la coexistence du réel et de l'imaginaire?

2. Dans son Post-scriptum à *Nouvelles orientales,* Marguerite Yourcenar décrit Wang-Fô comme «perdu et sauvé à l'intérieur de son œuvre». A votre avis, que veut-elle dire?

3. Comment Marguerite Yourcenar évoque-t-elle la Chine ancienne dans ce conte? Qu'y a-t-il dans ce passage qui permet d'y reconnaître sa source orientale? Réfléchissez à ce qu'il y a dans le texte qui est étranger à la culture occidentale; par exemple, la manière dont le jeune Empereur est élevé. Pourquoi l'Empereur est-il appelé Dragon Céleste? Que suggère ce nom quant à l'attitude du peuple chinois envers l'Empereur? (Pour les Chinois, le dragon représente une présence positive et bienfaisante; il symbolise la bonne fortune.)

4. Quel est le ton de ce texte? Trouvez des passages qui soutiennent votre opinion.

DE LA LITTERATURE A LA VIE

1. C'est grâce à son art que Wang-Fô échappe à son destin: il invente une mer sur laquelle il disparaît. Faut-il être artiste pour trouver dans l'art un moyen d'échapper à la réalité? Oubliez-vous vos préoccupations en regardant un bon film ou en écoutant de la musique? Qu'est-ce qui vous aide à échapper aux soucis de tous les jours?

2. L'Empereur reproche à Wang-Fô de lui avoir menti. Le monde, dit-il, n'est pas une série de beaux tableaux, il «n'est qu'un amas de taches confuses... sans cesse effacées par nos larmes». Qu'en pensez-vous? Comment concevez-vous le monde? Croyez-vous que tout mène à une fin logique et juste? que tout se fait pour une raison? Trouvez-vous de la beauté partout, comme Wang-Fô? Ou êtes-vous plutôt de l'avis de l'Empereur, que le monde est sans ordre et que la vie est triste?

3. Ling se dévoue entièrement pour Wang-Fô, lui sacrifiant même sa vie. Un tel geste de dévouement serait-il admiré dans la culture occidentale? Commentez. Citez des exemples tirés de la littérature ou des films.

4. Quel commentaire ce conte fait-il sur le rôle de l'art et de la littérature dans la vie?

CHAPITRE 12

La création à Paris de «La Liberté éclairant le monde» (Frédéric Auguste Bartholdi, 1886), un cadeau des Français au peuple américain

LA FRANCE ET L'AMERIQUE DU NORD

It is often said that learning about another culture teaches you about your own as well. Indeed, it is usually fascinating and instructive to hear what foreigners have to say about North American life.

Several twentieth-century French writers have written about the United States and Canada; they include Simone de Beauvoir, Jean-Paul Sartre, and André Maurois. One of the most recent French accounts of life in the United States was written by Philippe Labro, who was a college exchange student for two years (1954–1956) and whose summer job in the Colorado Rockies inspired his novel *Un Été dans l'Ouest*. This chapter's reading is excerpted from that novel; it evokes the exoticism and wildness of the "Far West" for a European in the 1950s.

Lire la littérature

Figures of Speech

Throughout your encounters with literature in this book, you have seen how authors strive to create images in readers' minds, bringing life to characters, settings, and the works in general. One important way to do this is to make a comparison by using a simile (**comparaison**) or metaphor (**métaphore**). These are figures of speech (**figures de style**). Figures of speech are expressions that use words in ways that depart from their literal meanings. Simile and metaphor are striking, vivid ways to express perceived similarities between two objects or ideas.

Comparaison establishes explicit similarity and is marked by the words *as* or *like* (**comme, pareil à, semblable à, tel(le), fait penser à** in French).

Il est courageux comme un lion.	He is as brave as a lion.

Métaphore establishes implicit similarity. Unlike comparison, metaphor is not marked by the words *as* or *like;* rather, the similarity is suggested by transferring a term from the object it normally denotes to another object. In the following example, a quality—bravery—is assumed to be the basis of an implicit similarity between the man and the lion, and the man is said to be something that, obviously, he really is not.

C'est un lion.	He's a lion.

We also say that a word is being used metaphorically when it suggests an analogy between two essentially different things that are not ordinarily associated with each other. For example, a verb normally used with one noun can be assigned to a quite different, unrelated noun.

Je laisserai le vent baigner ma tête nue.	I will let the wind bathe my bare head.
	(Rimbaud, «Sensation», v. 4)

Only liquids can bathe, but in this metaphor the sensation of water is transferred to that created by the wind. A verb—**baigner**—that is normally used with one element (water) has been assigned to another element (air).

Try some comparisons of your own. Choose a person, an object, and an abstract idea (happiness? truth? patriotism?). Describe them in French using **comparaisons** and **métaphores**.

UNE PERSONNE

(comparaison) _____

(métaphore) _____

UN OBJET

(comparaison) _____

(métaphore) _____

UNE IDEE ABSTRAITE

(comparaison) _____

(métaphore) _____

Even though figures of speech can be found everywhere in daily life (especially in advertising), it is in literature that they are most powerful. They literally let you see things in new ways. How, for example, would you talk about a book you love? Chateaubriand did it this way in the nineteenth century:

> Mes livres ne sont pas des livres, mais des feuilles détachées et tombées presque au hasard* sur la route de ma vie.

Un Été dans l'Ouest

PHILIPPE LABRO

Selon *Lire*, une revue littéraire française, Philippe Labro (1937–) est actuellement l'un des stars du monde des livres. En tous cas, il se fait beaucoup parler de lui, avec toutes les fonctions qu'il exerce dans les médias: vice-président-

---

*au... *by chance*

directeur général des programmes de RTL (Radio-télévision luxembourgeoise), journaliste, cinéaste, romancier, et tous les honneurs que l'on lui a conférés: Légion d'honneur, L'Ordre national du mérite et, récemment, docteur honoris causa de Washington and Lee University dans l'état de Virginie, USA. Cette dernière reconnaissance lui vient à cause de son succès dans les médias européens, mais aussi parce que c'est là, dans cette université, qu'il a trouvé l'inspiration pour l'un de ses romans sur les Etats-Unis. *L'Etudiant étranger* (1986) parle de la vie d'un étudiant français à Washington and Lee et de tout ce qu'il apprend sur la vie dans le sud du pays. Mais après cette année-là, ce même jeune homme part dans le Colorado pour gagner de l'argent en travaillant pour le United States Forest Service, et *Un Été dans l'Ouest*, paru en 1988, nous présente ses aventures. A travers l'énergie et la poésie du roman, nous voyons le mythe de l'Ouest américain, évident dès les premières pages que nous avons ici.

Mise en route

Lorsqu'on visite un lieu pour la première fois, on est souvent étonné par ce qu'on voit. Pourtant, il n'est pas rare de se préparer pour un voyage en lisant des guides touristiques qui donnent au moins une idée de ce qu'il y a à voir et à faire. Voici la première page d'une petite brochure qui présente le Colorado. A l'intérieur, on parle du temps qu'il fait au Colorado, des villes modernes et des

villages pittoresques, des stations de ski et des parcs nationaux, pour ne mentionner que quelques attractions de cet état. Et votre état? De façon très simple, dessinez des images, ou découpez-les dans des magazines pour faire de la publicité pour votre état, votre ville ou votre région. Vous allez ensuite écrire un paragraphe où vous décrivez ce lieu à de futurs touristes français. Ensuite, preséntez votre publicité à un(e) partenaire.

Mots et expressions

aimable nice
la blague joke
causer to chat
les cuivres (*m.*) brass instruments
le dicton saying
(se) diriger to direct, to point oneself in a direction

(se) dissimuler to hide
entamer to begin
ordonné(e) organized, in order
remuer to move
le seuil threshold
le tambour drum

APPLICATIONS **A.** Trouvez l'équivalent de chaque expression.

1. bavarder
2. gentil(le)
3. commencer
4. les trompettes, les trombones, etc.

5. bouger
6. un proverbe
7. une plaisanterie

B. Ecrivez une définition simple (en français) des mots suivants.

1. se diriger
2. se dissimuler
3. le seuil

4. ordonné(e)
5. le tambour

Un Été dans l'Ouest

Dans l'Ouest, les gens parlaient peu; un sourire, un regard pesaient lourd.
On ne se racontait pas de blagues: *talk is cheap,* causer ne vaut pas cher—j'ai appris ce dicton là-bas. Je me suis demandé si quelque piège° ne se dissimulait pas derrière ce silence.   *trap*

5   Pour moi, l'Ouest, le vrai, avait commencé au-delà du Kansas, au-delà du grand plat, lorsque j'avais vu apparaître les premières pentes° annonçant les   *slopes*
Rocheuses après l'interminable traversée de La Prairie, un océan d'herbes jaunes

et vertes et parfois ocre. Le conducteur à mes côtés avait prononcé deux mots
brefs, empreints d'une certaine révérence:

10 　　—Les voilà.

J'ai frissonné. Les Rocheuses!... J'ai pensé aux pionniers, aux chasseurs de four-
rures, à ceux qu'on nommait les «coureurs de bois», qui avaient poursuivi le
soleil et les peaux de castor,° qui s'étaient soumis à l'appel de la forêt et s'étaient *peaux... beaver skins*
retrouvés un jour, deux ou trois siècles auparavant, face à cette imposante bar-
15 rière de montagnes auréolée° de brume bleue et rosâtre. Avaient-ils ressenti la *haloed*
même stupéfaction mêlée° au même bonheur? *mixed*

L'Ouest! J'étais dans l'Ouest! Gentil jeune homme élevé dans les murs gris
d'une ville européenne, puis passé à travers une année dans un collège du Sud
tout aussi ordonné, je me dirigeais maintenant vers un monde dont je ne connais-
20 sais ni la mesure, ni la limite. C'était peut-être cela, la vraie Amérique. Et celle
que j'avais connue jusqu'ici n'avait peut-être servi que d'aimable préface, trois
petites notes de musique de chambre avant que les cuivres n'éclatent, avec les
tambours.

Quand j'ai pris la route cet été-là, quand je me suis retrouvé seul face aux
25 cinq mille kilomètres qu'il faudrait franchir° en auto-stop pour atteindre mon *traverser*
rendez-vous dans les forêts de l'Ouest, j'ai su que j'étais au seuil d'une aventure
nouvelle. L'initiation que j'avais entamée lorsque j'avais quitté ma famille et mon
pays pour me retrouver dans un collège aux mœurs incompréhensibles, que
j'avais fini par maîtriser—cette étape de mon initiation arrivait à son terme. Une
30 autre s'amorçait.° Convaincu, comme je l'avais appris en lisant Thoreau, que la *commençait*
seule question qui vaille d'être posée était: «Comment vivre? Comment obtenir
le plus de vie possible?», je suis parti le cœur ouvert à la recherche de cette
vie-là—cette vie de plus qui m'obsédait et que je sentais remuer en moi comme
un grondement sourd° qui meuble,° la nuit, le silence de certaines zones in- *un... a low rumbling /*
35 dustrielles, dont on ne sait d'où il vient mais qui signifie qu'un haut fourneau,° *remplit*
quelque part, ne s'arrête pas de brûler. *furnace*

Lorsque je me souviens du Colorado, je revois le ciel, le vert, les arbres. Je
retrouve les odeurs, les poussées brusques de menthol, de mandarine, d'essences
des pins Ponderosa qui se mariaient curieusement, à certaines heures de la soirée,
40 et venaient m'enivrer. Je repense aux hommes, Bill et son visage barbu et impéné-
trable, Dick et son regard insensé de cascadeur,° Mack qui m'a tant appris. Je *stunt man*
revois aussi la fille, Amy, avec ses cheveux fous et parfumés, et j'entends sa voix
qui m'avait instantanément séduit. Mais je ne pense pas à tout cela nécessaire-
ment dans cet ordre. Parfois, cette voix, ces couleurs, ces parfums tournoient° en *tournent*
45 moi comme si cela n'était pas arrivé, comme si je l'avais rêvé. Il me suffit alors
de faire le point,° comme les cinéastes, de fixer en un lieu de ma mémoire la *de... de me concentrer*
silhouette des sapins, ou les yeux de la fille, et je sais que je l'ai vécu.

Rien ne vous prépare à l'Ouest. Rien ne m'avait précisément préparé au sud-
ouest du Colorado et, plus précisément encore, à cette première scène: le terrain

50 de rodéo vide, humide de rosée,° à cinq heures du matin à l'entrée du minuscule   *dew*
village de Norwood, où je tremble de froid, au milieu d'inconnus qui ne parlent
pas et qui écoutent un type perché° sur le toit d'un véhicule leur expliquer ce   debout
que va être leur travail. Et que ça va, véritablement, être du travail. ▧

AVEZ-VOUS COMPRIS?

1. Comment est-ce que le narrateur décrit les gens de l'Ouest? Que pense-t-il de leur comportement?
2. Quand le conducteur dit «Les voilà», de quoi parle-t-il?
3. A quoi est-ce que le narrateur pense en voyant les montagnes?
4. Qu'est-ce que nous apprenons sur la jeunesse de ce jeune homme? Sur l'année scolaire qu'il vient de terminer? Quelle est son «initiation»?
5. Où le narrateur a-t-il rendez-vous? Comment s'y rend-il?
6. Quel est l'auteur cité par le narrateur? Pourquoi le cite-t-il? Quelle est la citation? Comment la citation est-elle reliée à la vie de ce jeune homme?
7. De quoi est-ce que le narrateur se souvient quand il pense au Colorado? De qui? Pourquoi? Comment ces souvenirs se présentent-ils? En ordre chronologique? En désordre? Que fait le narrateur pour organiser ses souvenirs?
8. Décrivez en vos propres mots le rendez-vous, «la première scène», vécu par le narrateur lorsqu'il arrive à sa destination.

COMMENTAIRE DU TEXTE

1. Vous trouverez dans le texte quelques exemples de métaphores et de comparaisons. Encerclez-les, et expliquez leur fonctionnement dans l'extrait.
2. A quel public ce texte est-il destiné? Comment le savez-vous?
3. Quel est l'univers fictif (*setting*) présenté dans ce texte? Y joue-t-il un rôle important, ou est-ce que cette histoire aurait pu se passer à un autre endroit? Quelles sont les caractéristiques du lieu choisi par Labro qui le rendent approprié pour cette aventure?

DE LA LITTERATURE A LA VIE

1. Labro suggère que «la vraie Amérique», c'est l'Ouest. Qu'en pensez-vous? Pourquoi? Quelle est «la vraie Amérique» (ou quelles sont les vraies Amériques)?
2. Le narrateur indique qu'il avait eu des difficultés à comprendre la vie au collège «aux mœurs incompréhensibles». A votre avis, quelles seraient les choses les plus difficiles pour vous si vous passiez une année dans une université étrangère?
3. Pensez à un endroit que vous avez visité et qui vous a beaucoup impressionné(e). Décrivez ce lieu, et votre réaction.

Lexique

This vocabulary provides contextual meanings of French words used in this text. It does *not* include proper nouns, abbreviations, exact cognates, most near cognates, regular past participles used as adjectives if the infinitive is listed, or regular adverbs formed from adjectives listed. Adjectives are listed in the masculine singular form; feminine forms are included when irregular. Irregular past participles are listed, as well as third-person forms of irregular verbs in the ***passé simple***. Other verbs are listed in their infinitive forms only. An asterisk (*) indicates words beginning with an aspirate *h*.

Abbreviations

a.	archaic	*interj.*	interjection	*p.p.*	past participle
adj.	adjective	*interr.*	interrogative	*prep.*	preposition
adv.	adverb	*intrans.*	intransitive	*pron.*	pronoun
art.	article	*inv.*	invariable	*p.s.*	**passé simple**
conj.	conjunction	*irreg.*	irregular (verb)	*Q.*	Quebec usage
contr.	contraction	*lit.*	literary	*s.*	singular
exc.	exception	*m.*	masculine noun	*s.o.*	someone
f.	feminine noun	*n.*	noun	*s.th.*	something
fam.	familiar or colloquial	*neu.*	neuter	*subj.*	subjunctive
gram.	grammatical term	*pl.*	plural	*trans.*	transitive
indic.	indicative (mood)	*poss.*	possessive	*tr. fam.*	very colloquial, argot
inf.	infinitive				

A

à *prep.* to; at; in

abandonner to give up; to abandon; to desert; **s'abandonner (à)** to give oneself up (to)

abbaye *f.* abbey, monastery

abécédaire *m.* spelling book; alphabet book

s'abîmer to become damaged

abonné(e) *m., f.* subscriber; *adj.* subscribed

abord: d'abord *adv.* first (of all)

aborder to approach; to accost; to address

abri *m.* shelter; **à l'abri de** sheltered from

abriter to shelter

absorbé *adj.* absorbed

abstrait *adj.* abstract

abuser de to misuse, abuse

académie *f.* academy

accent *m.* accent; **prendre l'accent de** to take on, assume the accent of

accepter (de) to accept; to agree (to)

s'accommoder de to put up with (*s.th.*)

accompagner to accompany, go along with

accomplir to accomplish, fulfill, carry out

accord *m.* agreement; **être d'accord** to agree, be in agreement

accorder to grant, bestow, confer;

s'accorder to give, grant oneself

accroc *m.* rip, tear

accueil *m.* greeting, welcome

accueillir (*like* **cueillir**) *irreg.* to welcome; to greet

accueillirent *p.s. of* **accueillir**

accueillit *p.s. of* **accueillir**

accuser (de) to accuse (of)

s'acheminer (vers) to proceed, wend one's way (toward)

acheter (j'achète) to buy

acheteur (-euse) *m., f.* buyer, customer

achever (j'achève) to complete, finish (*a task*); **s'achever** to close, end

acquiescer (nous acquiesçons) to acquiesce, agree

acquis *adj.* acquired

actif (-ive) *adj.* active; working

actualité *f.* piece of news; present day; **actualités** *pl.* current events; news

actuellement *adv.* now, at the present time

adjectif *m., gram.* adjective

admettre (*like* **mettre**) *irreg.* to admit, accept

admiratif (-ive) *adj.* admiring

admirer to admire

admis *adj.* admitted, allowed; *p.p. of* **admettre**

adolescent(e) *m., f., adj.* adolescent, teenager

adopter to adopt; to embrace

adorer to love, adore

adresse *f.* address

s'adresser à to speak to; to appeal to

adulte *m., f.* adult; *adj.* adult

aérien(ne) *adj.* aerial; by air

s'affaiblir to weaken

affaire *f.* deal, bargain; business (matter); **affaires** *pl.* affairs; belongings; business; **avoir affaire à** to deal with; **être à son affaire** to be in one's element; **femme** (*f.*) **d'affaires** businesswoman; **homme** (*m.*) **d'affaires** businessman; **une bonne affaire** a bargain

affiche *f.* poster; billboard; **être à l'affiche** to be on the bill, showing (*film, theater*)

afficher to post; to stick up (*on a wall*)

s'affirmer to assert oneself

affluer to crowd into

affolé *adj.* panicked

affranchi *adj.* freed, liberated

affreusement *adv.* horribly, dreadfully

affronter to face, confront

afin de *prep.* to, in order to; **afin que** *conj.* so, so that

âge *m.* age; years; epoch; **quel âge avez-vous?** how old are you?

âgé *adj.* aged, old, elderly

agent *m.* agent; **agent de liaison** liaison officer; **agent de police** police officer

agir to act; **il s'agit de** it's a question, a matter of

agité *adj.* agitated; restless

agiter to shake, agitate

agréable *adj.* agreeable, pleasant, nice

agrégation *f.* agregation (*competitive exam for teaching posts in France*)

agricole *adj.* agricultural

agriculteur (-trice) *m., f.* farmer, grower

ah bon? ah oui? *interj.* really?

ahurir to bewilder, confuse

aide *f.* help, assistance; *m., f.* helper, assistant

aider to help

aigre *adj.* sour; bitter

aile *f.* wing; fin; **battement** (*m.*) **d'aile** flutter(ing) (of wings)

ailleurs *adv.* elsewhere; **d'ailleurs** *adv.* moreover; anyway

aimable *adj.* nice; likable, friendly

aimer to like; to love; **aimer mieux** to prefer

aîné(e) *m., f.* oldest (*sibling*)

ainsi *conj.* thus, so; such as; **ainsi que** *conj.* as well as; in the same way as

air *m.* air; look; tune; **au grand air** in the open, fresh air; **avoir l'air (de)** to seem, look (like)

aise *f.* ease, comfort; **à son aise** to be comfortable; to be well-off; **être à l'aise** to be at ease, relaxed; **être (se sentir) mal à l'aise** to be ill at ease, uncomfortable; **mettre à l'aise** to put at ease; **se mettre à l'aise** to make oneself at home; to relax

aisé *adj.* comfortable; well-off; easy, effortless

ajouter to add

alcool *m.* alcohol

alcoolisme *m.* alcoholism

aliment(s) *m.* food (items); nourishment

alimenter to feed; to supply

allégresse *f.* gladness, cheerfulness

allemand *m.* German (*language*), *adj.* German

aller *irreg.* to go; **aller** + *inf.* to be going (*to do s.th.*); **allez-vous-en!** go away!; **se laisser aller** to let oneself go; **s'en aller** to go off, leave

s'allonger (nous nous allongeons) to stretch out, lie down

allumer to light (*a fire*); to turn on (*lights*)

alors *adv.* so; then, in that case; **alors que** *conj.* while, whereas

alpiniste *m., f.* mountaineer; *adj.* mountain-climbing

amabilité *f.* friendliness; kindness

amant(e) *m., f.* lover

amas *m.* mass; heap, pile

ambassadeur (-drice) *m., f.* ambassador

ambiance *f.* atmosphere, surroundings

ambitieux (-ieuse) *adj.* ambitious

âme *f.* soul; spirit

amener (j'amène) to bring (*a person*); to take

amer (amère) *adj.* bitter

amertume *f.* bitterness

ami(e) *m., f.* friend; **faux ami** *m.* false friend; false cognate; **petit(e) ami(e)** *m., f.* boyfriend, girlfriend

amitié *f.* friendship

amorcer (nous amorçons) to start, initiate

amour *m.* love

amoureux (-euse) *adj.* loving, in love; *m., f.* lover, sweetheart, person in love

ampleur *f.* breadth, volume; **prendre de l'ampleur** to expand, broaden

amusant *adj.* funny; amusing, fun

amuser to entertain, amuse; **s'amuser (à)** to have fun, have a good time (*doing s.th.*)

an *m.* year; **avoir... ans** to be
. . . years old; **l'an dernier
(passé)** last year; **par an** per
year, each year

analyser to analyze

analytique *adj.* analytical

ancêtre *m., f.* ancestor

ancien(ne) *adj.* old, antique; former;
ancient

ange *m.* angel

angélus *m.* Angelus bell

anglophone *adj.* English-speaking

animer to animate; to motivate

année *f.* year; **l'année dernière
(passée)** last year; **l'année
scolaire** the academic, school
year; **les années (cinquante,
soixante)** the decade (era) of
the (fifties, sixties)

anniversaire *m.* anniversary;
birthday

annonce *f.* announcement; ad

annoncer (nous annonçons) to
announce, declare

antidépresseur *m.* antidepressant

août August

apaiser to calm, soothe

apercevoir (*like* **recevoir**) *irreg.* to
see, perceive; **s'apercevoir (de,
que)** to notice, become aware
(of, that)

aperçu *adj.* noticed; *p.p. of*
apercevoir

aperçurent *p.s. of* **apercevoir**

aperçut *p.s. of* **apercevoir**

apéritif *m.* before-dinner drink,
aperitif

aplatir to flatten

apologue *m.* apologue, fable

apothicaire *m., a.* apothecary,
pharmacist

apparaître (*like* **connaître**) *irreg.* to
appear

apparence *f.* appearance

appartement *m.* apartment

appartenir (*like* **tenir**) **(à)** *irreg.* to
belong (to)

appartenu *p.p. of* **appartenir**

appartinrent *p.s. of* **appartenir**

appartint *p.s. of* **appartenir**

apparu *adj.* appeared; *p.p. of*
apparaître

apparurent *p.s. of* **apparaître**

apparut *p.s. of* **apparaître**

appel *m.* call; **faire appel à** to call
on, appeal to

appeler (j'appelle) to call; to name;
s'appeler to be named, called

appétissant *adj.* appetizing

application *f.* industriousness

appliquer to apply; **s'appliquer à** to
apply oneself to, work hard at;
to be applied to

apporter to bring, carry; to furnish

apprécier to appreciate; to value

apprendre (*like* **prendre**) *irreg.* to
learn; to teach; **apprendre à** to
learn (how) to

s'apprêter à to get ready, prepare
oneself to

apprirent *p.s. of* **apprendre**

appris *adj.* learned; *p.p. of*
apprendre

apprit *p.s. of* **apprendre**

approche *f.* advance, approach

approcher to approach; **s'approcher
de** to approach, draw near

approprié *adj.* appropriate, proper,
suitable

approuver to approve

approximatif (-ive) *adj.*
approximate

appuyer (j'appuie) to push, lean
against; to press; to support;
s'appuyer (sur) to lean (on)

après *prep.* after; afterward; **après
avoir (être)...** after having . . . ;
d'après *prep.* according to

après-midi *m.* (*or f.*) afternoon

âpreté *f.* harshness, roughness

apte (à) *adj.* fit, apt, suited (to)

araignée *f.* spider; **toile** (*f.*)
d'araignée spider web

arbitre *m.* referee; umpire

arborer to wear, sport

arbre *m.* tree

arceau *m.* arch (*of vault*)

archange *m.* archangel

ardeur *f.* ardor, zeal

argent *m.* money; silver; **argent de**

poche allowance, pocket money

armé (de) *adj.* armed (with)

armoire *f.* wardrobe; closet

armure *m.* (*suit of*) armor

arracher to pull, tear (off, out)

s'arranger (nous nous arrangeons)
to manage, contrive; to settle

arrêt *m.* stop; stoppage; **sans arrêt(s)**
unceasingly; nonstop

arrêter (de) to stop; to arrest;
s'arrêter (de) to stop (oneself)

arrivée *f.* arrival

arriver to arrive, come; to happen;
arriver à to manage to, succeed
in

arrondir to round off, out

art *m.* art; **exposition** (*f.*) **d'art** art
exhibit; **galerie** (*f.*) **d'art** art
gallery; **œuvre** (*f.*) **d'art** work
of art

arthrite *f.* arthritis

artichaut *m.* artichoke

artifice *m.* artifice, scheme, strategy;
feu (*m. s.*) **d'artifice** fireworks

ascendants *m. pl.* ancestors; ancestry

assaisonnement *m.* seasoning

assassiner to murder, assassinate

asseoir (*p.p.* **assis**) *irreg.* to seat;
s'asseoir to sit down

assez *adv.* somewhat; rather, quite;
assez de *adv.* enough; **en avoir
assez** *fam.* to be fed up

assiette *f.* plate; bowl

assimiler to assimilate

s'assirent *p.s. of* **s'asseoir**

assis *adj.* seated; *p.p. of* **s'asseoir**;
être assis(e) to be sitting down,
be seated

assister to help, assist; **assister à** to
attend, go to (*concert, etc.*)

s'assit *p.s. of* **s'asseoir**

associer to associate; **s'associer avec**
to be associated with

assorti *adj.* matching; assorted

assumer to assume; to take on

assurance *f.* assurance; insurance;
assurance maladie health
insurance

assurer to insure; to assure

assureur *m.* insurer

atelier *m.* workshop; (art) studio

athéisme *m.* atheism

attacher to attach; to link

attaque *f.* attack; **ligne** (*f.*) **d'attaque** line of attack

attaquer to attack; **s'attaquer à** to criticize; to tackle

atteignirent *p.s. of* **atteindre**

atteignit *p.s. of* **atteindre**

atteindre (*like* **craindre**) *irreg.* to attain, reach; to affect

atteint *adj.* striken; affected; *p.p. of* **atteindre**

attendre to wait for

s'attendrir to be softened; to be moved (*to tears*)

attente *f.* waiting; expectation

attentif (-ive) *adj.* attentive

attention *f.* attention; **faire attention à** to pay attention to, watch out for

atterré *adj.* crushed, stupefied

attester to attest, certify

attirail *m.* pomp, show

attirer to attract; to draw

attraper to catch

attribuer to attribute; to grant, give

au(x) *contr.* **à** + **le(s)**

aube *f.* dawn

auberge *f.* inn; hotel

aubergine *f.* eggplant

aucun(e) (**ne... aucun[e]**) *adj., pron.* none; no one, not one, not any; anyone; any

aujourd'hui *adv.* today; nowadays

auparavant *adv.* previously

auprès de *prep.* close to; with; for

auquel *See* **lequel**

auréolé *adj.* haloed, with a halo

aussi *adv.* also; so; as; consequently; **aussi bien que** as well as; **aussi... que** as . . . as

aussitôt *conj.* immediately, at once; right then

autant *adv.* as much, so much; as many, so many; just as soon; **autant (de)... que** as many (much) . . . as

auteur *m.* author

autobus (*fam.* **bus**) *m.* bus

automate *m.* automaton

automne *m.* autumn, fall

autorité *f.* authority

autoroute *f.* highway, freeway

auto-stop *m.* hitchhiking; **faire de l'auto-stop** to hitchhike

autour de *prep.* around

autre *adj., pron.* other; another; *m., f.* (the) other; **autres** *pl.* others, the rest; **autre part** somewhere else; **de l'autre côté** on the other side

autrefois *adv.* formerly, in the past

autrement *adv.* otherwise

autrui *pron.* others, other people

aux *contr.* **à** + **les**

auxquel(le)s *See* **lequel**

avaler to swallow

avancer (**nous avançons**) to advance; **s'avancer vers** to approach, come upon

avant *adv.* before (*in time*); *prep.* before, in advance of; *m.* front; **avant de** (*prep.*) + *inf.* before; **avant que** (*conj.*) + *subj.* before

avare *adj.* miserly, stingy; *m., f.* miser

avec *prep.* with

avenir *m.* future

aventureux (-euse) *adj.* adventurous

aventurier (-ière) *m., f.* adventurer

averti *adj.* forewarned; experienced

aveuglément *adv.* blindly; recklessly

avion *m.* airplane

aviron *m.* oar, paddle

avis *m.* opinion; **à mon (ton, votre) avis** in my (your) opinion

s'aviser (que) to notice

s'aviver to liven up, revive

avoine *m.* oat(s)

avoir (*p.p.* **eu**) *irreg.* to have; **avoir à** to have to, be obliged to; **avoir affaire à** to deal with; **avoir... ans** to be . . . years old; **avoir beau** + *inf.* to do (*s.th.*) in vain; **avoir besoin de** to need; **avoir confiance en** to have confidence in; **avoir de la chance** to be lucky; **avoir de la veine** *fam.* to be lucky; **avoir**

droit à to have a right to, be entitled to; **avoir du mal à** to have trouble, difficulty (*doing s.th.*); **avoir envie de** to feel like; to want to; **avoir faim** to be hungry; **avoir froid** to be, feel cold; **avoir hâte (de)** to be in a hurry, be eager (to); **avoir honte (de)** to be ashamed (of); **avoir l'air (de)** to look (like); **avoir le droit de** to have the right to; **avoir le nez partout** to be very curious; **avoir le sens de l'humour** to have a sense of humor; **avoir le temps (de)** to have the time (to); **avoir l'habitude (de)** to have the custom, habit (of); **avoir lieu** to take place; **avoir mal (à)** to have a pain, ache (in the); to hurt; **avoir peur (de)** to be afraid (of); **avoir pitié de** to have pity on; **avoir raison** to be right; **avoir recours à** to have recourse to; **avoir rendez-vous** to have a date, an appointment; **avoir soin de** to take care of; **avoir tort** to be wrong; **en avoir assez** *fam.* to be fed up with, sick of; **il y a** there is, there are; ago

avouer to confess, admit

B

baccalauréat (*fam.* **bac**) *m.* baccalaureate (*French secondary school degree*)

bachot *m., fam. See* **baccalauréat**

badaud(e) *m., f.* idler, rubberneck

bagages *m. pl.* luggage

bagarre *f., fam.* fight

bagout *m., fam.* glibness, eloquence

bague *f.* ring (*jewelry*)

baie *f.* bay

baigner to bathe

bain *m.* bath; swim; **prendre un bain** to take a bath; **salle** (*f.*) **de bains** bathroom

baiser *m.* kiss

baisser to lower; to go down in value; **se baisser** to bend down, crouch down

balbutier to stammer, mumble

balcon *m.* balcony

balle *f.* (*small*) ball; tennis ball; bullet

ballon *m.* (*soccer, basket*) ball; balloon

banc *m.* bench

bande *f.* group; gang

banque *f.* bank

banquette *f.* seat, bench

baptiser to baptize; to name

barbare *adj.* barbaric, barbarous; *m., f.* barbarian

barbe *f.* beard

barbu *adj.* bearded

barque *f.* boat, fishing boat

barrer to cross, stripe

barrière *f.* barrier; fence; gate

bas *m.* lower part, bottom (edge); *m. pl.* stockings; **bas(se)** *adj.* low; bottom; *adv.* low, softly; **à voix basse** in a low voice; **en bas de** at the foot of; **là-bas** *adv.* over there; **parler bas** to speak softly; **table** (*f.*) **basse** coffee table

base *f.* base; basis; **à la base de** at the source of

basé (sur) *adj.* based (on)

bataille *f.* battle

bateau *m.* boat

batelier (-ière) *m., f.* boatman, boatwoman

batifoler *fam.* to frolic, fool around

bâtiment *m.* building

bâtir to build

bâtisseur (-euse) *m., f.* builder

bâton *m.* stick; pole

battement *m.* beat, beating; **battement d'aile** flutter(ing) (of wings)

battirent *p.s. of* **battre**

battit *p.s. of* **battre**

battre (*p.p.* **battu**) *irreg.* to beat; **se battre** to fight

battu *adj.* beaten; *p.p. of* **battre**

bavard *adj.* talkative

bavarder to chat; to talk

beau (bel, belle, beaux, belles) *adj.* handsome; beautiful; **avoir beau** + *inf.* to do (*s.th.*) in vain; **il fait beau** it is good weather

beaucoup (de) *adv.* very much, a lot; much, many

beau-père *m.* father-in-law; stepfather

beaux-arts *m. pl.* fine arts

bec *m.* beak; spout

bégaiement *m.* stammering, stuttering

belle-fille *f.* stepdaughter; daughter-in-law

belle-mère *f.* mother-in-law; stepmother

berlue: avoir la berlue *fam.* to hallucinate, see things wrong

besoin *m.* need; **avoir besoin de** to need; **en un besoin** *fam.* if necessary; **si besoin est** if necessary, if need be

bêta *m., tr. fam.* silly, stupid person

bête *adj.* silly; stupid

bêtise *f.* foolishness; foolish thing

beurre *m.* butter

biais *m.* slant, bias; **de biais** indirectly, sideways

bibliothèque *f.* library

bien *m.* good; **biens** *pl.* goods, belongings; *adv.* well, good; quite; much; comfortable; **aller bien** to suit, fit; **aussi bien que** as well as; **bien des** many; **bien que** (*conj.*) + *subj.* although; **bien sûr** *interj.* of course; **eh bien** *interj.* well!; **se porter bien** to be fine, be well; **si bien que** so that; and so; **tant et si bien que** so much so that

bienfaisant *adj.* beneficial, salutory

bientôt *adv.* soon

bière *f.* beer

bijou (*pl.* **bijoux**) *m.* jewel; piece of jewelry

bijoutier (-ière) *m., f.* jeweler

bile *f.* bile, gall; **échauffer la bile à** to anger, annoy

billet *m.* bill (*currency*); ticket

bimbeloterie *f. s.* knick-knacks, toys

biplan *m.* biplane

blague *f.* joke

blanc *m.* blank; **blanc(he)** *adj.* white

blanchi *adj.* bleached, whitened; **blanchi à la chaux** whitewashed

blé *m.* wheat; grain

blessé *adj.* wounded, injured

bleu *m.* bruise, contusion; *adj.* blue; **bleu marine** navy blue

blond(e) *m., f., adj.* blond

blouse *f.* smock; overalls

bobine *f.* reel

bœuf *m.* beef; ox

boire (*p.p.* **bu**) *irreg.* to drink

bois *m.* wood; forest, woods; **coureur** (*m.*) **des bois** *Q.* trapper, scout, tracker

boîte *f.* box; can; nightclub; *fam.* workplace

boiteux (-euse) *adj.* lame

bon(ne) *adj.* good; right, correct; **à la bonne heure** *fam.* good for you! that's great!; **de bon cœur** willingly, gladly; **de bonne heure** early; **une bonne affaire** a bargain

bonbon *m.* (*piece of*) candy

bond *m.* jump, leap

bonheur *m.* happiness

bonhomme *m.* (little) fellow

bonjour *interj.* hello, good day

bonté *f.* goodness, kindness

bord *m.* board; edge; bank, shore; **au bord de** on the edge of; on the banks (shore) of; **sur ces bords** in this neighborhood, region

bordé de *adj.* bordered by

bottine *f.* ankle boot

bouche *f.* mouth

bouchée *f.* mouthful

boucher (-ère) *m., f.* butcher

bouchon *m.* plug; stopper; cork

boucle *f.* curl; **boucle d'oreille** earring

bouder to pout

boue *f.* mud

bouffée *f.* puff, whiff

bouger (nous bougeons) to move

boule *f.* ball; lump

boulette *f.* meatball

bouleverser to overwhelm; to upset

boulot *m. fam.* job; work; **métro-boulot-dodo** *fam.* the daily grind, the rat race

bourgeois *adj.* middle-class, bourgeois

bourgeoisie *f.* middle class, bourgeoisie; **haute bourgeoisie* upper middle class; **petite bourgeoisie** lower middle class

bourreau *m.* executioner

bourse *f.* scholarship; grant

bout *m.* end; bit; morsel; **à bout de ressources** at the end of one's means; **au bout (de)** at the end (of); **savoir par quel bout commencer** to know how to begin (*s.th.*)

bouteille *f.* bottle

boutique *f.* shop, store; boutique

boutiquier (-ière) *m., f.* shopkeeper

bouton *m.* button

boyau (*pl.* **boyaux**) *m.* pipe; gut

branche *f.* branch; sector

bras *m.* arm; **en bras de chemise** in shirtsleeves

brasier *m.* fire of live coals

brave *adj.* brave; good, worthy

bref (brève) *adj.* short, brief

briller to shine, gleam

briser to break; to smash, crush

brodé *adj.* embroidered

brouiller to blur, muddle

bruit *m.* noise

brûlant *adj.* burning; urgent

brûler to burn (up)

brume *f.* mist, fog

brumeux (-euse) *adj.* foggy, misty

brun(e) *m., f.* dark-haired person, brunette; *adj.* brown

brusque *adj.* abrupt; blunt (*speech*); sudden

brutal *adj.* rough, ill-mannered

brute *f.* brute (*m. or f.*)

bu *p.p. of* **boire**

buée *f.* vapor, steam

bureau *m.* desk; office

burent *p.s. of* **boire**

but *p.s. of* **boire**

but *m.* goal; objective; **sans but** aimlessly

se buter (contre) to stumble, knock (against)

C

ça *pron. neu.* this, that; it; **(comment) ça va?** how's it going?

cabaret *m.* nightclub

cacher to hide; **se cacher (de)** to conceal one's feelings (from)

cachot *m.* dungeon

cadavre *m.* cadaver, corpse

cadeau *m.* present, gift; **faire (offrir) un cadeau à** to give a present to

cadence *f.* cadence, rhythm

cadencé *adj.* rhythmic

cadre *m.* frame; setting

café *m.* café; (cup of) coffee

caféiné *adj.* caffeinated

caillou *m.* pebble, stone

caissier (-ière) *m., f.* cashier

calebasse *f.* calabash, gourd

calme *m., adj.* calm

calmer to calm (down); **se calmer** to quiet down

calotte *f.* skullcap

camarade *m., f.* friend, companion; **camarade de classe** classmate, schoolmate

camée *m.* cameo

campagnard *adj.* rural, country

campagne *f.* country(side); **à la campagne** in the country

canaille *f.* rabble, riffraff

canapé *m.* sofa, couch

canard *m.* duck

candeur *f.* candor, artlessness

canot *m.* rowboat

canotier *m.* rower, oarsman

cantatrice *f.* singer

caoutchouc *m.* rubber

capable *adj.* capable, able; **être capable de** to be capable of

capacité *f.* ability; capacity

capiteux (-euse) *adj.* heady; sensuous

capituler to capitulate

caquet *m.* cackle, gossip

car *conj.* for, because

caractère *m.* character

caractériser to characterize

caractéristique *f.* characteristic, trait

carotte *f.* carrot

carrément *adv.* squarely, in a straightforward manner

carrière *f.* career; **faire carrière** to make one's career

carrosse *m., a.* coach, carriage

carte *f.* card; menu; map (*of region, country*); **carte postale** postcard

cas *m.* case; **en cas de** in case of, in the event of; **en tout (tous) cas** in any case

cascadeur (-euse) *m., f.* adventurer; stuntman, stuntwoman

case *f.* (*rural*) hut; locker

casser to break

casserole *f.* saucepan

cauchemar *m.* nightmare

cause *f.* cause; **à cause de** because of

causer to chat, converse

cauteleux (-euse) *adj.* cunning, sly; wary

caverne *f.* cave, cavern

ce (c') *pron. neu.* it, this, that

ce (cet, cette, ces) *adj.* this, that

ceci *pron.* this, that

céder (je cède) to give in; to give up; to give away

ceinture *f.* belt

cela (ça) *pron. neu.* this, that

célèbre *adj.* famous

célébré *adj.* celebrated

celle(s) *pron., f. See* **celui**

celui (ceux, celle, celles) *pron.* the one(s); this (that) one; these; those

cent *adj.* one hundred

centre *m.* center; **centre-ville** *m.* downtown

cependant *adv.* in the meantime; meanwhile; *conj.* yet, still, however, nevertheless

cercle *m.* circle

cérémonie *f.* ceremony

certain *adj.* sure; particular; certain; **certain(e)s** *pron., pl.* certain ones, some people

certes *interj.* yes, indeed

certitude *f.* certainty

ces *adj., m., f. pl. See* **ce**

cesse *f.* ceasing; **sans cesse** unceasingly

cesser (de) to stop, cease

cet *adj., m. s. See* **ce**

cette *adj., f. s. See* **ce**

ceux *pron., m. pl. See* **celui**

chacun(e) *pron.* each, everyone; each (one)

chaîne *f.* television channel; network; chain; range (*mountain*); **à la chaîne** on the assembly line

chair *f.* flesh; meat; **chair à saucisse** sausage meat; **en avoir la chair de poule** to have goose bumps

chaire *f.* pulpit; throne

chaise *f.* chair

chaleur *f.* heat; warmth

chambre *f.* (bed)room; hotel room; **musique** (*f.*) **de chambre** chamber music; **robe** (*f.*) **de chambre** bathrobe

champ *m.* field

champion(ne) *m., f.* champion

championnat *m.* tournament; championship

chance *f.* luck; possibility; opportunity; **avoir de la chance** to be lucky

chandail *m.* sweater

changement *m.* change, alteration

changer (nous changeons) to change; to exchange (*currency*); **changer de nom** to change one's name; **(se) changer en** to change into

chantant *adj.* melodious, tuneful

chanter to sing

chanteur (-euse) *m., f.* singer

chapeau *m.* hat

chapitre *m.* chapter; subject, topic

chaque *adj.* each, every

charge *f.* responsibility; load; fee

chargé (de) *adj.* heavy, loaded, busy (with)

se charger de to take on (responsibility for)

charmant *adj.* charming

charmer to charm, please

charpente *f.* framing, framework

charrette *f.* cart

chasse *f.* hunting; **partir (aller) à la chasse** to go hunting

chasser to hunt; to chase away, out

chasseur (-euse) *m., f.* hunter

chat(te) *m., f.* cat

château *m.* castle, chateau

chaud *adj.* warm; hot

chaume *m.* thatch; straw

chaumière *f.* thatched cottage

chaussure *f.* shoe; **chaussures à talons** high-heeled shoes

chauve *adj.* bald, bald-headed

chaux *f.* limestone; whitewash; **blanchi(e) à la chaux** whitewashed

chef *m.* leader; head; chef, head cook; **chef d'équipe** group leader

chef-d'œuvre (*pl.* **chefs-d'œuvre**) *m.* masterpiece

chemin *m.* way; road; path; **chemin de fer** railroad

cheminée *f.* fireplace; hearth; chimney

chemise *f.* shirt; **en bras de chemise** in shirtsleeves

cher (chère) *adj.* expensive; dear

chercher to look for; to pick up; **aller chercher** to (go) pick up, get; **chercher à** to try to; **chercher querelle à** to try to pick a quarrel with

chéri(e) *m., f., adj.* dear, darling

cheval *m.* horse

cheveu (*pl.* **cheveux**) *m.* hair

cheville *f.* ankle

chez *prep.* at the home (establishment) of; **chez soi** at (one's own) home

chicanier (-ière) *adj.* quibbling, haggling

chiche *adj.* scanty, poor

chien(ne) *m., f.* dog

Chine: encre (*f.*) **de Chine** India ink

choc *m.* shock

chocolat *m.* chocolate; hot chocolate

choir: se laisser choir to drop, flop, sink

choisir (de) to choose (to)

choix *m.* choice

chômage *m.* unemployment

chômeur (-euse) *m., f.* unemployed person

choquer to shock; to strike, knock

chose *f.* thing; **autre chose** something else; **quelque chose** something

chou (*pl.* **choux**) *m.* cabbage

chouette *adj. inv. fam.* cute; super, neat

chronique *f.* chronicle; news

chuchoter to whisper

chute *f.* fall; descent; waterfall

ci: comme ci, comme ça so-so

ci-dessous *adv.* below

ci-dessus *adv.* above, previously

cidre *m.* (apple) cider

ciel *m.* sky, heaven

cinéaste *m., f.* filmmaker

ciné-club *m.* film club

cinéma (*fam.* **ciné**) *m.* movies, cinema; movie theater; **salle** (*f.*) **de cinéma** movie theater; **vedette** (*f.*) **de cinéma** movie star

cinématographique *adj.* cinematographic, (*referring to*) film

cinquième *adj.* fifth

circonstance *f.* circumstance; occurrence

circulaire *adj.* circular

circuler to circulate; to travel

ciselé *adj.* chiseled; cut

citation *f.* quotation

citer to cite, quote; to list

citoyen(ne) *m., f.* citizen

civil *adj.* civil; civilian, non-military; **guerre** (*f.*) **civile** civil war

civiliser to civilize

civilité *f.* civility, politeness

clair *adj.* light, bright; light-colored; clear; evident

clarté *f.* light; brightness

classe *f.* class; classroom; **camarade** (*m., f.*) **de classe** classmate; **faire la (une) classe** to teach the (a) class; **première (deuxième) classe** first (second) class; **salle** (*f.*) **de classe** classroom

clé *f.* key; **mot-clé** *m.* key word

client(e) *m., f.* customer, client

clocheton *m.* bell-turret; pinnacle

cloison *f.* partition; dividing wall

clos *adj.* enclosed, closed

clouer to nail

club *m.* club (*social, athletic*); disco; **ciné-club** *m.* film club

cocher to check off (*list*)

cochon *m.* pig; **pâté** (*m.*) **de cochon** pork pâté

cœur *m.* heart; **au cœur de** at the heart, center of; **cela me soulève le cœur** that makes me sick, nauseated; **crève-cœur** *m.* heart-breaking disappointment; **de bon cœur** *adv.* willingly, gladly; **de cœur** *adj.* great-hearted, big-hearted; **savoir (apprendre) par cœur** to know (learn) by heart

coffre *m.* chest; trunk

coin *m.* corner; patch, nook

col *m.* collar; **col de lapin** rabbit (fur) collar

colère *f.* anger; **mettre en colère** to anger (*s.o.*); **se mettre en colère** to get angry

collation *f.* light meal, snack

colle *f.* glue

collège *m.* junior high; vocational school (*in France*)

collègue *m., f.* colleague

colline *f.* hill

colon *m.* colonist

coloniser to colonize

colonne *f.* column

colza *m.* colza, rapeseed

combattirent *p.s. of* **combattre**

combattit *p.s. of* **combattre**

combattre (*like* **battre**) *irreg.* to fight

combattu *p.p. of* **combattre**

combien (de) *adv.* how much; how many

comédie *f.* comedy; theater

comité *m.* committee

commandement *m.* leadership; command; commandment

commander to order; to give orders

comme *adv.* as, like, how; since; **comme ci, comme ça** so-so

commencer (nous commençons) (à) to begin (to); to start; **savoir par quel bout commencer** to know how to begin (*s.th.*)

comment *adv.* how; **comment?** what? how?

commentaire *m.* commentary, remark

commenter to comment (on)

commerçant(e) *m., f.* shopkeeper, storeowner

commerce *m.* business; shop

commis *m.* clerk; store clerk

commode *adj.* convenient; comfortable

commun *adj.* ordinary, common; shared; usual; popular; **en commun** in common; **transports** (*m. pl.*) **en commun** public transportation

communiquer to communicate

compagnie *f.* company; **en compagnie de** in the company of

compagnon (compagne) *m., f.* companion

comparer to compare

compétiteur (-trice) *m., f.* competitor, rival

complaisant *adj.* obliging

complet (complète) *adj.* complete; whole; filled

complètement *adv.* completely

compléter (je complète) to complete, finish

comportement *m.* behavior

comporter to include; **se comporter** to behave; to conduct oneself

composé *adj.* composed; **passé** (*m.*) **composé** past tense

compréhensif (-ive) *adj.* understanding

comprendre (*like* **prendre**) *irreg.* to understand; to comprise, include

comprirent *p.s. of* **comprendre**

compris *adj.* included; *p.p. of* **comprendre**; **y compris** *prep.* including

comprit *p.s. of* **comprendre**

compromettre (*like* **mettre**) *irreg.* to compromise

compromirent *p.s. of* **compromettre**

compromis *m.* compromise; *p.p. of* **compromettre**; **passer un compromis** to make a compromise

compromit *p.s. of* **compromettre**

compte *m.* account; **à votre (son) compte** about you (him/her); **pour son propre compte** for his/her own part; **se rendre compte de/que** to realize (that)

compter (sur) to plan (on), intend; to count; to include

compte-rendu *m.* report, summary, account

comptoir *m.* counter; bar (*in café*)

comte (comtesse) *m., f.* count, countess

concentrer to concentrate; **se concentrer (sur)** to concentrate (on)

conception *f.* idea, notion

concerner to concern; to interest; **en ce qui concerne** with regard to, concerning

concession *f.* land, homestead; concession

concevoir (*like* **recevoir**) *irreg.* to conceive (*an idea*)

conclave *m.* conclave; (*private*) meeting

conclu *p.p. of* **conclure**

conclure (*p.p.* **conclu**) *irreg.* to conclude

conclurent *p.s. of* **conclure**

conclut *p.s. of* **conclure**

concours *m.* competition; competitive exam

conçu *adj.* conceived, designed; *p.p. of* **concevoir**

conçurent *p.s. of* **concevoir**

conçut *p.s. of* **concevoir**

condamné *adj.* convicted

condescendance *f.* condescension

condition *f.* condition; situation; social class

conducteur (-trice) *m., f.* driver

conduire (*p.p.* **conduit**) *irreg.* to drive; to take; to conduct; **permis** (*m.*) **de conduire** driver's license

conduisirent *p.s. of* **conduire**

conduisit *p.s. of* **conduire**

conduit *p.p. of* **conduire**

conférer (**je confère**) to confer (upon)

confiance *f.* confidence; **avoir confiance en** to have confidence in; to trust

confiner to border upon; to confine

confins *m. pl.* confines, borders

confire (*p.p.* **confit**) to preserve (*fruit, etc.*)

confirmatif (-ive) *adj.* confirmative, corroborative

confirmer to strengthen; to confirm

confiscable *adj.* subject to confiscation

confiserie *f.* candy shop; (institutional) candy maker

confiseur (-euse) *m., f.* confectioner, candy maker

confisquer to confiscate

confit *m.* conserve; *adj.* crystallized; preserved (*foods*); *p.p. of* **confire**

confiture *f.* jam, preserves

conflagration *f.* conflagration, blaze

conflit *m.* conflict

confondre to confuse; **se confondre** to mingle

conformer to conform; **se conformer à** to conform to, comply with

confort *m.* comfort; amenities

se confronter to confront (one another)

confus *adj.* confused; troubled

confusément *adv.* confusedly

congé *m.* leave (*from work*), vacation; **prendre congé (de)** to take one's leave (of)

conjuguer to conjugate

connaissance *f.* knowledge; acquaintance; consciousness; **faire connaissance** to get acquainted; **perdre connaissance** to faint

connaisseur (-euse) *m., f.* expert; connoisseur

connaître (*p.p.* **connu**) *irreg.* to know; to be familiar with; **s'y connaître en** to know all about; to know one's way around

connu *adj.* known; famous; *p.p. of* **connaître**

connurent *p.s. of* **connaître**

connut *p.s. of* **connaître**

consacrer to consecrate; to devote; **se consacrer à** to devote oneself to

consciemment *adv.* consciously

conscience *f.* conscience; consciousness; **prise** (*f.*) **de conscience** awareness, becoming aware

conscient (de) *adj.* conscious (of)

conseil *m.* (piece of) advice; council; **demander conseil à** to ask advice of; **donner (suivre) des conseils** to give (follow) advice

conseiller (de) to advise (to)

consenti *p.p. of* **consentir**

consentir (*like* **dormir**) *irreg.* to agree

consentirent *p.s. of* **consentir**

consentit *p.s. of* **consentir**

conséquent: par conséquent *conj.* therefore, accordingly

conservateur (-trice) *m., f., adj.* conservative

conservation *f.* conserving; preservation

conserver to conserve, preserve

considérer (**je considère**) to consider

consoler to console

constamment *adv.* constantly

constatation *f.* observation; verification, proof

consterné *adj.* dismayed, alarmed

constituer to constitute

construire (*like* **conduire**) *irreg.* to construct, build

construisirent *p.s. of* **construire**

construisit *p.s. of* **construire**

construit *adj.* constructed, built; *p.p. of* **construire**

consultation *f.* consulting; consultation; doctor's visit

consulter to consult

contact *m.* contact; **entrer en contact avec** to come into contact with

conte *m.* tale, story; **conte de fée(s)** fairy tale

contempler to contemplate, meditate upon

contemporain(e) *m., f., adj.* contemporary

contenir (*like* **tenir**) *irreg.* to contain

content *adj.* happy, pleased; **être content(e) de** + *inf.* to be happy about; **être content(e) que** + *subj.* to be happy that

contentement *m.* contentment, satisfaction

contenu *m.* contents; *adj.* contained, included; *p.p. of* **contenir**

conteur (-euse) *m., f.* storyteller

continrent *p.p. of* **contenir**

contint *p.p. of* **contenir**

continuer (à, de) to continue

contraction *f.* contraction; shrinking

contradictoire *adj.* contradictory

contraignirent *p.s. of* **contraindre**

contraignit *p.s. of* **contraindre**

contraindre (*like* **craindre**) **à** to constrain to, force to

contraint *p.p. of* **contraindre**

contrainte *f.* constraint

contraire *m.* opposite; *adj.* opposite; **au contraire de** contrary to, opposed to

contrariété *f.* vexation, annoyance

contrat *m.* contract

contre *prep.* against; contrasted with; **par contre** on the other hand

contrit *adj.* contrite, penitent

contrôle *m.* control, overseeing

contrôler to inspect, monitor; to control

convaincre (*like* **vaincre**) **(de)** *irreg.* to convince (*s.o. to do s.th.*)

convaincu *adj.* sincere, earnest; convinced; *p.p. of* **convaincre**

convainquirent *p.s. of* **convaincre**

convainquit *p.s. of* **convaincre**

convenir (*like* **venir**) *irreg.* to fit; to be suitable; **il est convenu que** it's agreed that

convenu *adj.* agreed (*upon*), stipulated; *p.p. of* **convenir**

convinrent *p.p. of* **convenir**

convint *p.s. of* **convenir**

convulsif (-ive) *adj.* convulsive

copain (copine) *m., f., fam.* friend, pal

copeaux *m. pl.* wood chips, shavings

copie *f.* copy; imitation

copier to copy

coq *m.* rooster; **coq au vin** chicken prepared with red wine

corbeau *m.* crow

corne *f.* horn (*animal*)

corniche *f.* cornice; ledge

cornichon *m.* pickle

corps *m.* body

correspondance *f.* correspondence; connection, change (*of trains*)

correspondant(e) *m., f.* correspondent; pen pal; *adj.* corresponding

correspondre to correspond

corriger (nous corrigeons) to correct

corvée *f.* unpleasant task; burden

costume *m.* (*man's*) suit; costume

côte *f.* coast; rib; ribsteak; side

côté *m.* side; **à côté (de)** *prep.* by, near, next to; at one's side; **à mes côtés** at my side; **de côté** on the side; **de l'autre côté (de)** from, on the other side (of); **de votre (son) côté** from your (his/her) point of view; **du côté de** on the side of, pro

coteau *m.* hillside, slope

côtelette *f.* cutlet, (*lamb, pork*) chop

cotte *f., a.* coat of mail; tunic

cou *m.* neck

couchant: soleil (*m.*) **couchant** setting sun

couché *adj.* lying down, lying in bed

coucher to put to bed; **chambre** (*f.*) **à coucher** bedroom; **coucher avec** to sleep with; **coucher** (*m.*) **du soleil** sunset; **se coucher** to go to bed

coudre (*p.p.* **cousu**) *irreg.* to sew

coulée *f.* flow

couler to flow, run; to lead; to spend

couleur *f.* color

couloir *m.* corridor, hall(way)

coup *m.* blow; coup; (gun)shot; influence; **coup de pied** kick; **coup de pinceau** brushstroke; **coup de tonnerre** thunderclap; **donner un coup de sifflet** to blow the whistle; **tenir le coup** to hold on, endure; **tout à coup** *adv.* suddenly; **tout d'un coup** *adv.* at once, all at once

couper to cut; to divide

cour *f.* (*royal*) court; yard; barnyard

courageux (-euse) *adj.* courageous

courant *m.* current; *adj.* general, everyday; **dans le courant de** during, in the course of; **être au courant de** to be up (to date) on; **se mettre au courant** to become informed

courbe *f.* curve

courbé *adj.* curved; leaning (over)

coureur (-euse) *m., f.* runner; **coureur** (*m.*) **des bois** *Q.* trapper; scout, tracker

courir (*p.p.* **couru**) *irreg.* to run; **courir le monde** to travel widely

couronne *f.* crown

cours *m.* course; class; exchange rate; price; **au cours de** *prep.* during; **cours** (*pl.*) **moyen et supérieur** intermediate and advanced courses; **donner libre cours à** to give free rein to; **faire un cours** to give a lecture, class

course *f.* race; errand

courtisan *m.* courtier

courtois *adj.* polite, courteous; urbane

couru *p.p. of* **courir**

coururent *p.s. of* **courir**

courut *p.s. of* **courir**

couscous *m.* couscous (*North African cracked wheat dish*)

cousirent *p.s. of* **coudre**

cousit *p.s. of* **coudre**

cousu *p.p. of* **coudre**

couteau *m.* knife

coutelier (-ière) *m., f.* cutler, knifemaker

coûter to cost

coûteux (-euse) *adj.* costly, expensive

coutume *f.* custom

couture *f.* sewing; clothes design

couvert (de) *adj.* covered (with); cloudy; *p.p. of* **couvrir**

couverture *f.* cover

couvrir (*like* **ouvrir**) *irreg.* to cover

couvrirent *p.s. of* **couvrir**

couvrit *p.s. of* **couvrir**

cracher to spit

craie *f.* chalk

craignirent *p.s. of* **craindre**

craignit *p.s. of* **craindre**

craindre (*p.p.* **craint**) *irreg.* to fear

craint *p.p. of* **craindre**

crampe *f.* cramp, pain

Crassane: poire (*f.*) **de Crassane** soft winter pear

cravate *f.* (neck)tie

crayon *m.* pencil

créateur (-trice) *m., f.* creator; *adj.* creative

crédule *adj.* credulous, naïve

crédulité *f.* credulousness, gullibility

créer to create

crème *f.* cream

crépuscule *m.* dusk, twilight

crescendo *adv.* with a rising voice

crête *f.* cock's comb; crest

creux (creuse) *adj.* hollow

crevé *adj. fam.,* dead; tired out, exhausted

crève-cœur *m.* heart-breaking disappointment

crever (je crève) *fam.* to die; to burst

cri *m.* shout, cry

criaillement *m.* shouting, crying, bawling

crier to cry out; to shout

crise *f.* crisis; recession; depression; **crise de rire** fit of laughter

crispation *f.* wincing, twitching

critique *f.* criticism; critique; *m., f.* critic; *adj.* critical

critiquer to criticize

croc *m.* hook

croire (*p.p.* **cru**) (**à**) *irreg.* to believe (in); **croire que** to believe that

croiser to cross; to run across

croître (*p.p.* **crû**) *irreg.* to grow, increase

croix *f.* cross

croquer *fam.* to eat, munch

cru *adj.* raw

cru *p.p. of* **croire**

crû *p.p. of* **croître**

crudité *f.* raw vegetable; **crudités** *pl.* plate of raw vegetables

crurent *p.s. of* **croire**

crûrent *p.s. of* **croître**

crut *p.s. of* **croire**

crût *p.s. of* **croître**

cuire (*p.p.* **cuit**) *irreg.* to cook; to bake; **faire cuire** to cook (*s.th.*)

cuisine *f.* cooking; food, cuisine; kitchen; **faire la cuisine** to cook

cuisiner to cook

cuisirent *p.s. of* **cuire**

cuisit *p.s. of* **cuire**

cuisse *f.* thigh; leg

cuit *adj.* cooked; *p.p. of* **cuire**

cuivre *m.* copper; brass; **cuivres** *pl.* brass instruments

culte *m.* cult; religion

cultiver to cultivate; to farm

culture *f.* education; culture; agriculture

culturel(le) *adj.* cultural

curé *m.* parish priest

curieusement *adv.* curiously

curieux (-ieuse) *adj.* curious

D

dactylographié *adj.* typed

dame *f.* lady, woman

dangereux (-euse) *adj.* dangerous

dans *prep.* within, in

danse *f.* dance; dancing

danser to dance

danseur (-euse) *m., f.* dancer

davantage *adv.* more

de (d') *prep.* of, from, about

se débarbouiller *fam.* to wash up

se débarrasser de to get rid of; to rid oneself of

débat *m.* debate

déboucher to uncork; to open

debout *adv.* standing; up, awake; **histoire** (*f.*) **à dormir debout** *fam.* story that bores you stiff, silly story; **tenir debout** *fam.* to hold up, hold water (*argument*)

se débrouiller to manage; to get along, get by

début *m.* beginning; **au début (de)** in, at the beginning (of)

décaféiné *adj.* decaffeinated

décembre December

décence *f.* decency

déception *f.* disappointment

déchirer to tear; to divide

décider (de) to decide (to); **se décider (à)** to make up one's mind (to)

décision *f.* decision; **prendre une décision** to make a decision

déclarer to declare; to name

se décomposer to decompose

décoré (de) *adj.* decorated (with)

décorum *m.* decorum, propriety

découcher to sleep away (*from home*)

découdre (*like* **coudre**) *irreg.* to unstitch, unsew

décousu *p.p.* unstitched

découler to drip, flow, run (down)

découpage *m.* cutting up, carving up

découper to cut up, out

découpler to uncouple; to slip

découpoir *m.* cutter, shears

découpure *f.* cutting, clipping

découragement *m.* discouragement

découvert *adj.* discovered; *p.p. of* **découvrir**

découverte *f.* discovery

découvrir (*like* **ouvrir**) *irreg.* to discover, learn

découvrirent *p.s. of* **découvrir**

découvrit *p.s. of* **découvrir**

décrire (*like* **écrire**) *irreg.* to describe

décrit *adj.* described; *p.p. of* **décrire**

décrivirent *p.s. of* **décrire**

décrivit *p.s. of* **décrire**

déçu *adj.* disappointed

dédain *m.* disdain, scorn

dédale *m.* labyrinth, maze

dedans *prep., adv.* within, inside

dédommager (nous dédommageons) to compensate, indemnify

défaillant *adj.* failing, weakening

défaut *m.* fault, flaw

défendre to defend; to forbid; **se défendre** to fight back

défense *f.* defense; prohibition

défiance *f.* distrust, suspicion

défier to challenge, defy

définir to define

définitif (-ive) *adj.* definitive; **en définitive** finally

définitivement *adv.* definitively; permanently

déformer to deform, warp

dégoûter to disgust

déguisé (en) *adj.* disguised (as), in costume

dehors *adv.* outdoors; outside; **en dehors de** outside of, besides

déjà *adv.* already

déjeuner to have lunch; *m.* lunch

delà: au delà de *prep.* beyond

délégué(e) *m., f.* delegate

délicat *adj.* delicate; touchy, sensitive

délicatesse *f.* tactfulness

délice *m.* delight

délicieux (-ieuse) *adj.* delicious

délivrance *f.* deliverance, rescue

délivrer to set free, deliver

demain *adv.* tomorrow

demande *f.* request; application

demander to ask (for), request

démesuré *adj.* huge, beyond measure

demeure *f., lit.* home, dwelling (place)

demeurer to stay, remain

demi *m., adj.* half; **il est minuit et demi** it's twelve-thirty A.M.

démodé *adj.* out of style, old-fashioned

démoli *adj.* demolished, destroyed

démontrer to demonstrate

dénoncer (nous dénonçons) to denounce, expose

dent *f.* tooth; **dent de lait** baby tooth, milk tooth; **rire de toutes ses dents** to laugh heartily, openly

dentelle *f.* lace

départ *m.* departure; **point** *(m.)* **de départ** starting point

département *m.* department; district

dépasser to go beyond; to pass, surpass

dépecer (je dépèce, nous dépeçons) to cut up; to carve

se dépêcher (de, pour) to hurry (to)

dépendre (de) to depend (on)

dépit *m.* spite; scorn; **en dépit de** in spite of

déplacer (nous déplaçons) to displace; to shift; to remove

déplaisir *m.* displeasure

déplorer to regret deeply

déployer (je déploie) to deploy; to spread out; **se déployer** to unfurl, spread

depuis (que) *prep.* since, for

déranger (nous dérangeons) to bother, disturb

dernier (-ière) *m., f.* the latter; *adj.* last; most recent; past; **en dernier** *adv.* last; **l'an dernier (l'année dernière)** last year

dérougir *Q.* to stop; to let up

derrière *prep.* behind; *m.* back, rear

des *contr. of* **de** + **les**

dès *prep.* from (then on); **dès que** *conj.* as soon as

désagréable *adj.* disagreeable, unpleasant

désagrément *m.* nuisance, unpleasantness

désarçonné *adj.* dumbfounded, staggered

désastre *m.* disaster

désastreux (-euse) *adj.* disastrous

descendant(e) *m., f.* descendant

descendre to go down; to get off; to take down

désert *m.* desert; wilderness *adj.* desert, deserted

désespéré *adj.* desperate

désespoir *m.* hopelessness, despair

déshonorant *adj.* dishonoring, discreditable

désigné *adj.* designated, named

désinvolture *f.* ease, easy manner

désir *m.* desire

désolé *adj.* sorry; devastated, grieved

désoler to distress, devastate

désordre *m.* disorder; confusion; **en désordre** disorderly, untidy

désorienté *adj.* disoriented

désormais *adv.* henceforth

dessin *m.* drawing

dessiner to draw; to design

dessous *adv.* under, underneath; **au-dessous de** *prep.* below, underneath; **ci-dessous** *adv.* below

dessus *adv.* above; over; on; **au-dessus de** *prep.* above; **ci-dessus** *adv.* above, previously;

par-dessus over, on top of

destin *m.* fate

destinataire *m., f.* (intended) recipient

destiné (à) *adj.* designed (for), aimed (at)

détacher to detach, unfasten; **se détacher de** to separate; to break loose

déterminé *adj.* determined

déterrer to unearth, bring to light

détester to detest, hate

détourner to divert; to distract

détresse *f.* distress

détruire *(like* **conduire***) irreg.* to destroy

détruisirent *p.s. of* **détruire**

détruisit *p.s. of* **détruire**

détruit *adj.* destroyed; *p.p. of* **détruire**

deuxième *adj.* second

devant *prep.* before, in front of; *m.* front

développé *adj.* developed; industrialized; **sous-développé** underdeveloped

développer to spread out; to develop

devenir *(like* **venir***) irreg.* to become

devenu *adj.* become; *p.p. of* **devenir**

devers *prep., a.* towards

deviner to guess

devinrent *p.s. of* **devenir**

devint *p.s. of* **devenir**

devoir *(p.p.* **dû***) irreg.* to owe; to have to, be obliged to; *m.* duty; homework

dévorer to devour

dévouement *m.* devotion

se dévouer to devote oneself

diable *m.* devil

diagnostic *m.* diagnosis

dictature *f.* dictatorship

dicter to dictate

dictionnaire *m.* dictionary

dicton *m.* saying, maxim

dieu *m.* god

différemment *adv.* differently

différer (je diffère) to differ

difficile *adj.* difficult

diffusé *adj.* broadcast

digérer (je digère) to digest
digne *adj.* worthy; deserving
dimanche *m.* Sunday
dimension *f.* dimension; **à quatre dimensions** four-dimensional
diminuer to lessen, diminish
dinde *f.* turkey
dindon *m.* (male) turkey
dîner to dine, have dinner; *m.* dinner
dire (*p.p.* **dit**) *irreg.* to say, tell; **c'est-à-dire** that is to say, namely; **entendre dire que** to hear (it said) that; **vouloir dire** to mean, signify
direct *adj.* direct, straight; live (*broadcast*); through, fast (*train*); **en direct** live (*broadcasting*)
directeur (-trice) *m., f.* manager, head
dirent *p.s. of* **dire**
diriger (nous dirigeons) to direct; to govern, control; **se diriger vers** to go, (make one's way) toward
discours *m.* discourse; speech
discret (discrète) *adj.* discreet; considerate; unobtrusive
discuter (de) to discuss
disparaître (*like* **connaître**) *irreg.* to disappear
disparition *f.* disappearance
disparu *adj.* missing; dead; *p.p. of* **disparaître**
disparurent *p.s. of* **disparaître**
disparut *p.s. of* **disparaître**
disponibilité *f.* availability
disposer de to have (available)
disposition *f.* disposition; ordering
dispute *f.* quarrel
se disputer (avec) to quarrel (with)
disque *m.* disk
dissimuler to hide; **se dissimuler** to hide (*oneself*)
distance *f.* distance; **garder ses distances** to keep one's distance
distinguer to distinguish
distraction *f.* recreation; entertainment; distraction

dit *adj.* called; so-called; *p.p. of* **dire**; *p.s. of* **dire**
divan *m.* sofa, couch, divan
divers *adj.* changing; varied, diverse
se divertir to enjoy oneself, have a good time
diviniser to deify
diviser to divide
docteur *m.* doctor, Dr. (*title*)
doctorat *m.* doctoral degree, Ph.D.
dodo *fam.* sleep; **faire dodo** *fam.* to go to sleep; **métro-boulot-dodo** *fam.* the rat race, the daily grind
doigt *m.* finger
domaine *m.* domain; specialty
domestique *m., f.* servant; *adj.* domestic
dominateur (-trice) *m., f.* ruler, dominator
dominé *adj.* dominated, ruled
dommage *m.* damage; pity; too bad; **c'est dommage** it's too bad, what a pity
donc *conj.* then; therefore
donner to give; to supply; **donner envie de** to make one want to; **donner raison à** to agree with; **donner un coup de sifflet** to blow the whistle; **s'en donner à cœur joie** to amuse oneself thoroughly
dont *pron.* whose, of whom, of which
doré *adj.* gold; golden; gilt
dormir (*p.p.* **dormi**) *irreg.* to sleep
dormirent *p.s. of* **dormir**
dormit *p.s. of* **dormir**
dos *m.* back; **au dos de** on the back of
dossier *m.* back (*of a chair*)
doucement *adv.* gently, softly; sweetly; slowly
douceur *f.* softness; gentleness; sweetness
doué *adj.* talented, gifted; bright
douleur *f.* pain
douloureux (-euse) *adj.* painful
doute *m.* doubt; **sans doute** probably, no doubt

douter (de) to doubt; **se douter de/que** to suspect (that)
douteux (-euse) *adj.* doubtful, uncertain, dubious
doux (douce) *adj.* sweet, kindly, pleasant; soft, gentle
douzaine *f.* dozen; about twelve
dramaturge *m., f.* playwright
drame *m.* drama
drapeau *m.* flag
dressé *adj.* set up, standing up
drogue *f.* drug
droit *m.* law; right; fee, royalty; **avoir le droit de** to be allowed to; **licencié(e) en droit** *m., f.* bachelor of law
droit(e) *adj.* right; straight; *adv.* straight on; **droite** *f.* right; right hand; **à droite (de)** *prep.* on, to the right (of); **de droite** on the right, right-hand
drôle (de) *adj.* funny, odd
du *contr. of* **de** + **le**
dû (due) *adj.* due, owing to; *p.p. of* **devoir**
duper to dupe, fool, trick
dur *adj., adv.* hard; difficult; **travailler dur** to work hard
durant *prep.* during
durée *f.* duration, length
durent *p.s. of* **devoir**
durer to last, continue
dut *p.s. of* **devoir**

E

eau *f.* water; **poule** (*f.*) **d'eau** moorhen, water-hen
eau-de-vie (*pl.* **eaux-de-vie**) *f.* brandy; **eau-de-vie de pommes** apple brandy
éblouir to dazzle
ébréché *adj.* chipped, notched
écarlate *adj.* scarlet
échanger (nous échangeons) to exchange
échapper (à) to escape (from)
écharpe *f.* scarf
échauffer to warm; **échauffer la bile à** *fam.* to anger, make angry
échelle *f.* scale; ladder

s'échelonner to space out, spread out

échouer (à) to fail (at)

éclaboussure *f.* splash, spatter

éclairé *adj.* lit, lighted

éclat *m.* outburst, blaze, display; **éclat de rire** burst of laughter

éclater to explode, burst out; **éclater de rire** to burst out laughing

éclopé(e) *m., f.* cripple, lame person

école *f.* school

écolier (-ière) *m., f.* school child

économe *adj.* thrifty, economical

économique *adj.* economic; financial; economical

écossais *adj.* Scottish; (Scotch) plaid

s'écouler to pass, elapse (*time*)

écouter to listen (to)

écran *m.* screen; **grand écran** *fam.* movies, movie industry

écrasant *adj.* crushing, overwhelming

écraser to crush; to squash; to suppress

s'écrier to cry out, exclaim

écrire (*p.p.* **écrit**) (**à**) *irreg.* to write (to)

écrit *adj.* written; *p.p. of* **écrire**

écriture *f.* writing; handwriting

écrivain *m.* writer

écrivirent *p.s. of* **écrire**

écrivit *p.s. of* **écrire**

écume *f.* foam, froth

éditeur (-trice) *m., f.* editor; publisher

éducation *f.* upbringing; breeding; education

effacer (nous effaçons) to erase, obliterate; **s'effacer** to fade, disappear

effet *m.* effect; **en effet** as a matter of fact, indeed

s'effondrer to collapse

s'efforcer (nous nous efforçons) to make an effort

effort *m.* effort, attempt; **faire un (des) effort(s) pour** to try, make an effort to

égal *adj.* equal; all the same; **sans égal** unequaled

également *adv.* equally; likewise, also

égard *m.* consideration; **à l'égard de** with respect to

église *f.* (Catholic) church

égoïste *m., f., adj.* selfish (person)

eh! *interj.* hey!; **eh bien!** *interj.* well! well then!

élan *m.* energy, spring; impetus, momentum

s'élancer (nous nous élançons) to spring, dash, leap

élargir to widen, broaden

élastique *m.* rubber band; *adj.* elastic

élevage *m.* rearing, raising (*of livestock*)

élève *m., f.* pupil, student

élevé *adj.* high; raised; brought up; **bien élevé(e)** well brought up, well-educated

élever (j'élève) to raise; to lift up; **s'élever** to raise; to rise (up)

elle *pron., f. s.* she; her; **elle-même** *pron., f. s.* herself; **elles** *pron., f. pl.* they; them

éloigné (de) *adj.* distant, remote (from)

éloigner to remove to a distance; **s'éloigner de** to move away from; to distance oneself from

élu(e) *m., f., adj.* elected, chosen (person)

émanation *f.* emanation; product

emballage *m.* wrapping, packaging

embarras *m.* obstacle; embarrassment; superfluity

embarrassé *adj.* embarrassed

embéguiné (de) *adj.* infatuated (with)

embêté *adj., fam.* annoyed, bothered

embouchure *f.* mouth (*of river*); mouthpiece

embranchement *m.* branch, branching, junction

embrasser to kiss; to embrace; **s'embrasser** to embrace each other; to kiss each other

s'embrouiller to get muddled, confused

émerveillé *adj.* amazed, wonderstruck

émigrer to emigrate

émission *f.* television show, program

emmêlement *m.* tangle, muddle, mixing-up

emmener (j'emmène) to take away, along

émouvant *adj.* moving, touching; thrilling

empêcher (de) to prevent (*s.o. from doing s.th.*); to preclude

empereur *m.* emperor

emplir to fill (up)

employé(e) *m., f.* employee; white-collar worker; **employé(e) de banque** bank teller

employer (j'emploie) to use; to employ

empocher to pocket (*money*)

empoisonner to poison

emporter to take (*s.th. somewhere*)

s'empourprer to flush, blush, turn crimson

empreint *adj.* stamped, imprinted

ému *adj.* moved, touched (*emotionally*)

en *prep.* in; to; within; into; at; like; in the form of; by; *pron.* of him, of her, of it, of them; from him, by him (*etc.*); some of it; any; **en vouloir à** to hold s.th. against (*s.o.*)

encercler to circle, encircle

enchantement *m.* magic, spell, charm

enchevêtrement *m.* tangling up, tangle

s'encombrer de to burden, saddle oneself with

encore *adv.* still, yet; again; even; more; **ne... pas encore** not yet

encourager (nous encourageons) (à) to encourage (to)

encre *f.* ink; **encre de Chine** India ink

endiablé *adj.* reckless; wild, frenzied

endormi *adj.* asleep; sleepy; *p.p. of* **endormir**

s'endormir (*like* **dormir**) *irreg.* to

fall asleep

s'endormirent *p.s. of* **s'endormir**

s'endormit *p.s. of* **s'endormir**

endosser to put on (*clothing*)

endroit *m.* place, spot

enfance *f.* childhood

enfant *m., f.* child; **petit-enfant** *m.* grandchild

enfantin *adj.* childish; juvenile

enfer *m.* hell

s'enfermer to shut oneself up, lock oneself in

enfilé (dans) *adj.* slipped (into) (*sleeves*)

enfin *adv.* finally, at last

enflammer to inflame; to excite, stir up

enfoncer (nous enfonçons) to push in; **s'enfoncer (dans)** to go deep, penetrate (into)

enfui *p.p. of* **enfuir**

s'enfuir (like fuir) *irreg.* to run away, escape

s'enfuirent *p.s. of* **s'enfuir**

s'enfuit *p.s. of* **s'enfuir**

engagement *m.* commitment

engager (nous engageons) to hire, take on; to engage, encourage

engendrer to generate; to create

engloutir to swallow up, devour

enguirlander to garland, decorate

énigmatique *adj.* enigmatic, mysterious

enivrer to inebriate, make drunk; **s'enivrer (de)** to get drunk (on); to become elated or intoxicated (by)

enjamber to step over, stride over; to bestride

enlever (j'enlève) to remove, take off; to take away

ennemi(e) *m., f.* enemy

ennuyé *adj.* annoyed; bored; weary

ennuyer (j'ennuie) to bother; to bore; **s'ennuyer** to be bored, become bored; to worry

ennuyeux (-euse) *adj.* boring; annoying

énorme *adj.* huge, enormous

enquête *f.* inquiry; investigation

enrichir to enrich

enseignement *m.* teaching; education

enseigner (à) to teach (how to)

ensemble *adv.* together; *m.* ensemble; whole

ensevelir to shroud; to bury

ensoleillé *adj.* sunny

ensuite *adv.* then, next

entamer to begin, undertake

entendre to hear; to understand; **entendre dire que** to hear (it said) that

entendu *adj.* heard; agreed; understood; **c'est entendu** it's settled

enterrement *m.* funeral, burial

enterrer to bury

enthousiasme *m.* enthusiasm

entier (-ière) *adj.* entire, whole, complete; **en entier** *adv.* entirely

entièrement *adv.* entirely

entourer (de) to surround (with)

entrailles *f. pl.* entrails, bowels

entraînant *adj.* stirring, catchy

entraîner to carry along; to drag; to train

entre *prep.* between, among

entrée *f.* entrance, entry; admission; **porte** (*f.*) **d'entrée** entrance (door)

entreprise *f.* business, company

entrer (dans) to enter (into)

entretien *m.* maintenance; upkeep

envahi *adj.* invaded, overrun

envelopper to wrap, envelop

envers *prep.* to; toward; in respect to

envie *f.* desire; **avoir envie de** to want; to feel like; **donner envie de** to make one want to

environ *adv.* about, approximately

environnement *m.* environment; milieu

envisager (nous envisageons) to envision

envoyer (j'envoie) to send

épais(se) *adj.* thick

épaisseur *f.* thickness

s'épanouir to bloom, blossom

épargné *adj.* spared; exempt

épaule *f.* shoulder

épave *f.* wreck; reject

épeler (j'épelle) to spell

épice *f.* spice; **pain** (*m.*) **d'épice** gingerbread

épier to spy on

éploré *adj.* tearful, weeping

époque *f.* period (*of history*), era, time

épouser to marry

époux (épouse) *m., f.* spouse; husband, wife; **époux** *m. pl.* married couple

éprouver to feel, experience (*sensation, pain*)

épuisé *adj.* exhausted; used up

équilibre *m.* equilibrium, balance; **perdre l'équilibre** to lose one's balance

équipe *f.* team; working group; **chef** (*m.*) **d'équipe** team leader

équipier (-ière) *m., f.* team member

érable *m.* maple; **feuille** (*f.*) **d'érable** maple leaf

errant *adj.* wandering; stray

errer to wander, roam

erreur *f.* error; mistake

escalier *m.* stairs, staircase

escargot *m.* snail; escargot

escarpé *adj.* steep, sheer, abrupt

esclave *m., f.* slave

espace *m.* space

espèce *f.* species; cash

espérance *f.* hope; expectancy

espérer (j'espère) to hope (to)

espion(ne) *m., f.* spy

esprit *m.* mind; spirit; wit

esquisse *f.* sketch; draft

essai *m.* essay; attempt; trial

essayer (j'essaie) (de) to try on; to try (*to do s.th.*)

essence *f.* oil, extract

essentiel *m.* the important thing; **essentiel(le)** *adj.* essential

essentiellement *adv.* essentially

essuyer (j'essuie) to wipe off; to dry; **s'essuyer** to wipe oneself off, dry off

esthète *m., f.* aesthete

estimer to consider; to believe; to estimate

estomac *m.* stomach; **avoir mal à l'estomac** to have a stomachache

estropié *adj.* crippled, maimed

et *conj.* and

établir to establish, set up; **s'établir** to settle; to set up

établissement *m.* settlement; establishment

étalé *adj.* spread out

étape *f.* phase, stage; stopping place

état *m.* state; shape; **état de choses** situation

été *p.p. of* **être**

été *m.* summer; **job** (*m.*) **d'été** summer job

éteignirent *p.s. of* **éteindre**

éteignit *p.s. of* **éteindre**

éteindre (*like* **craindre**) *irreg.* to put out; to turn off;

éteint *adj.* extinguished; dead; *p.p. of* **éteindre**

étendre to stretch, extend; to spread (out); **s'étendre** to stretch (out)

étendue *f.* area, expanse

éternel(le) *adj.* eternal

ethnie *f.* ethnic group

étincelant *adj.* sparkling, glistening

étoile *f.* star

étonnant *adj.* astonishing, surprising

étonner to surprise, astonish; **s'étonner de** to be suprised, astonished at

étouffer to smother; to stifle

étrange *adj.* strange

étranger (-ère) *m., f.* stranger; foreigner; *adj.* foreign

étrangeté *f.* strangeness, oddness

étranglement *m.* constriction; strangulation

étrangler to strangle

être (*p.p.* **été**) *irreg.* to be; *m.* being; **être à** to belong to; **être assis(e)** to be seated; **être d'accord** to agree; **être en train de** to be in the process, in the middle, of; **être** (*m.*) **humain** human being; **être obligé(e) de**

to be obligated to, have to; **être prêt(e) à** to be ready to; **être reçu(e) à un examen** to pass a test; **peut-être** *adv.* perhaps, maybe

étroit *adj.* narrow, tight

étude *f.* study; **études** *pl.* studies; **faire des études** to study

étudiant(e) *m., f., adj.* student

étudier to study

eu *p.p. of* **avoir**

eunuque *m.* eunuch

eurent *p.s. of* **avoir**

eut *p.s. of* **avoir**

eux *pron., m. pl.* them; **eux-mêmes** *pron., m. pl.* themselves

évasion *f.* escape

événement *m.* event

éventail *m.* fan; **en éventail** fanned out, fan-shaped

évidemment *adv.* obviously, evidently

évidence *f.* evidence; **de toute évidence** obviously

évident *adj.* obvious, clear

éviter to avoid

évoquer to evoke, call to mind

exact *adj.* exact; correct

exagérer (**j'exagère**) to exaggerate

exalté *adj.* impassioned, uplifted

examen (*fam.* **exam**) *m.* test, exam; examination; **être reçu(e) à un examen** to pass a test; **passer un examen** to take a test; **réussir à un examen** to pass a test

examiner to examine; to study

exaspérer (**j'exaspère**) to exasperate; **s'exaspérer** to lose all patience

exceptionnellement *adv.* exceptionally

exclusivement *adv.* exclusively

excuser to excuse; **s'excuser (de)** to excuse oneself (for)

exécuter to carry out, perform, execute

exécution *f.* execution; carrying out

exemple *m.* example; **par exemple** for example

exempt *adj.* free, exempt; **exempt(e)**

de soucis carefree

exercer (**nous exerçons**) to exercise; to practice

exiger (**nous exigeons**) to require, demand

exister to exist

expédier to send, ship

expérience *f.* experience; experiment

explication *f.* explanation

expliquer to explain

explorateur (-trice) *m., f.* explorer

explorer to explore

exposé *m.* presentation, exposé

exposer to expose, show; to display; **s'exposer à** to expose oneself to

exposition *f.* exhibition; show

exprès *adv.* on purpose

exprimer to express

exquis *adj.* exquisite

extase *f.* ecstasy; **rester en extase** to remain entranced

extérieur *m.* exterior; *adj.* outside; foreign

extrait *m.* excerpt; extract

extraordinaire *adj.* extraordinary, remarkable

extraterrestre *m.* extraterrestrial (being)

extrêmement *adv.* extremely

F

fabriquer to manufacture, make

face *f.* face; façade; **en face (de)** opposite, facing, across from; **face à** in the face of; **face-à-face** face to face; **faire face à** to confront

facette *f.* facet

fâché *adj.* angry; annoyed

fâcher to anger; to annoy; **se fâcher (contre)** to get angry (with)

facile *adj.* easy

facilité *f.* aptitude, talent; ease

façon *f.* way, manner, fashion; **à votre façon** in your own way; **de façon (logique)** in a (logical) way; **de façon à** so as to

facteur *m.* factor; **facteur (trice)** *m., f.* letter carrier

faculté *f.* ability; (*university*) division, department
faible *adj.* weak; small
faiblesse *f.* weakness
faïence *f.* earthenware
faim *f.* hunger; **avoir faim** to be hungry
faire (*p.p.* **fait**) to do; to make; to form; to be; **faire appel à** to appeal to, call upon; **faire attention (à)** to be careful (of); to watch out (for); **faire beau: il fait beau** it's nice (good weather) out; **faire carrière** to make one's career; **faire cuire** to cook (*s.th.*); **faire de l'auto-stop** to hitchhike; **faire des efforts pour** to try, make an effort to; **faire des études** to study; **faire dodo** *tr. fam.* to go to sleep; **faire du piano** to play (study) the piano; **faire du sport** to participate in or do sports; **faire face à** to face, confront; **faire la cuisine** to cook; **faire la loi (à)** to lay down the law (to); to dictate (to); **faire le point** to take one's bearings; **faire mieux de** to do better to; **faire part de** to inform of; **faire partie de** to belong to; **faire peur à** to scare, frighten; **faire preuve de** to give proof of; to show; **faire sa toilette** to wash up, get ready; **faire signe** to gesture; to contact; **faire son boulot** *fam.* to do one's work; **faire suite à** to be a continuation of; **faire un bond** to leap, spring; **faire un cadeau à** to give a gift to; **faire un cours (une classe)** to give, teach a course; **faire une promenade** to take a walk; **faire un portrait** to paint a portrait; **faire un reportage** to write a (newspaper) report; **faire un voyage** to take a trip; **faire venir** to send for
faiseur (-euse) *m., f., fam.* bluffer,

humbug
fait *m.* fact; *adj.* made; *p.p. of* **faire**; **tout à fait** *adv.* completely, entirely
falaise *f.* cliff
falloir (*p.p.* **fallu**) *irreg.* to be necessary, have to; to be lacking
fallu *p.p. of* **falloir**
fallut *p.s. of* **falloir**
familial *adj.* (*related to*) family
familier (-ière) *adj.* familiar
famille *f.* family; **en famille** with one's family
farouche *adj.* fierce, wild; timid
fasciner to fascinate
fatigué (de) *adj.* tired (of)
faute *f.* fault, mistake; **il n'y a pas de ma faute** it's not my fault; **se sentir en faute** to feel guilty
fauteuil *m.* armchair, easy chair
faux (fausse) *adj.* false; **faux ami** *m.* false friend (*word mistaken for a cognate*)
favoriser to favor
fécond *adj.* fertile; prolific
fée *f.* fairy; **conte** (*m.*) **de fée(s)** fairy tale
féliciter to congratulate
femme *f.* woman; wife; **femme d'affaires** businesswoman; **femme politique** politician
fendre to cleave; to plough through
fenêtre *f.* window
fer *m.* iron; **chemin** (*m.*) **de fer** railroad
ferme *f.* farm; *adj.* firm
fermer to close
fermier (-ière) *m., f.* farmer
féroce *adj.* ferocious
feston *m.* festoon; scallop
fête *f.* holiday; celebration, party
fétiche *m.* fetish; mascot
feu *m.* fire; traffic light; **feu d'artifice** fireworks
feuille *f.* leaf; sheet; **feuille d'érable** maple leaf; **feuilles détachées** loose leaves (paper)
feuilleter (je feuillette) to leaf through

février February
se fiancer (nous nous fiançons) (avec) to become engaged (to)
fictif (-ive) *adj.* fictitious
fidèle *adj.* faithful
fier (fière) *adj.* proud
se fier (à) to trust
fierté *f.* pride
fièvre *f.* fever
fièvreusement *adv.* feverishly
figure *f.* face; figure
figuré *adj.* shown, represented
figurer to appear
fil *m.* thread; cord; **fil à plomb** plumb-line
file *f.* line; lane
filer to fly; to speed along
filet *m.* net; string bag; fillet
fille *f.* girl; daughter; **belle-fille** daughter-in-law; stepdaughter; **petite fille** little girl; **petite-fille** granddaughter
fillette *f.* little girl
fils *m.* son; **fils unique** only son
fin *adj.* delicate; fine, thin
fin *f.* end; purpose; **sans fin** endless(ly)
finalement *adv.* finally
financièrement *adv.* financially
finesse *f.* fineness; delicacy
finir (de) to finish; **finir par** to end, finish by (*doing s.th.*); **ne pas en finir** to have, find no end
firent *p.s. of* **faire**
fit *p.s. of* **faire**
fixe *adj.* fixed; permanent
fixer to stare; to fix; to make firm
flanc *m.* flank; (*mountain*)side
flanelle *f.* flannel
flâner to stroll
flâneur (-euse) *m., f.* stroller; dawdler
flaque *f.* puddle
flatter to flatter, compliment
flatteur (-euse) *m., f.* flatterer; *adj.* flattering
flèche *f.* arrow
fleur *f.* flower
fleurir to flower; to flourish
fleuriste *m., f.* florist

fleuve *m.* river (*flowing into the sea*)
flocon *m.* flake
flot *m.* crowd; flood; (*ocean*) wave
flotter to float
foi *f.* faith; **ma foi!** my word!
foie *m.* liver; **avoir mal au foie** to have liver trouble, indigestion; **pâté** (*m.*) **de foie gras** goose liver pâté
fois *f.* time, occasion; times (*arithmetic*); **à la fois** at the same time; **la première (dernière) fois** the first (last) time; **(pour) une fois** (for) once
folie *f.* madness
fonction *f.* function; job; use, office; **(en) fonction de** (as) a function of; according to
fonctionnement *m.* working order, functioning
fond *m.* background; end; bottom; **au fond** basically; **au fond (de)** (at) the back, the bottom (of)
fondateur (-trice) *m., f.* founder
fonder to found, establish
fondre to melt
football (*fam.* **foot**) *m.* soccer; **football américain** football
force *f.* strength, force; **à force de (l'entendre)** by (hearing it) constantly; **de toutes ses forces** with all his/her might
forcément *adv.* necessarily
forêt *f.* forest
formation *f.* formation; education, training
forme *f.* form; shape; figure
former to form, shape; to train
formidable *adj.* great, wonderful; formidable
formule *f.* formula; form; planned vacation
fort *adj.* strong; heavy; loud; *adv.* strongly; loudly; very; often; a lot
fortement *adv.* strongly
forteresse *f.* fortress
fortune *f.* fortune; luck
fossé *m.* ditch; gap

fou (fol, folle) *adj.* crazy, mad; wild
foule *f.* crowd
fouler to press; to trample; to crush
four *m.* oven; **petit four** petit four (*pastry*)
fourneau *m.* furnace; oven
fourrure *f.* fur
fraîcheur *f.* freshness; scent; bloom
frais *m. pl.* fees; expense(s)
frais (fraîche) *adj.* cool; fresh
fraise *f.* strawberry
franchement *adv.* frankly
franchir to cross
francophone *m., f., adj.* French; French-speaking (*person*)
frange *f.* fringe
frappant *adj.* striking
frapper to strike
frayeur *f.* fear, terror
frêle *adj.* frail, weak; fragile
frémissant *adj.* trembling
fréquenter to frequent, visit frequently
frère *m.* brother
friand *adj.* fond of delicacies, of sweets
friandise *f.* delicacy; gourmet treat
frissonner to shiver
froid *m.* cold (*weather, food*); *adj.* cold; **avoir froid** to be cold; **il fait froid** it's cold (out)
fromage *m.* cheese
froncer (nous fronçons) to wrinkle; **froncer le sourcil** to knit one's brow
front *m.* forehead; front
frontière *f.* frontier; border
fronton *m.* (*ornamental*) front, façade
frottage *m.* rubbing
frotter to rub; to polish; to wear down
fructueux (-euse) *adj.* fruitful
fui *p.p. of* **fuir**
fuir (*p.p.* **fui**) *irreg.* to flee; to run away from
fuirent *p.s. of* **fuir**
fuit *p.s. of* **fuir**
fumage *m.* smoking (*foods, arable land*)

fumée *f.* smoke
fumer to smoke
furent *p.s. of* **être**
fureteur (-euse) *adj.* prying
furieux (-ieuse) *adj.* furious
fusée *f.* rocket; spaceship
fut *p.s. of* **être**
futur *adj.* future

G

gagner to win; to earn; to reach; **gagner sa vie** to earn one's living
gai *adj.* gay, cheerful
gaillard(e) *m., f.* bold, strapping young man, woman
gaîté *f.* gaiety; cheerfulness
galant *adj.* gallant, attentive
galanterie *f.* gallantry, politeness
galerie *f.* gallery
galette *f.* pancake; tart, pie
galon *m.* braid; stripe
galoper to gallop
gamin *adj.* youthful, childlike
gant *m.* glove
garçon *m.* boy; café waiter
garde *f.* watch; *m., f.* guard; **être en garde** to be watchful; **prendre garde (à)** to watch out (for)
garder to keep, retain; to take care of; **garder ses distances** to keep one's distance
gare *f.* station; train station
gargouille *f.* gargoyle
gâteau *m.* cake
gâter to spoil
gauche *f.* left; *adj.* left; **à gauche (de)** on, to the left (of)
gauchement *adv.* awkwardly
gelée *f.* aspic
gémir to moan, groan
gendarme *m.* gendarme (*French state police officer*)
gène *m.* gene
gêne *f.* embarrassment
gêné *adj.* embarrassed; awkward
général *adj.* general; **en général** in general

générique *m.* credits, credit titles (*movies*)

génie *m.* genius

genou (*pl.* **genoux**) *m.* knee

genre *m.* gender; kind, type, sort

gens *m. et f. pl.* people

gentil(le) *adj.* nice, pleasant; kind

gentilhomme *m.* gentleman

gentiment *adv.* nicely, prettily

geste *m.* gesture; movement

gifle *f.* slap

gigantesque *adj.* gigantic

gigot *m.* leg of lamb

gîte *m., a.* lodgings

glace *f.* ice; mirror

glacé *adj.* iced; frozen

glaive *m., a.* sword, blade

glauque *adj.* glaucous; sea-green

glissement *m.* sliding

glisser to slide; to slip; **se glisser** to glide, creep

gloire *f.* glory, fame

gober to swallow, gulp down

gommé *adj.* rubberized; gummed

gonflé *adj.* swollen; inflated

goulot *m.* neck (*of bottle*)

gourde *f.* gourd; winter squash; **se sentir gourde** *fam.* to feel foolish

gourmand(e) *m., f.* glutton, gourmand; *adj.* gluttonous, greedy

goût *m.* taste; **prendre goût à** to develop a taste for

goûter *m.* snack; afternoon tea

goutte *f.* drop; **gouttes** *pl.* drops, eyedrops; **ne voir (entendre) goutte** not to see (hear) a thing, anything

gouttelette *f.* droplet

gouvernail *m.* rudder, helm

gouvernement *m.* government

gouverner to rule; to govern

gouverneur *m.* governor

grâce *f.* grace; pardon; **grâce à** *prep.* thanks to

gracieux (-ieuse) *adj.* graceful, pleasing

grain *m.* grain; dash, touch

graine *f.* seed; *fam.* tiny thing

grammaire *f.* grammar

grand *adj.* great; large, tall; big; **au grand air** outdoors; **grand écran** *m. fam.* movies, cinema; **grande personne** *f.* adult, grown-up

grandir to grow (up)

grand-mère *f.* grandmother

grands-parents *m. pl.* grandparents

gras(se) *adj.* fat; oily; rich; **pâté (m.) de foie gras** goose liver pâté

grave *adj.* serious, grave

graver to engrave; to carve

gravure *f.* engraving; print

grec(que) *m., f.* Greek (*person*); *m.* Greek (*language*); *adj.* Greek

grêle *adj.* slender, thin

grenade *f.* pomegranate

griffe *f.* claw (*animal*)

grincement *m.* grinding, scratching

gris *adj.* gray

grondement *m.* rumble, roar(ing)

gros(se) *adj.* big; fat; thick; **gros titres** *m. pl.* (*newspaper*) headlines

grossi *adj.* fattened; enlarged

grossier (-ière) *adj.* vulgar, coarse

grossir to get fat(ter), gain weight

grotte *f.* cave, grotto

groupe *m.* group

se grouper to form a group

guère *adv.* but little; **ne... guère** scarcely, hardly

guérilla *f.* band or group of guerrillas

guérir to cure

guerre *f.* war; **Première (Deuxième) Guerre mondiale** First (Second) World War

guerrier (-ière) *m., f.* warrior

guetter to watch (out) for

gueuler *fam.* to bawl, shout

gueux (gueuse) *m., f.* beggar, tramp

guide *m.* guide; guidebook; instructions

guider to guide

guigne *f. fam.* bad luck

guignol *m.* Punch and Judy (*puppet show*); **avoir l'air d'un guignol** to look ridiculous

guirlande *f.* garland, wreath

H

habile *adj.* clever, skillful

habiller to dress; **s'habiller** to get dressed

habit *m.* clothing, dress

habitant(e) *m., f.* inhabitant; resident

habitation *f.* lodging, housing; **Habitation à Loyer Modéré (H.L.M.)** French public housing

habiter to live; to inhabit

habitude *f.* habit; **avoir l'habitude de** to be accustomed to; **comme d'habitude** as usual; **d'habitude** *adv.* usually, habitually

habituel(le) *adj.* habitual, usual

s'habituer à to get used to, accustomed to

*****haï** *p.p. of* **haïr**

*****haine** *f.* hatred

*****haïr** (*p.p.* **haï**) *irreg.* to hate, detest

*****haïrent** *p.s. of* **haïr**

*****haït** *p.s. of* **haïr**

*****handicapé(e)** *m., f.* handicapped person

*****hanneton** *m.* May bug

*****harassé** *adj.* tired out, exhausted

*****hareng** *m.* herring

harmonieux (-ieuse) *adj.* harmonious

*****hasard** *m.* chance, luck; **au *hasard** *adv.* randomly

*****hâte** *f.* haste; **avoir *hâte (de)** to be in a hurry (to)

se *hâter to hurry

*****hausser** to raise, lift; *****hausser les épaules** to shrug one's shoulders

*****haut** *m.* top; height; *adj.* high; higher; tall; upper; **à voix *haute** out loud; **du *haut de** from the top of; **en *haut (de)** upstairs, above, at the top of; **la *haute bourgeoisie** the upper middle class

héberger (nous hébergeons) to shelter, harbor

*****hein?** *interj.* eh? what?

hélice *f.* helix; propeller

herbe *f.* grass

hérésie *f.* heresy

héritage *m.* inheritance; heritage

héroïne *f.* heroine

*__héros (héroïne)__ *m., f.* hero, heroine

hésiter (à) to hesitate (to)

heure *f.* hour; time; **à la bonne heure!** fine! that's better!; **à la même heure** at the same time; **à l'heure** on time; **de bonne heure** early; **il est cinq heures et demie** it's five-thirty; **tout à l'heure** in a short while; a short while ago

heureusement *adv.* fortunately, luckily

heureux (-euse) *adj.* happy; fortunate

hier *adv.* yesterday

*__hissé__ *adj.* hoisted (up)

histoire *f.* history; story

hiver *m.* winter

hommage *m.* homage, respects

homme *m.* man; **homme d'affaires** businessman

honnête *adj.* honest

honneur *m.* honor

*__honte__ *f.* shame; **avoir *honte de** to be ashamed of

*__honteux (-euse)__ *adj.* shameful; ashamed

hôpital *m.* hospital

*__hoquet__ *m.* hiccup

horloge *f.* clock

horreur *f.* horror

*__hors-bord__ *m. fam.* speedboat

*__hors-d'œuvre__ *m.* appetizer

hôte (hôtesse) *m., f.* host, hostess; guest; **table** (*f.*) **d'hôte** table d'hôte, family style; prix fixe meal

hôtel *m.* hotel

hôtesse *f.* hostess

*__houblon__ *m. s.* hops (*plant*)

huis *m., a.* door; **huis clos** in camera (*court*)

humain *m.* human being; *adj.*

human; **être** (*m.*) **humain** human being

s'humecter to become moist, damp

humeur *f.* disposition; mood; **être de bonne (mauvaise) humeur** to be in a good (bad) mood

humide *adj.* humid; damp

humilié *adj.* humiliated

humour *m.* humor; **avoir le sens de l'humour** to have a sense of humor

*__hurler__ to howl, yell

*__hutte__ *f.* hut, shanty

hygiène *f.* health; sanitation

hypocondrie *f.* hypochondria

hypocrite *m., f.* hypocrite; *adj.* hypocritical

I

ici *adv.* here; **jusqu'ici** up to, until here; until now

idéaliser to idealize

idéaliste *m., f.* idealist; *adj.* idealistic

idée *f.* idea

identifier to identify; **s'identifier à** to identify oneself with

idiot *adj.* idiotic, foolish

ignoble *adj.* vile, horrible

ignorant(e) *m., f., adj.* ignorant (person)

il *pron., m. s.* he; it; there; **ils** *pron., m. pl.* they; **il y a** there is/are; ago

illustrer to illustrate

ils *pron., m. pl.* they

image *f.* picture; image

imaginaire *m., adj.* imaginary

imaginer to imagine

imiter to imitate

immédiatement *adv.* immediately

immeuble *m.* (*apartment, office*) building

immobilisé *adj.* immobilized

imparfait *m., gram.* imperfect (*tense*)

impératif *m., gram.* imperative, command

impertinent(e) *m., f., adj.* impertinent (person)

impliquer to imply

implorer to beg, implore

importation *f.* importing, importation

importer to be important; to matter; **n'importe où** anywhere; **n'importe quel(le)** any, no matter which; **peu importe que** it matters little whether

imposant *adj.* imposing

imposer to impose; to require

impossible *m., adj.* (the) impossible

imposteur *m.* impostor

impressionner to impress

improviser to improvise

impuissance *f.* helplessness; weakness

impuissant *adj.* impotent, powerless

inachevé *adj.* unfinished, incomplete

inanimé *adj.* inanimate

inattendu *adj.* unexpected

incidence *f.* incidence; repercussion

s'incliner to bow; to yield to

inclus *adj.* included

inconnu(e) *m., f.* stranger; *adj.* unknown

inconsciemment *adv.* unconsciously

inconscient *adj.* unconscious

inconvénient *m.* disadvantage

incrédule *adj.* unbelieving

incroyable *adj.* unbelievable, incredible

indépendance *f.* independence

index *m.* index finger

indicateur (-trice) *adj.* indicative

indication *f.* instructions; information sign

indigne *adj.* unworthy; dishonorable, shameful

indiquer to show, point out

indirectement *adv.* indirectly

indiscret (indiscrète) *adj.* indiscreet

individu *m.* individual, person

s'industrialiser to become industrialized

industriel(le) *m., f.* industrialist; *adj.* industrial

inégal *adj.* unequal

inférieur *adj.* inferior; lower

infini *adj.* infinite

infliger (nous infligeons) to inflict

influencer (nous influençons) to influence

information *f.* information, data; **informations** *pl.* news (*broadcast*)

informer to inform

inhabité *adj.* uninhabited

initialement *adv.* initially

injuste *adj.* unjust, unfair

innombrable *adj.* innumerable

inquiet (inquiète) *adj.* worried

s'inquiéter (je m'inquiète) de to worry about

inquiétude *f.* worry

inscription *f.* matriculation; registration

inscrire (like **écrire)** *irreg.* to inscribe

inscrit *adj.* enrolled; inscribed; *p.p. of* **inscrire**

inscrivirent *p.s. of* **inscrire**

inscrivit *p.s. of* **inscrire**

insensé *adj.* mad, crazy

insensible *adj.* insensitive

insensiblement *adv.* imperceptibly

insolent *adj.* extraordinary; insolent

insondable *adj.* fathomless; unfathomable

inspecteur (-trice) *m., f.* inspector

inspirer to inspire; **s'inspirer de** to take inspiration from

s'installer (dans) to settle down, settle in

instantanément *adv.* instantaneously

instituteur (-trice) *m., f.* elementary, primary school teacher

instruit *adj.* learned, instructed

insulté *adj.* insulted

insupportable *adj.* unbearable

intégrer (j'intègre) to integrate

intellectuel(le) *m., f.* intellectual (*person*); *adj.* intellectual

intention *f.* intention; meaning; **avoir l'intention de** to intend to

interdire (like **dire,** *exc.* **vous interdisez) (de)** *irreg.* to forbid (to)

interdirent *p.s. of* **interdire**

interdit *adj.* forbidden, prohibited; *p.p. of* **interdire**; *p.s. of* **interdire; sens** (*m.*) **interdit** one-way (*street*)

intéressant *adj.* interesting

intéresser to interest; **s'intéresser à** to be interested in

intérêt *m.* interest, concern

intérieur *m.* interior; *adj.* interior; **à l'intérieur** inside

intermédiaire *m., f.* intermediary

interprète *m., f.* interpreter

interpréter (j'interprète) to interpret

interroger (nous interrogeons) to question, interrogate

interrompirent *p.s. of* **interrompre**

interrompit *p.s. of* **interrompre**

interrompre (like **rompre)** *irreg.* to interrupt

interrompu *adj.* interrupted; *p.p. of* **interrompre**

intervenir (like **venir)** *irreg.* to intervene; to become involved in

intervenu *p.p. of* **intervenir**

intervinrent *p.s. of* **intervenir**

intervint *p.s. of* **intervenir**

intimidé *adj.* intimidated

intimité *f.* intimacy; privacy

intitulé *adj.* titled

inutile *adj.* useless

inutilité *f.* uselessness

inventer to invent

invité(e) *m., f.* guest; *adj.* invited

inviter to invite

invraisemblablement *adv.* improbably

ironiquement *adv.* ironically

irréel(le) *adj.* unreal

irrégularité *f.* irregularity

isolé *adj.* isolated; detached

ivre *adj.* drunk, intoxicated, elated

ivresse *f.* drunkenness, intoxication; elation

J

jabot *m.* crop (*of bird*); shirt-frill, ruffle

jaillir to shoot forth; to spout up

jamais (ne... jamais) *adv.* never, ever

jambe *f.* leg

jambon *m.* ham

janvier January

jardin *m.* garden

jatte *f.* bowl, basin

jaune *adj.* yellow

javelot *m.* javelin

je (j') *pron., s.* I

jeter (je jette) to throw (away); **se jeter** to throw, fling oneself

jeu (pl. **jeux)** *m.* game; game show; **en jeu** at issue, at stake

jeudi *m.* Thursday

jeun: à jeun fasting, without eating

jeune *adj.* young; **jeunes** *m. pl.* young people, youth; **jeune fille** *f.* girl, young woman; **jeune homme** *m.* young man; **jeunes gens** *m. pl.* young men; young people

jeunesse *f.* youth

job *m.* job; **job d'été** summer job

joie *f.* joy

joignirent *p.s. of* **joindre**

joignit *p.s. of* **joindre**

joindre (like **craindre)** *irreg.* to join; to attach; **se joindre à** to join

joint *adj.* joined, linked; assembled; *p.p. of* **joindre**

joli *adj.* pretty

joue *f.* cheek

jouer to play; **jouer à la poupée** to play with dolls; **jouer au ballon** to play ball; **jouer au football** to play soccer; **jouer au hockey** to play hockey; **jouer de** to play (*a musical instrument*); **jouer un rôle** to play a role; **jouer un tour à** to play a trick on; **se jouer** to trifle, make fun

jouet *m.* toy

joueur (-euse) *m., f.* player

jouir de to enjoy; to be in full possession of

jour *m.* day; **au jour dit** on the prescribed day; **au jour le jour** day by day; **de nos jours** these days, currently; **il y a huit jours** a week ago; **jour levant (mourant)** dawn (twilight); **tous les jours** every day

journal (*pl.* **journaux**) *m.* newspaper; journal, diary

journaliste *m., f.* reporter; journalist

journée *f.* (*whole*) day; **toute la journée** all day long

joyeusement *adv.* joyously, happily

joyeux (-euse) *adj.* joyous; happy, joyful

juge *m.* judge

jugement *m.* judgment

juger (nous jugeons) to judge

juillet July

jupe *f.* skirt

jurer to swear

juriste *m., f.* jurist, legal scholar

jusqu'à (jusqu'en) *prep.* until, up to; **jusqu'au bout** until the end; **jusqu'ici (jusque ici)** up to here, up to now

juste *adj.* just; right, exact; *adv.* just, precisely; accurately

justement *adv.* justly; exactly

justesse *f.* accuracy, perfection

justifier to justify

K

karaté *m.* karate

karatéka *m., f.* practitioner of karate

kilomètre (km.) *m.* kilometer

L

la (l') *art., f. s.* the; *pron., f. s.* it, her

là *adv.* there; **là-bas** *adv.* over there; **oh, là, là!** *interj.* darn; good heavens! my goodness!

labourage *m.* plowing

labours *m. pl.* plowed land

lac *m.* lake

lacer (nous laçons) to lace (*shoes*)

lâcher to let go, release

lâcheté *f.* cowardice

laid *adj.* ugly

laisser to let, allow; to leave (*behind*); **laisser échapper** to

express, emit; **se laisser choir** to fall down, let oneself go; **se laisser tirer** to let oneself be pulled (along)

lait *m.* milk; **dent** (*f.*) **de lait** baby tooth, milk tooth

se lamenter to lament, complain

lampe *f.* lamp; light fixture; **lampe-tempête** *f.* storm lantern

lancement *m.* throwing, casting; publicity campaign

lancer (nous lançons) to launch; to throw, toss; to drop

langage *m.* language; jargon

langue *f.* language; tongue; **langue maternelle** native language

lapin *m.* rabbit

laquelle *See* **lequel**

large *m.* open sea; *adj.* wide; **au large de** off (*at sea*); **au sens large du terme** in the broad(est) sense of the term

largement *adv.* largely; widely

larme *f.* teardrop, tear

las(se) *adj.* tired, weary

laurier *m.* laurel, bay; glory; award

lavement *m.* enema

laver to wash; to clean

le (l') *art., m. s.* the; *pron., m. s.* it, him; **le long du (de la)** the length of

leçon *f.* lesson

lecteur (-trice) *m., f.* reader

lecture *f.* reading

légendaire *adj.* legendary

légende *f.* legend; caption

léger (légère) *adj.* light, light-weight; **à la légère** lightly, rashly

légion *f.* legion; **Légion d'honneur** Legion of Honor

légume *m.* vegetable; legume

lendemain: le lendemain *m.* the next day, following day

lentement *adv.* slowly

lequel (laquelle, lesquels, lesquelles) *pron.* which one, who, whom, which; **auquel** *contr.* **à + lequel; auxquel(le)s** *contr.* **à + lesquel(le)s**

les *art., pl., m., f.* the; *pron., pl., m., f.* them

lettre *f.* letter; *pl.* literature; humanities; **à la lettre** to the letter, literally; **dame** (*f.*) **des lettres** literary woman, writer; **papier** (*m.*) **à lettres** stationery, letter paper

leur *adj., m., f.* their; *pron., m., f.* to them; **le/la/les leur(s)** *pron.* theirs

levant: jour (*m.*) **levant** dawn, rising sun

lever (je lève) to raise, lift; *m.* rising; **lever du soleil** sunrise; **se lever** to get up; to get out of bed

lèvres *f. pl.* lips

levure *f.* yeast

lexique *m.* lexicon, glossary

liaison *f.* liaison; love affair

libérer (je libère) to free

liberté *f.* freedom

libre *adj.* free; available; vacant; **donner (laisser) libre cours à** to give free rein to

licencié(e) *m., f.* graduate, holder of a **licence** degree; **licencié(e) en droit** bachelor of law

lier to bind; to link; **se lier d'amitié avec** to form a friendship with

lieu *m.* place; **au lieu de** *prep.* instead of, in the place of; **avoir lieu** to take place

ligne *f.* line; bus line; figure

limitation *f.* limit; restriction; **limitation de vitesse** speed limit

limite *f.* limit; boundary

lin *m.* flax; linen (*textile*)

linge *m.* underwear and socks; clothing

lire (*p.p.* **lu**) *irreg.* to read

lit *m.* bed; **chambre** (*f.*) **à deux lits** double room

litière *f.* litter, palanquin

litre *m.* liter

littéraire *adj.* literary

littéralement *adv.* literally

littérature *f.* literature

livre *m.* book

se livrer (à) to surrender, give oneself up (to)

locataire *m., f.* renter, tenant

logé *adj.* located; quartered

logement *m.* lodging(s), place of residence

loger (nous logeons) to lodge; to quarter; to dwell, live

logique *adj.* logical

loi *f.* law; **faire la loi** to lay down the law, dictate

loin (de) *adv., prep.* far (from); **de loin en loin** now and then

lointain *adj.* distant

loisirs *m. pl.* leisure-time activities

long(ue) *adj.* long; slow; **le long du (de la)** *prep.* the length of; along, alongside

longtemps *adv.* long; (for) a long time; **il y a longtemps** a long time ago

longuement *adv.* for a long time, lengthily

longueur *f.* length

lors de *prep.* at the time of

lorsque *conj.* when

louche *f.* ladle

loup (louve) *m., f.* wolf

lourd *adj.* heavy

loyer *m.* rent (*payment*); **Habitation** (*f.*) **à Loyer Modéré (H.L.M.)** *French public housing*

lu *adj.* read; *p.p. of* **lire**

luciole *f.* firefly, glow-worm

lueur *f.* gleam; glistening

lui *pron., m., f.* he; it; to him; to her; to it; **lui-même** *pron., m. s.* himself

lumière *f.* light; **mettre en lumière** to bring (*s.th.*) to light

lundi *m.* Monday

lune *f.* moon; **lune de miel** honeymoon

lunettes *f. pl.* (eye)glasses

lurent *p.s. of* **lire**

lut *p.s. of* **lire**

lutte *f.* struggle, battle; wrestling

lutter to fight; to struggle

lycée *m.* French secondary school

M

ma *poss. adj., f. s.* my

mâcher to chew

mâchoire *f.* jaw

madame (Mme) (*pl.* **mesdames**) *f.* Madam, Mrs., Ms.

mademoiselle (Mlle) (*pl.* **mesdemoiselles**) *f.* Miss, Ms.

magasin *m.* store, shop

magicien(ne) *m., f.* magician

magie *f.* magic

magnifique *adj.* magnificent

mai May

maigre *adj.* thin; skinny

main *f.* hand; **à la main** by hand; handmade; **se serrer la main** to shake hands

maintenant *adv.* now

maire *m.* mayor

mairie *f.* town (city) hall

mais *conj.* but; *interj.* why

maison *f.* house, home; family; company, firm; **à la maison** at home

maître (maîtresse) *m., f.* master, mistress; primary school teacher

maîtriser to master; **se maîtriser** to control oneself

majesté *f.* majesty; grandeur

major *m.* officer, chief-of-staff

mal *adv.* badly; *m.* evil; pain, illness (*pl.* **maux**); **aller mal** to feel bad, ill; to go poorly, badly; **avoir du mal à** to have trouble, difficulty; **avoir mal (à)** to have a pain, ache (in); to hurt; **avoir mal à la tête (aux oreilles)** to have a headache (earache); **être (se sentir) mal à l'aise** to be ill at ease, uncomfortable; **faire du mal à** to harm, hurt; **je ne m'en porte pas plus mal** I'm none the worse for it; **mal aimé(e)** unloved, ignored; **se sentir mal** to feel ill; **tourner mal** to turn (out) bad, evil

malade *m., f.* sick person, patient; *adj.* sick; **rendre malade** to make (*s.o.*) sick; **tomber**

malade to get sick

maladie *f.* illness, disease; **assurance** (*f.*) **maladie** health insurance

maladroit *adj.* unskillful; clumsy

malaise *m.* indisposition, discomfort

malavisé(e) *m., f.* unwise, blundering person

malentendu *m.* misunderstanding

malgré *prep.* in spite of

malheur *m.* misfortune, calamity

malheureusement *adv.* unfortunately; sadly

malheureux (-euse) *m., f.* unfortunate (person); *adj.* unhappy; miserable

malhonnête *adj.* dishonest

malicieux (-ieuse) *adj.* malicious

malin (maligne) *m., f.* evil one, devil; *adj.* sly, clever

malle *f.* trunk (*luggage*)

maman *f. fam.* mom, mommy

manche *f.* sleeve

mandarine *f.* tangerine

manger (nous mangeons) to eat; **salle** (*f.*) **à manger** dining room

mangeur (-euse) *m., f.* eater, devourer

manière *f.* manner, way; **à la manière de** like, in an imitation of; **de manière +** *adj.* in a . . . way; **de manière que** so that

manifeste *m.* manifesto, proclamation

manifester to show, display; **se manifester** to appear, show itself

manoir *m.* country house

manquer (de) to miss; to fail; to lack; to be lacking

manteau *m.* coat, overcoat

manufacturier (-ière) *m., f.* manufacturer

marchand(e) *m., f.* merchant, shopkeeper; *adj.* commercial; **jouer à la marchande** to play store; **marchand(e) de vin** wine merchant

marche *f.* walking; (*stair*) step

marcher to walk; to work, go (*device*)

mare *f.* pool, pond

mari *m.* husband

mariage *m.* marriage; wedding

marié(e) *m., f.* groom, bride; *adj.* married; **jeunes (nouveaux) mariés** *m. pl.* newlyweds, newly-married couple

marier to link, join; **se marier (avec)** to get married, marry (*s.o.*)

marin *adj.* ocean, maritime, of the sea; **sous-marin** *adj.* undersea, submarine

marine *f.* navy; **bleu** (*m.*) **marine** navy blue

marquant *adj.* outstanding, prominent

marque *f.* mark; trade name, brand

marquer to mark; to indicate

marron *adj. inv.* brown; maroon; *m.* chestnut

massacrer to murder; to massacre

masse *f.* mass, quantity

massif *m.* massif, mountain range

mastiquer to masticate, chew

match *m.* game; **match de hockey** hockey match

matérialiste *adj.* materialistic

matériel(le) *adj.* material; **biens** (*m. pl.*) **matériels** material goods, wealth

maternel(le) *adj.* maternal; **langue** (*f.*) **maternelle** native language

mathématiques (*fam.* **maths**) *f. pl.* mathematics

matière *f.* academic subject; matter; material

matin *m.* morning; **dix heures du matin** ten A.M.; **le lendemain matin** the next morning

mauvais *adj.* bad; wrong; **être de mauvaise humeur** to be in a bad mood; **sentir mauvais** to smell bad

mauviette *f.* lark (*bird*)

me (m') *pron.* me; to me

méchanceté *f.* spitefulness

méchant *adj.* naughty, bad; wicked

mécontent *adj.* dissatisfied; unhappy

médecin (femme médecin) *m., f.* doctor, physician

médecine *f.* medicine (*study, profession*); *a.* medication

médias *m. pl.* media

médicament *m.* medication; drug

médiocre *m., f.* mediocre person; *adj.* mediocre

meilleur *adj.* better; **le/la meilleur(e)** the best

mélancoliquement *adv.* melancholically

mélanger (nous mélangeons) to mix; to mingle

mélasse *f.* molasses

mêler to mix; to mingle; **se mêler de** to meddle in, get involved in

mélodieux (-ieuse) *adj.* melodious

membre *m.* member; limb, leg

même *adj.* same; itself; very same; *adv.* even; **elle-même (lui-même, etc.)** herself (himself, etc.); **en même temps** at the same time; **même si** even if; **tout de même** all the same, for all that

mémoire *f.* memory; **mémoires** *pl.* memoirs

menace *f.* threat

menacer (nous menaçons) (de) to threaten (to)

ménage *m.* housekeeping; household; married couple

ménager (-ère) *adj.* household

mendier to beg

mener (je mène) to take; to lead; **mener rondement (les affaires)** to hustle (one's business) along

mensonge *m.* lie

menteur (-euse) *m., f.* liar

menti *p.p. of* **mentir**

mentionner to mention

mentir (*like* **partir**) *irreg.* to lie, tell a lie

mentirent *p.s. of* **mentir**

mentit *p.s. of* **mentir**

menu *m.* menu; fixed price menu

mépris *m.* scorn

méprisable *adj.* contemptible, despicable

mépriser to despise, scorn

mer *f.* sea, ocean; **au bord de la mer** at the seashore

merci *interj.* thank you

mère *f.* mother; **belle-mère** mother-in-law; stepmother; **grand-mère** grandmother

méridional(e) *m., f.* southerner; *adj.* southern

mérite *m.* merit; worth

mériter to deserve

merveille *f.* marvel

merveilleux (-euse) *adj.* marvelous

mes *poss. adj., m., f., pl.* my

messager (-ère) *m., f.* messenger

mesure *f.* measure; extent; **dans quelle mesure** to what extent

métaphore *f.* metaphor

méthodique *adj.* methodical

métier *m.* job; trade; profession; **avoir du métier** to be skilled

mètre *m.* meter

métro *m.* subway (*train, system*); **métro-boulot-dodo** *fam.* the rat race, the daily grind

mettre (*p.p.* **mis**) *irreg.* to place; to put on; to turn on; to take (*time*); **j'en mets la main au feu** I swear to it; **mettre à mort** to put to death; **mettre au point** to put into shape; **mettre en colère** to anger (*s.o.*); **mettre en lumière** to shed light on; **mettre en morceaux** to reduce to bits; **mettre en œuvre** to put into practice; **mettre en question** to question, query (*s.th.*); **mettre en scène** to stage, produce; **mettre quelqu'un en faute** to blame s.o.; **se mettre à** to begin to (*do s.th.*); **se mettre à l'abri** to take shelter; **se mettre à l'aise** to relax; to make oneself at home; **se mettre en colère** to get angry; **se mettre en**

route to get underway, get on the road

meubler to furnish; to fill

midi noon; **après-midi** *m. (or f.)* afternoon

miel *m.* honey; **lune** (*f.*) **de miel** honeymoon

(le/la/les) mien(ne)(s) *m., f., pron.* mine

mieux *adv.* better, better off; **aimer mieux** to prefer; **bien, mieux, le mieux** good, better, the best; **faire mieux de** to do better to; **il vaut mieux** + *inf.* it's better to

milieu *m.* environment; milieu; middle; **au milieu de** in the middle of

mille *adj.* thousand

mince *adj.* thin; slender

mine *f.* appearance, look

ministère *m.* ministry

mirent *p.s. of* **mettre**

miroir *m.* mirror

mis *adj.* put; *p.p. of* **mettre**

misanthrope *m., f.* misanthropist, misanthrope

misérable *m., f., adj.* poor, wretched (person)

mit *p.s. of* **mettre**

mite *f.* mite; clothes-moth

mocassins *m. pl.* loafers (*shoes*)

mode *f.* fashion, style; **à la mode** in style

modèle *m.* model; pattern

modéré *adj.* moderate; **Habitation** (*f.*) **à Loyer Modéré (H.L.M.)** *French public housing*

modifié *adj.* changed, modified

mœurs *f. pl.* mores, morals, customs

moi *pron. s.* I, me; **moi-même** *pron. s.* myself

moindre *adj.* less, smaller, slighter

moins (de) *adv.* less; fewer; minus; **au moins** at least; **de moins en moins** less and less; **le moins** the least; **plus ou moins** more or less

mois *m.* month; **au mois de** in the month of

moisson *f.* harvest

moitié *f.* half; **à moitié** half(way)

mollesse *f.* slackness, softness

moment *m.* moment; **au moment où** when; **en ce moment** now, currently

momerie *f.* mummery; *fam.* affectation, simpering

mon (ma, mes) *poss. adj.* my

monde *m.* world; people; company; society; **courir le monde** to travel widely; **le Nouveau Monde** the New World; **le Tiers Monde** Third World, developing nations; **tout le monde** everybody, everyone

mondial *adj.* world; worldwide; **Deuxieme (Première) Guerre** (*f.*) **mondiale** Second (First) World War

monnaie *f.* change; coins; currency (*units*)

monotone *adj.* monotonous

monsieur (M.) (*pl.* **messieurs**) *m.* Mister; gentleman; Sir

monstrueusement *adv.* monstrously

monstrueux (-euse) *adj.* monstrous; huge

mont *m.* hill; mountain

montagne *f.* mountain

montée *f.* rise, ascent; going up

monter to set up, organize; to put on; to carry up; to go up; to rise, go up in value; **monter (dans)** to climb (into)

montrer to show; **se montrer** to show oneself; to appear (*in public*)

se moquer de to make fun of; to mock

moqueur (-euse) *adj.* derisive, mocking

moral *adj.* moral; psychological

morceau *m.* piece; **mettre en morceaux** to reduce to bits

mordant *adj.* mordant, biting

mort *f.* death

mort(e) *m., f.* dead person; *adj.* dead; *p.p. of* **mourir**; **nature** (*f.*) **morte** still-life (*painting*)

mot *m.* word; note; **mot-clé** *m.* key word

motif *m.* motive, incentive

motivé *adj.* motivated

motte: vol (*m.*) **en rase-mottes** hedge-hopping (*aviation*)

mouchoir *m.* handkerchief; tissue

mouiller to dampen; to wet

moulure *f.* profile; molding

mourant *adj.* dying; feeble

mourir (*p.p.* **mort**) *irreg.* to die

moururent *p.s. of* **mourir**

mourut *p.s. of* **mourir**

mousseline *f.* chiffon; muslin (*textile*)

mousseux (-euse) *adj.* foamy, frothy

mouvant *adj.* moving, unstable

moyen *m.* mean(s); way

moyen(ne) *adj.* average; medium; intermediate; **de taille moyenne** of medium height; **poids** (*m. pl.*) **moyen** middle-weight (*boxing*)

muet(te) *adj.* mute; silent

multiplier to multiply

muni (de) *adj.* supplied, equipped (with)

mur *m.* wall

mûr *adj.* mature; ripe

murmurer to murmur, whisper

museau *m.* muzzle, nose (*animal*)

musée *m.* museum

musicien(ne) *m., f.* musician

musique *f.* music; **jouer de la musique** to play music

mutuellement *adv.* mutually

mystère *m.* mystery

N

nager (nous nageons) to swim

naïf (naïve) *adj.* naïve; simple

naissance *f.* birth

naissant *adj.* nascent, incipient

naître (*p.p.* **né**) *irreg.* to be born

nappe *f.* tablecloth

naquirent *p.s. of* **naître**

naquit *p.s. of* **naître**

narcisse *m.* narcissus; daffodil

narine *f.* nostril

narrateur (-trice) *m., f.* narrator

natal *adj.* native

natte *f.* braid (*of hair*)

nature *f.* nature; **nature morte** still life (*painting*)

naturel(le) *adj.* natural; **avec naturel** naturally, in a natural manner

naturellement *adv.* naturally

nausée *f.* nausea

navet *m.* turnip

naviguer to navigate; to sail

ne (n') *adv.* no; not; **ne... aucun(e)** none, not one; **ne... jamais** never, not ever; **ne... ni... ni** neither . . . nor; **ne... nulle part** nowhere; **ne... pas** no; not; **ne... pas du tout** not at all; **ne... pas encore** not yet; **ne... personne** no one; **ne... plus** no more, no longer; **ne... point** not at all; **ne... que** only; **ne... rien** nothing; **n'est-ce pas?** isn't it (so)? isn't that right?

né(e) *adj.* born; *p.p. of* **naître**

nécessaire *adj.* necessary

nécessité *f.* need

négatif (-ive) *adj.* negative

négliger (nous négligeons) de to neglect to

nègre *m.* negro; *adj.* negro, black

neige *f.* snow

nerf *m.* nerve

nerveux (-euse) *adj.* nervous

net(te) *adj.* neat, clear; clean

neuf (neuve) *adj.* new, brand-new

neutre *adj.* neuter; neutral

nez *m.* nose

ni neither; nor; **ne... ni... ni** neither . . . nor

nid *m.* nest

nier to deny

nigaud(e) *m., f.* simpleton, fool

niveau *m.* level

noble *m.* noble(man); *adj.* noble

noblesse *f.* nobility

noce *f.* wedding, marriage; **voyage** (*m.*) **de noces** honeymoon trip

noir *adj.* black

noiraud *adj.* dark, swarthy

nom *m.* name; noun

nombre *m.* number; quantity

nombreux (-euse) *adj.* numerous

nommer to name; to appoint; **se nommer** to be named

non *interj.* no; not; **non plus** neither, not . . . either

nord *m.* north; **nord-est** *m.* north-east

nos *poss. adj., m., f., pl.* our; **de nos jours** these days, currently

note *f.* note; grade (*in school*); bill

noter to notice

notre *poss. adj., m., f., s.* our (**le/la/les) nôtre(s)** *poss. pron., m., f.* ours; our own (*people*)

nourrir to feed, nourish

nourriture *f.* food

nous *pron., pl.* we; us

nouveau (nouvel, nouvelle [*pl.* **nouveaux, nouvelles**]) *adj.* new; **de nouveau** (once) again; **le Nouveau-Monde** the New World; **nouveaux mariés** *m. pl.* newlyweds

nouvelle *f.* piece of news; short story; **nouvelles** *pl.* news, current events

noyer to drown; **se noyer** to be drowned, drown

noyer *m.* walnut tree

nu *adj.* naked; bare; **pieds** (*m. pl.*) **nus** barefoot; **tout(e) nu(e)** completely naked

nuage *m.* cloud

nuance *f.* nuance; shade of meaning

nui *p.p. of* **nuire**

nuire (*p.p.* **nui**) **à** *irreg.* to harm

nuisirent *p.s. of* **nuire**

nuisit *p.s. of* **nuire**

nuit *f.* night

nul(le) *adj., pron.* no, not any; null; **ne... nulle part** *adv.* nowhere

numéro *m.* number

numéroter to number

nuque *f.* nape, back of the neck

O

obéir (à) to obey

objectif *m.* goal, objective

objet *m.* objective; object

obligé *adj.* obliged, required; **être obligé(e) de** to be obliged to

obliger (nous obligeons) (à) to oblige (to); to compel (to)

oblitéré *adj.* obliterated

obscur *adj.* dark; obscure

obscurité *f.* darkness; obscurity

obséder (j'obsède) to obsess

observatoire *m.* observatory

observer to observe

s'obstiner (à) to persevere, persist (in); to dig in one's heels

obtenir (*like* **tenir**) *irreg.* to obtain, get

obtenu *adj.* gotten, obtained; *p.p. of* **obtenir**

obtinrent *p.s. of* **obtenir**

obtint *p.s. of* **obtenir**

occasion *f.* opportunity; occasion; bargain; **(une voiture) d'occasion** used, second-hand (car)

occidental *adj.* western, occidental

occupé *adj.* occupied; held; busy

occuper to occupy; **s'occuper de** to look after, be interested in

occurrence *f.* occurrence, event; **en l'occurence** in, under the circumstances

ocre *f.* ochre (*color*)

octaédrique *adj.* octahedral

octobre October

octroyer (j'octroie) to give, grant

odeur *f.* odor, smell

odieux (-ieuse) *adj.* odious, hateful

œil (*pl.* **yeux**) *m.* eye; look; **voir d'un bon œil** to look favorably upon

œuf *m.* egg

œuvre *f.* work; artistic work; *m.* (*life's*) work; **chef-d'œuvre** (*pl.* **chefs-d'œuvre**) *m.* masterpiece; ***hors-d'œuvre** (*pl.* **des *hors-d'œuvre**) *m.* hors d'œuvre, appetizer

offert *adj.* offered; *p.p. of* **offrir**

offre *f.* offer

offrir (*like* **ouvrir**) *irreg.* to offer

offrirent *p.s. of* **offrir**

offrit *p.s. of* **offrir**

oh, là, là *interj.* darn; my goodness!

oignon *m.* onion

oiseau *m.* bird

oisif (-ive) *adj.* lazy; idle

ombre *f.* shadow, shade

on *pron.* one, they; we; people

oncle *m.* uncle

onduler to ripple; to undulate

ongle *m.* (finger)nail

opposé *adj.* opposing, opposite

opposer to oppose; **s'opposer à** to be opposed to

optique *f. fam.* point of view

or *m.* gold; *conj.* now; well

orange *m.* orange (*color*); *adj. inv.* orange

ordinaire *adj.* ordinary, regular; **d'ordinaire** ordinarily

ordonnance *f.* (*pharmaceutical*) prescription

ordonné *adj.* organized, in order

ordonner to order, command, prescribe

ordre *m.* order; command

oreille *f.* ear; **boucle** (*f.*) **d'oreille** earring

organiser to organize

orgueil *f.* pride; arrogance

orient *m.* Orient, East; **Moyen Orient** Middle East

ornement *m.* ornament

orner to decorate

oser to dare

ôter to take off

ou *conj.* or; either; **ou bien** or else

où *adv.* where; *pron.* where, in which, when

ouais *interj. fam.* yes (**oui**)

oublier (de) to forget (to)

ouest *m.* west

oui *interj.* yes; **mais oui** (but) of course

ourlet *m.* hem; edge

ours *m.* bear; **ours en peluche** teddy bear, plush bear

outil *m.* tool

outrage *m.* outrage, insult

ouvert *adj.* open; frank; *p.p. of* **ouvrir**

ouverture *f.* opening

ouvrage *m.* (*piece of*) work; literary work

ouvreur (-euse) *m., f.* usher (*theater, movies*)

ouvrier (-ière) *m., f.* (*manual*) worker

ouvrir (*p.p.* **ouvert**) *irreg.* to open; **s'ouvrir** to open (up)

ouvrirent *p.s. of* **ouvrir**

ouvrit *p.s. of* **ouvrir**

oxygène *m.* oxygen

P

paillasson *m.* doormat

pain *m.* bread; **avoir du pain sur la planche** to have plenty of work to do; **pain d'épice** gingerbread; **petit pain** dinner roll

paix *f.* peace

palais *m.* palace

pâleur *m.* pallor, paleness

pâlir to grow pale

panier *m.* basket

pantalon *m.* (*pair of*) pants

pantoufle *f.* slipper (*shoe*)

papa *m. fam.* dad, daddy

papier *m.* paper; **feuille** (*f.*) **de papier** sheet of paper; **papier à lettres** letter paper, stationery

paquet *m.* package

par *prep.* by, through; per; **par cœur** by heart; **par contre** on the other hand; **par exemple** for example; **par moitié** in half, by halves; **par rapport à** with regard to, in relation to; **par terre** on the ground

paradis *m.* paradise

paraître (*like* **connaître**) *irreg.* to appear

parbleu *interj.* why, of course!, my God!

parc *m.* park; **parc national** national park

parce que *conj.* because

parcourir (*like* **courir**) *irreg.* to travel through, traverse

parcouru *adj.* covered; *p.p. of* **parcourir**

parcoururent *p.s. of* **parcourir**

parcourut *p.s. of* **parcourir**

par-dessus *prep., adv.* over (*the top of*)

pardessus *m.* overcoat

pardon *m.* pardon, forgiveness

pareil(le) (à) *adj.* like; similar (to)

parent(e) *m., f.* parent; relative; **parents** *m. pl.* parents; **grands-parents** *m. pl.* grand-parents

paresse *f.* laziness, idleness

paresser to idle; to laze (around)

paresseux (-euse) *adj.* lazy

parfait *adj.* perfect

parfois *adv.* sometimes

parfum *m.* perfume; odor; flavor

parfumé *adj.* perfumed; sweet-smelling; flavored

parler (à, de) to speak (to, of); to talk (to, about); *m.* speech

parmi *prep.* among

parodique *adj.* satirizing, ridiculing

parole *f.* word; **porte-parole** *m.* spokesperson; **prendre (demander) la parole** to take (ask for) the floor

part *f.* share, portion; role; **à part** besides; separately; **autre part** somewhere else, elsewhere; **faire part** to inform; **ne... nulle part** nowhere; **prendre part à** to participate, take part in; **quelque part** somewhere

partage *m.* division, sharing

partager (nous partageons) to share

partenaire *m., f.* partner

parti *p.p. of* **partir**

participer à to participate in

particulier (-ière) *adj.* particular, special; **en particulier** *adv.* particularly

particulièrement *adv.* particularly

partie *f.* part; game, (*sports*) match; outing; **faire partie de** to be part of, belong to

partir (*like* **dormir**) **(à, de)** *irreg.* to leave (for, from); **à partir de** *prep.* starting from

partirent *p.s. of* **partir**

partit *p.s. of* **partir**

partout *adv.* everywhere; **avoir le nez partout** to be curious, a busybody

paru *adj.* appeared, published; *p.p. of* **paraître**

parurent *p.s. of* **paraître**

parut *p.s. of* **paraître**

parvenir (*like* **venir**) **à** *irreg.* to attain; to succeed in

parvenu *p.p. of* **parvenir**

parvinrent *p.s. of* **parvenir**

parvint *p.s. of* **parvenir**

pas (**ne... pas**) not; **ne... pas encore** not yet; **pas du tout** not at all

passage *m.* passage; passing

passager (-ère) *m., f.* passenger

passant(e) *m., f.* passerby

passé *m.* past; *adj.* spent; past, gone, last; **passé composé** *gram.* present perfect

passer *intrans.* to pass; to go; to stop by; *trans.* to pass; to cross; to spend (*time*); **se passer** to happen, take place

passionné(e) *m., f.* enthusiast, fan; *adj.* passionate, intense

pasteurisé *adj.* pasteurized

pâté *m.* liver paste, pâté; **pâté de foie gras** goose liver pâté

pâtée *f.* mash; scraps (*animal feed*)

paterne *adj.* benevolent, kind

pathétique *m.* pathos; *adj.* pathetic

patienter to wait (patiently)

patin *m.* skate, ice-skate

patinage *m.* ice-skating

patiner to ice-skate; to slide

patinoire *f.* ice-skating rink

pâtissier (-ière) *m., f.* pastry shop owner; pastry chef

patrie *f.* country; homeland, native land

patron(ne) *m., f.* patron; boss, employer

pâturage *m.* grazing; pasture

paume *f.* palm (*of hand*)

paupière *f.* eyelid

pauvre *adj.* poor; unfortunate

pauvreté *f.* poverty

pavé *m.* slab, chunk; *adj.* paved

payer (**je paie**) to pay, pay for

pays *m.* country, nation

paysage *m.* landscape, scenery

paysan(ne) *m., f., adj.* peasant

peau *f.* skin; hide; **être bien dans sa peau** to feel comfortable with oneself; **Peau-Rouge** *m.* "Red Indian"

pêche *f.* fishing; peach

pêcher to fish

pêcheur (-euse) *m., f.* fisherman, fisherwoman

pécuniairement *adv.* financially

se peigner to comb one's hair

peignirent *p.s. of* **peindre**

peignit *p.s. of* **peindre**

peindre (*like* **craindre**) *irreg.* to paint

peine *f.* bother, trouble; **à peine** hardly; **se donner la peine de** to go to the trouble of; **valoir la peine** to be worth the trouble

peiner to grieve, upset

peint *adj.* painted; *p.p. of* **peindre**

peintre *m.* painter

peinture *f.* paint; painting

peluche *f.* plush; **ours** (*m.*) **en peluche** teddy bear

pencher to lean; to bend (over); **se pencher** to bend (down), lean over; **se pencher sur** to concentrate on

pendant *prep.* during; **pendant les vacances** during vacation; **pendant que** *conj.* while

pendre to hang

pénétrer (**je pénètre**) to penetrate, reach

pénible *adj.* difficult; painful

pensée *f.* thought

penser to think; to reflect; to expect, intend; **penser à** to think of, about; **penser de** to think of, have an opinion about

pente *f.* slope

percé *adj.* pierced; holed; **percé à jour** cut through with holes, open-work

percevoir (*like* **recevoir**) *irreg.* to perceive

perché *adj.* perched

perçu *adj.* perceived; *p.p. of* **percevoir**

perçurent *p.s. of* **percevoir**

perçut *p.s. of* **percevoir**

perdre to lose; to waste; **se perdre** to get lost

perdu *adj.* lost; wasted; anonymous; remote

père *m.* father; reverend (*Catholic*); **beau-père** father-in-law; stepfather; **père Noël** Santa Claus

perfectionner to perfect

perfide *adj.* perfidious, false-hearted

péril *m.* danger, peril

période *f.* period (*of time*)

périr to perish

permettre (*like* **mettre**) (**à**) *irreg.* to permit, allow, let; **se permettre** to permit oneself; to afford

permirent *p.s. of* **permettre**

permis *m.* permit; *adj.* permitted; *p.p. of* **permettre**; **permis** (*m.*) **de conduire** driver's license

permit *p.s. of* **permettre**

perplexe *adj.* perplexed, confused

personnage *m.* (*fictional*) character

personnalité *f.* personality

personne *f.* person; **personnes** *pl.* people; **grande personne** adult, grown-up; **ne... personne** nobody, no one, nobody

personnel(le) *adj.* personal

personnellement *adv.* personally

persuader to persuade, convince

perte *f.* loss

pervenche *f.* periwinkle (*flower*)

pesant *adj.* heavy, burdensome

peser (**je pèse**) (**sur**) to weigh (heavily on)

peste *f.* nuisance; plague

petit *adj.* small, little; short; very young; **petits** *m. pl.* young ones; little ones; **la petite bourgeoisie** the lower middle class; **petit ami (petite amie)** *m., f.* boyfriend, girlfriend; **petit à petit** little by little; **petite fille** *f.* little girl; **petit-**

enfant *m.* grandchild; **petit four** *m.* (*individual*) pastry, petit four; **petit pain** *m.* dinner roll

peu *adv.* little; few; not very; hardly; **à peu près** *adv.* nearly; approximately; **peu à peu** little by little; **quelque peu** to a slight extent; **un peu (de)** a little

peuple *m.* nation; people (*of a country*)

peupler to populate

peur *f.* fear; **avoir peur (de)** to be afraid (of); **faire peur à** to scare, frighten

peureux (-euse) *adj.* fearful, timid

peut-être *adv.* perhaps, maybe

pharmacie *f.* pharmacy, drugstore

pharmacien(ne) *m., f.* pharmacist

photo *f.* picture, photograph

photographe *m., f.* photographer

photographie (*fam.* **photo**) *f.* photo(graph); photography

phrase *f.* sentence

physique *adj.* physical

piano *m.* piano; **faire du piano** to play the piano

piastre *f.* piastre, currency unit

pic *m.* pick; peak

pièce *f.* piece; room (*of a house*); coin; each; (*theatrical*) play; **pièce de théâtre** (*theatrical*) play

pied *m.* foot; **à pied** on foot; **au pied de** at the foot of; **coup (m.) de pied** kick; **pieds nus** barefoot; **sur pied** on one's feet, standing

piédestal *m.* pedestal

piège *m.* trap

pierre *f.* stone

piétiner to trample; to mark time, wait impatiently

pigeon(ne) *m., f.* pigeon

pilier *m.* pillar

pin *m.* pine tree

pince *f.* pleat; dart (*in garment*)

pinceau *m.* paintbrush

pincer (nous pinçons) to pinch; to purse one's lips

pionnier (-ière) *m., f.* pioneer

pipi: faire pipi *tr. fam.* to pee

pique-nique *m.* picnic; **faire un pique-nique** to go on a picnic

pire *adj.* worse; **le/la pire** worst

pis *adv.* worse; **tant pis** too bad

pitié *f.* pity; **avoir pitié de** to have pity on

pittoresque *adj.* picturesque

placard *m.* cupboard, cabinet

place *f.* place; position; parking place; (public) square; seat; **à la place de** instead of; **se mettre à la place de** to imagine oneself in the place of; **sur place** on, in the field; in the same place

placer (nous plaçons) to find a seat for; to place; to situate

plafond *m.* ceiling

plage *f.* beach

plaignirent *p.s. of* **plaindre**

plaignit *p.s. of* **plaindre**

plaindre (*like* **craindre**) *irreg.* to pity; **se plaindre de** to complain of, about

plaine *f.* plain

plaint *p.p. of* **plaindre**

plaire (*p.p.* **plu**) **à** *irreg.* to please; **se plaire à** to delight in; **s'il te (vous) plaît** *interj.* please

plaisant *adj.* funny; pleasant

plaisanterie *f.* joke; trick

plaisir *m.* pleasure

plan *m.* city map; plan; diagram; level; **premier plan** foreground (*painting*); **sur le plan (personnel)** on a (personal) level

planche *f.* board; **avoir du pain sur la planche** to have plenty of work to do

plancher *m.* (*wood*) floor

planter to plant; to set, situate

plaque *f.* sign; plate; tablet

plat *m.* dish; course (*meal*); *adj.* flat

plâtre *m.* plaster; cast

plein (de) *adj.* full (of); **en plein** fully, precisely; in the middle

of; **en plein centre** right in the middle; **pleine lune** *f.* full moon

pleurer to cry, weep

pleureur (-euse) *m., f.* weeper; mourner

pli *m.* pleat; fold

plissé *adj.* pleated; creased

plomb *m.* lead (*metal*); **fil (m.) à plomb** plumb line

plongeon *m.* diving (*sport*)

plonger (nous plongeons) to dive; to dip, immerse

plongeur (-euse) *m., f.* diver

plu *adj.* pleased; *p.p. of* **plaire**

pluie *f.* rain

plume *f.* feather; fountain pen

plupart: la plupart (de) *f.* most, the majority (of)

plurent *p.s. of* **plaire**

plus (de) *adv.* more; more . . . than . . . (-er); plus; **au plus vite** as quickly as possible; **de plus** in addition; **je n'en peux plus** I can't go on any longer; **le/la/ les plus** + *adj. or adv.* the most . . . ; **ne... plus** no longer, not anymore; **non plus** neither, not . . . either; **plus... que** more . . . than; **plus tard** later

plusieurs (de) *adj., pron.* several (of); **à plusieurs reprises** several times (over)

plut *p.s. of* **plaire**

plutôt *adv.* instead; rather; on the whole

poche *f.* pocket; **argent (m.) de poche** pocket money, allowance

poème *m.* poem

poésie *f.* poetry

poète *m.* poet

poétique *adj.* poetic

poids *m.* weight; **poids moyen** middle-weight (*boxing*)

poignant *adj.* poignant, touching

poinçonneur (-euse) *m., f.* ticket puncher

poing *m.* fist

point *m.* point; dot; period (*punctuation*); **à quel point** up to what point; **faire le point** to take stock (*of a question*); **mettre au point** to restate, focus; **ne... point** not at all; **point de départ** starting point; **point de vue** point of view

pointe *f.* peak; point; touch, bit

pointu *adj.* pointed, pointy; shrill

poire *f.* pear; **poire de Crassane** soft winter pear

pois *m. pl.* peas

poisson *m.* fish

poitrine *f.* chest; lungs; breasts

police *f.* police; **agent** (*m.*) **de police** police officer

poliment *adv.* politely

polir to polish; to make perfect

politesse *f.* politeness; good breeding

politique *f.* politics; policy; *adj.* political; **homme (femme) politique** *m., f.* politician

polygame *adj.* polygamous

pomme *f.* apple; **pomme de terre** potato

pondéré *adj.* well-balanced, level-headed

populaire *adj.* popular; common; of the people

porte *f.* door; **porte d'entrée** entrance

porté *adj.* worn; carried; inclined, disposed

portée *f.* reach, grasp; **à portée de** within reach of

porte-glaive *m., a.* sword-carrier

porte-parole *m.* spokesperson; mouthpiece

porter to wear; to carry; **je ne m'en porte pas plus mal** I'm none the worse for it; **porter secours à** to help, assist; **se porter bien (mal)** to be well (ill)

porteur (-euse) *m., f.* carrier, bearer; (*luggage*) porter

portillon *m.* (*automatic*) gate

portrait *m.* portrait

portraitiste *m., f.* portraitist

poser to put (down); to state; to pose; to ask; **poser une question** to ask a question

positif (-ive) *adj.* positive

posséder (je possède) to possess

possible *adj.* possible; **autant de... que possible** as many . . . as possible

postal *adj.* postal, post; **carte** (*f.*) **postale** postcard

poste *m.* position; employment; **timbre-poste** *m.* postage stamp

postérité *f.* posterity

pot *m.* pot; jar; pitcher

poubelle *f.* garbage can

poudrier *m.* compact (*for make-up*)

poule *f.* hen; **poule d'eau** moorhen, water-hen

poulet *m.* chicken

poupée *f.* doll; **jouer à la poupée** to play dolls

pour *prep.* for; in order to; **pour que** *conj.* so that, in order that

pourboire *m.* tip, gratuity

pourpre *m.* crimson, rich red

pourquoi *adv., conj.* why

pourrir to rot, decay

poursuite *f.* pursuit

poursuivi *p.p. of* **poursuivre**

poursuivirent *p.s. of* **poursuivre**

poursuivit *p.s. of* **poursuivre**

poursuivre (*like* **suivre**) *irreg.* to pursue

pourtant *adv.* however, yet, still, nevertheless

poussé *adj.* grown, sprouted; pushed

poussée *f.* growth; thrust; upsurge

pousser to push; to encourage; to emit; to grow; **pousser un cri** to utter a cry; **pousser un soupir** to sigh, heave a sigh

poussin *m.* (*baby*) chick

pouvoir (*p.p.* **pu**) *irreg.* to be able (to); *m.* power, strength; **je n'en peux plus** I can't go on any longer

pragmatique *adj.* pragmatic; practical

pratique *f.* practice; *adj.* practical

pratiquer to practice; to exercise (*a sport*)

pré *m.* meadow; field

précédent *adj.* preceding

précieux (-ieuse) *adj.* precious

se précipiter to hurry, rush over; to hurl oneself

précis *adj.* precise, fixed, exact

précisément *adv.* precisely, exactly

préciser to state precisely; to specify

précision *f.* precision; detail

prédire (*like* **dire**, *exc.* **vous prédisez**) *irreg.* to predict, foretell

prédirent *p.s. of* **prédire**

prédit *adj.* predicted, foretold; *p.p. of* **prédire**; *p.s. of* **prédire**

préférer (je préfère) to prefer, like better

préjugé *m.* prejudice

préliminaire *adj.* preliminary

premier (-ière) *adj.* first; **la première fois** the first time; **première classe** first class; **premier plan** foreground (*painting*)

prendre (*p.p.* **pris**) *irreg.* to take; to have (*to eat*); **prendre à la légère** to take lightly; **prendre à la lettre** to take literally; **prendre à tâche de faire quelque chose** to make it one's duty to do s.th.; **prendre au sérieux** to take seriously; **prendre de l'élan** to take off; **prendre des risques** to take risks; **prendre du temps** to take time; **prendre garde (à)** to watch out (for); **prendre goût à** to develop a taste for; **prendre l'air** to get some fresh air; **prendre la parole** to begin speaking, take the floor; **prendre la retraite** to retire; **prendre le train** to take the train; **prendre part à** to participate, take part in; **prendre soin de** to take care of; **prendre son congé** to take one's vacation, leave; **prendre son temps** to take one's time; **prendre un bain** to take a bath; **prendre un café** to have a cup of coffee; **prendre une décision** to make a decision; **savoir comment s'y prendre** to know what to do, how to go about it

préparer to prepare; **se préparer (à)** to prepare oneself, get ready (for)

près (de) *adv.* near, close to; **à peu près** around, approximately; **de près** closely

pré-salé *m.* salt-meadow sheep, mutton

prescrire (*like* **écrire**) *irreg.* to prescribe

prescrit *adj.* prescribed; *p.p. of* **prescrire**

prescrivirent *p.s. of* **prescrire**

prescrivit *p.s. of* **prescrire**

présence *f.* presence; **en présence de** in the presence of

présent *m.* present; *adj.* present; **à présent** nowadays

présenter to present; to introduce; to put on (*a performance*); **se présenter (à)** to present, introduce oneself (to); to appear; to arrive at

préserver to preserve, conserve

président(e) *m., f.* president

presque *adv.* almost, nearly

prestement *adv.* quickly; sharply

prestigieux (-ieuse) *adj.* prestigious

prêt *m.* loan; *adj.* ready; **être prêt(e) à, pour** to be ready to

prétendre to claim, maintain; to require

prêter (à) to lend to; **se prêter à** to lend oneself, itself to

prétexte *m.* pretext; **sous le prétexte de** under the pretext of

prêtre *m.* priest

preuve *f.* proof; **faire preuve de** to prove

prévenir (*like* **venir**) *irreg.* to warn, inform; to prevent, avert

prévenu *p.p. of* **prévenir**

prévinrent *p.s. of* **prévenir**

prévint *p.s. of* **prévenir**

prévirent *p.s. of* **prévoir**

prévit *p.s. of* **prévoir**

prévoir (*like* **voir**) *irreg.* to foresee, anticipate

prévu *adj.* expected, anticipated; *p.p. of* **prévoir**

prier to pray; to beg, entreat; to ask (*s.o.*); **je vous (t')en prie** please; you're welcome

prière *f.* prayer

prince (princesse) *m., f.* prince, princess

principe *m.* principle

printanier (-ière) *adj.* spring

printemps *m.* spring; **au printemps** in the spring

priorité *f.* right of way; priority

prirent *p.s. of* **prendre**

pris *adj.* occupied; *p.p. of* **prendre**

prise *f.* taking; **prise de conscience** consciousness awakening

prisonnier (-ière) *m., f.* prisoner

prit *p.s. of* **prendre**

privé de *adj.* deprived of

prix *m.* price; prize

problème *m.* problem

procédé *m.* process, method

prochain *adj.* next

proche (de) *adj., adv.* near, close (to)

procurer to furnish; to obtain

prodigieux (-ieuse) *adj.* prodigious, stupendous

produire (*like* **conduire**) *irreg.* to produce, make; **se produire** to occur, happen, arise

produisirent *p.s. of* **produire**

produisit *p.s. of* **produire**

produit *m.* product; *p.p. of* **produire**

professeur (*fam.* **prof**) *m.* professor; teacher

professionnel(le) *m., f.* professional; *adj.* professional

profiter de to take advantage of, profit from

profond *adj.* deep

profondément *adv.* deeply

programmation *f.* programming

programme *m.* program; design, plan; agenda

progrès *m.* progress

proie *f.* prey

prolonger (nous prolongeons) to prolong, extend; **se prolonger** to go on and on; to continue

promenade *f.* walk; ride; **faire une promenade (en voiture)** to go on an outing (car ride)

promener (je promène) to take out walking; **se promener** to go for a walk, drive, ride

promeneur (-euse) *m., f.* stroller, walker

promettre (*like* **mettre**) **(de)** *irreg.* to promise (to)

promirent *p.s. of* **promettre**

promis *p.p. of* **promettre**

promit *p.s. of* **promettre**

prononcer (nous prononçons) to pronounce

propos *m.* talk; *pl.* utterance, words; **à propos de** *prep.* with respect to

proposer to propose, suggest

propre *adj.* own; proper; clean; **à, pour son propre compte** on one's own account

prosterné *adj.* prostrate

prostitué(e) *m., f.* prostitute

protecteur (-trice) *m., f.* protector; *adj.* protecting; protective

protéger (je protège, nous protégeons) to protect

protester to protest; to declare

prouver to prove

provision *f.* supply; **provisions** *pl.* groceries

provoquer to provoke, incite

psychologique *adj.* psychological

pu *p.p. of* **pouvoir**

public (publique) *m.* public; audience; *adj.* public

publicité (*fam.* **pub**) *f.* commercial; advertisement; advertising

publier to publish

puce *f.* flea

puer *fam.* to stink

puis *adv.* then, next; besides; *variant of* **peux (pouvoir)**; **et puis** and then; and besides

puisque *conj.* since, as, seeing that

puissant *adj.* powerful, strong

puncheur *m.* puncher (*boxing*)
punir to punish
punition *f.* punishment
pupitre *m.* student desk; desk chair
pur *adj.* pure
purent *p.s. of* **pouvoir**
put *p.s. of* **pouvoir**
pyjama *m. s.* pajamas

Q

quai *m.* quay; (*station*) platform
qualifier to qualify
qualité *f.* (*good*) quality; characteristic
quand *adv., conj.* when
quant à *prep.* as for
quartier *m.* neighborhood, quarter
quatrième *adj.* fourth
que (qu') *adv.* how; why; how much; *conj.* that; than; *pron.* whom; that; which; what; **ne... que** *adv.* only; **parce que** because; **qu'est-ce que** what? (*object*); **qu'est-ce qui** what? (*subject*)
quel(le)(s) *interr. adj.* what, which; what a
quelconque *adj.* indefinite; any, whatever, some
quelque(s) *adj.* some, any; a few; somewhat; **quelque chose** *pron.* something; **quelque chose d'important** something important; **quelque part** *adv.* somewhere
quelquefois *adv.* sometimes
quelques *adj.* some, a few; **quelques-uns (-unes)** *pron.* some, a few
quelqu'un *pron., neu.* someone, somebody
querelle *f.* quarrel; **chercher querelle (à)** to try to pick a quarrel (with)
question *f.* question; **poser des questions (à)** to ask questions (of); **(re)mettre en question** to call into question, query
questionner to question, ask questions

questionneur (-euse) *m., f.* questioner
qui *pron.* who, whom; **qu'est-ce qui** what? (*subject*); **qui est-ce que** who? (*object*); **qui est-ce qui** who? (*subject*)
quincaillier (-ière) *m., f.* hardware merchant
quittance *f.* receipt; **timbre-quittance** *f.* receipt stamp
quitter to leave (*s.o. or someplace*)
quoi (à quoi, de quoi) *pron.* which; what; **en quoi** in what way
quotidien(ne) *m.* daily newspaper; *adj.* daily, everyday

R

rabaisser to lower, reduce
rabbin (femme rabbin) *m., f.* rabbi
rabot *m.* plane (*woodworking*)
race *f.* race; ancestry; stock
se racheter (je me rachète) to atone, redeem oneself
racine *f.* root
racontar *m. fam.* story, piece of gossip
raconter to tell, relate, narrate
radicalement *adv.* radically
radieux (-ieuse) *adj.* radiant, dazzling
radio *f.* radio; X-ray
rafraîchir to refresh; **se rafraîchir** to have some refreshment
rager (nous rageons) to rage
raisin *m.* grape(s); raisin
raison *f.* reason; **avoir raison** to be right; **donner raison à quelqu'un** to admit s.o. is right
raisonnable *adj.* reasonable; rational
raisonnement *m.* reasoning, argument
raisonner to reason
raisonneur (-euse) *adj.* argumentative
ramasser to pick up; to collect
rame *f.* subway train, string of cars; oar
rancune *f.* resentment; malice, spite
rang *m.* row, rank, line

rangé *adj.* tidy; dutiful
ranger (nous rangeons) to put in order; to arrange, categorize
rapide *adj.* rapid, fast
rappeler (je rappelle) to remind; to recall; to call again
rapport *m.* connection, relation; report; **rapports** *pl.* relations; **par rapport à** concerning, regarding
rapporté *adj.* reported
se rapprocher (à) to approach, draw nearer (to)
rare *adj.* rare; infrequent; unusual
rase: vol (*m.*) **en rase-mottes** hedge-hopping (*aviation*)
raser to shave; to graze, brush; **se raser** to shave (*oneself*)
rasoir *m.* razor
rassembler to gather, assemble
rassis *adj.* settled, sedate
rassurant *adj.* reassuring
rassurer to reassure
rater to miss; to fail
rattraper to recapture, catch up with
ravi *adj.* delighted
rayonner to radiate; to beam
réagir to react
réalisation *f.* execution; production
réaliser to realize; to produce, carry out
réaliste *adj.* realistic
réalité *f.* reality; **en réalité** in reality
récemment *adv.* recently, lately
récent *adj.* recent, new, late
recevoir (*p.p.* **reçu**) *irreg.* to receive; to entertain (*guests*)
réchauffer to warm up
recherche *f.* (*piece of*) research; search; **à la recherche de** in search of
recherché *adj.* sought after; studied, affected
récit *m.* account, story
réciter to recite
récolte *f.* harvest
recommander to recommend
recommencer (nous recommençons) to start again
récompense *f.* reward, recompense

reconnaissable *adj.* recognizable

reconnaissance *f.* gratitude; recognition

reconnaître (*like* **connaître**) *irreg.* to recognize

reconnu *adj.* recognized; *p.p. of* **reconnaître**

reconnurent *p.s. of* **reconnaître**

reconnut *p.s. of* **reconnaître**

reconquête *f.* reconquest

recopier to recopy

recours *m.* recourse; **avoir recours à** to have recourse to

récrire (*like* **écrire**) *irreg.* to rewrite

récrit *p.p. of* **récrire**

récrivirent *p.s. of* **récrire**

récrivit *p.s. of* **récrire**

reçu *adj.* received; *p.p. of* **recevoir**; **être reçu(e) (à)** to pass (*an exam*)

recueil *m.* collection, anthology

recul *m.* perspective, distance

reçurent *p.s. of* **recevoir**

reçut *p.s. of* **recevoir**

recycler to recycle; **se recycler** to take up a new career

rédacteur (-trice) *m., f.* writer; editor

rédaction *f.* (*piece of*) writing, draft

redemander to ask (*for s.th.*) again

redevenir (*like* **venir**) *irreg.* to become (*once*) again

redevenu *p.p. of* **redevenir**

redevinrent *p.s. of* **redevenir**

redevint *p.s. of* **redevenir**

redingote *f., a.* frock-coat

redistribuer to redistribute

redouter to fear, dread

réel(le) *m.* (the) real; *adj.* real, actual

réellement *adv.* really

refaire (*p.p.* **refait**) to make again; to redo

refait *p.p. of* **refaire**

se référer (**je me réfère**) to refer

refermer to shut, close again

refirent *p.s. of* **refaire**

refit *p.s. of* **refaire**

réfléchi *adj.* reflective, thoughtful

réfléchir (à) to reflect; to think (about)

reflet *m.* reflection

refléter (**je reflète**) to reflect

réflexion *f.* reflection, thought; **à la réflexion** upon reflection

réforme *f.* reform

refroidir to cool (*s.o.*) (down)

refuser (de) to refuse (to)

regard *m.* glance; gaze, look

regarder to look at; to watch

régence *f.* regency

règle *f.* rule

régner (**je règne**) to reign

regretter to regret, be sorry; to miss

regrouper to regroup; to contain

régularité *f.* regularity; steadiness

régulier (-ière) *adj.* regular

régulièrement *adv.* regularly

reine *f.* queen

rejoignirent *p.s. of* **rejoindre**

rejoignit *p.s. of* **rejoindre**

rejoindre (*like* **craindre**) *irreg.* to (re)join; to reach

rejoint *adj.* rejoined; *p.p. of* **rejoindre**

réjouir to delight, gladden

relation *f.* relation; relationship

relever (**je relève**) to raise; to bring up; to point out; **se relever** to get up

relié *adj.* tied, linked

relief *m.* relief, raised surface

religieuse *f.* nun

religieux (-ieuse) *adj.* religious

relire (*like* **lire**) *irreg.* to reread

relu *p.p. of* **relire**

relurent *p.s. of* **relire**

relut *p.s. of* **relire**

remâcher to chew again; *fam.* to turn over in one's mind

remarquable *adj.* remarkable

remarque *f.* remark; criticism

remarquer to remark; to notice; **se faire remarquer** to attract attention

rembarrer *fam.* to snub; to put (*s.o.*) in his/her place

remède *m.* remedy; treatment

remerciement *m.* thanks, acknowledgment

remercier (de) to thank (for)

remettre (*like* **mettre**) *irreg.* to put back; to hand in, hand over; to postpone, put off; **remettre en question** to call into question, query, rethink

remirent *p.s. of* **remettre**

remis *adj.* recovered, calmed; *p.p. of* **remettre**

remit *p.s. of* **remettre**

remonter to go back (up); to bring up; to wind up

remplacé *adj.* replaced

remplir to fill (in, out, up)

remuer to move (about); to stir

renard *m.* fox

rencontre *f.* meeting, encounter

rencontrer to meet, encounter, run into

rendez-vous *m.* meeting, appointment; date; meeting place; **avoir rendez-vous avec** to have an appointment with

rendre to give (back), return (*s.th.*); to render, make; **je le lui ai bien rendu** I really got even with him/her; **rendre la santé à** to restore health to; **rendre malade** to make (*s.o.*) sick; **rendre visite à** to visit (*s.o.*); **se rendre (à, dans)** to go (to); **se rendre compte de/que** to realize that

rendu: compte (*m.*) **rendu** report, account

renfermé *adj.* close, uncommunicative; contained

se rengorger (**nous nous rengorgeons**) to strut, swagger

renifler to sniffle, snivel

renommée *f.* renown

renoncer (**nous renonçons**) **à** to give up, renounce

renouveler (**je renouvelle**) to renovate; to renew; **se renouveler** to recur, happen again

renouvellement *m.* renewal; transformation

renseignement *m.* (piece of) information

renseigner to inform, give information; **se renseigner (sur)** to inquire, ask (about)

rentré (dans) *adj.* tucked (in), drawn (in)

rentrée (des classes) *f.* beginning of the school year

rentrer to return (*to a place*); to go home; *trans.* to put away, take in

se repaître (*like* connaître) de *irreg.* to feast on, feed on

se répandre to spread (out); to scatter

réparer to repair

reparti *p.p. of* **repartir**

repartir (*like* partir) *irreg.* to leave (again)

repartirent *p.s. of* **repartir**

repartit *p.s. of* **repartir**

repas *m.* meal, repast

repenser à to think about again

répéter (je répète) to repeat

réplique *f.* reply; retort

répondre (à) to answer, respond

réponse *f.* answer, response

reportage *m.* reporting; commentary

repos *m.* rest, repose; relaxation

reposer (sur) to put down again; to rest; **se reposer** to rest

reposoir *m.* resting place; small altar

repousser to push back; to repulse

reprendre (*like* prendre) *irreg.* to take (up) again; to continue

représentation *f.* performance (*of a show*)

représenté *adj.* presented; represented; played

se représenter to imagine

réprimander to scold, reprimand

réprimé *adj.* repressed; put down

reprirent *p.s. of* **reprendre**

repris *adj.* continued; revived; retaken; *p.p. of* **reprendre**

reprise *f.* retake; round; **à plusieurs reprises** repeatedly; on several occasions

reprit *p.s. of* **reprendre**

reprocher to reproach

reproduire (*like* conduire) *irreg.* to reproduce

reproduisirent *p.s. of* **reproduire**

reproduisit *p.s. of* **reproduire**

reproduit *adj.* reproduced; *p.p. of* **reproduire**

repu *adj.* full, replete; *p.p. of* **se repaître**

république *f.* republic

répugner (à) to be repugnant (to)

se repurent *p.s. of* **se repaître**

se reput *p.s. of* **se repaître**

réseau *m.* net; network

réserve *f.* reservation; preserve; reserve; **réserves** *pl.* storage; **en réserve** in reserve

réserver to reserve; to keep in store; **se réserver** to reserve (*for oneself*)

résidence *f.* residence; apartment building

résider to reside

se résigner *adj.* to resign oneself

résister (à) to resist

résolu *adj.* resolved; resolute; *p.p. of* **résoudre**

résolurent *p.s. of* **résoudre**

résolut *p.s. of* **résoudre**

résoudre (*p.p.* résolu) *irreg.* to solve, resolve

respecter to respect, have regard for

respectueusement *adv.* respectfully

responsabilité *f.* responsibility

ressembler à to resemble

ressenti *p.p. of* **ressentir**

ressentir (*like* partir) *irreg.* to feel, sense

ressentirent *p.s. of* **ressentir**

ressentit *p.s. of* **ressentir**

ressort *m.* spring; foundation

ressources *f. pl.* resources; funds

reste *m.* rest, remainder; **restes** *pl.* leftovers; remains

rester to stay, remain; to be remaining

restrictif (-ive) *adj.* restrictive

résultat *m.* result

résulter to result, follow

résumé *m.* summary; resumé

resurgir to resurge, rise again

retenir (*like* tenir) *irreg.* to retain; to keep, hold; **se retenir** to restrain oneself

retenu *p.p. of* **retenir**

retenue *f.* restraint; discretion

retinrent *p.s. of* **retenir**

retint *p.s. of* **retenir**

retirer to withdraw

retour *m.* return; **de retour** back (*from somewhere*); return

retourner to return; to go back; **se retourner** to turn over; to turn around; to look back

retraite *f.* retreat; retirement; pension; **prendre la retraite** to retire

retrouver to find (again); to regain; to meet (*by prior arrangement*); **se retrouver** to find oneself, each other (again)

rets *m., a.* net

réunion *f.* meeting; reunion

réunir to unite, reunite; to gather; **se réunir** to get together; to hold a meeting

réussir (à) to succeed, be successful (in); to pass (*a test, a course*)

rêvasser to daydream

rêve *m.* dream

revêche *adj.* harsh, rough

réveil *m.* waking, awakening

réveiller to wake, awaken (*s.o.*); **se réveiller** to wake up

révéler (je révèle) to reveal; **se révéler** to reveal oneself (itself)

revenir (*like* venir) *irreg.* to return; to come back

revenu *m.* personal income; *p.p. of* **revenir**

rêver (de, à) to dream (about, of)

révérenciel(le) *adj.* reverential

révérer (je révère) to revere

rêverie *f.* reverie; musing

revêtir (*like* vêtir) to put on (*clothing again*)

revêtirent *p.s. of* **revêtir**

revêtit *p.s. of* **revêtir**

revêtu de *adj.* dressed in; covered with; *p.p. of* **revêtir**

rêveur (-euse) *adj.* dreaming, dreamy

revinrent *p.s. of* **revenir**

revint *p.s. of* **revenir**

revirent *p.s. of* **revoir**

revit *p.s. of* **revoir**

revoir (*like* **voir**) *irreg.* to see (again); to review

révolté *adj.* rebellious

se révolter to revolt, rebel

revu *p.p. of* **revoir**

revue *f.* magazine; journal; review

ri *p.p. of* **rire**

richesse *f.* wealth

ride *f.* wrinkle

rideau *m.* curtain; **au lever du rideau** when the curtain opens

ridicule *m.* absurdity, ridiculousness; *adj.* ridiculous

rien (ne... rien) *pron.* nothing; *m.* trifle, mere nothing

rigoler *fam.* to laugh; to have fun

rigolo(te) *adj. fam.* funny

rime *f.* rhyme

rire (*p.p.* **ri**) *irreg.* to laugh; *m.* laughter; **éclat** (*m.*) **de rire** burst of laughter; **éclater de rire** to burst out laughing

rirent *p.s. of* **rire**

risque *m.* risk; **prendre des risques** to take risks

risquer (de) to risk

rit *p.s. of* **rire**

rivage *m.* riverbank, shore

rivière *f.* river, tributary

riz *m.* rice

rizière *f.* rice plantation; rice paddy

robe *f.* dress; robe; **robe de chambre** bathrobe; dressing gown

rocher *m.* rock, crag

rocheux (-euse) *adj.* rocky

rodéo *m.* rodeo

rôder to prowl (about)

rognon *m.* kidney (*of animals*)

roi (reine) *m., f.* king, queen

rôle *m.* part, character, role; **à tour de rôle** in turn, by turns; **jouer le rôle de** to play the part of

roman *m.* novel

romancier (-ière) *m., f.* novelist

romanesque *adj.* romantic

rompirent *p.s. of* **rompre**

rompit *p.s. of* **rompre**

rompre (*p.p.* **rompu**) *irreg.* to break

rompu *adj.* broken; *p.p. of* **rompre**

rond *m.* round, ring; slice; *adj.* round

ronde *f.* round(s); round (*dance, song*); round-hand (*writing*)

rondement *adv.* roundly, briskly; **mener rondement (les affaires)** to hustle (one's business) along

ronger (nous rongeons) to consume, torment; to gnaw

roquefort *m.* roquefort, blue cheese

rosâtre *adj.* pinkish

rose *f.* rose; *m., adj.* pink

rosée *f.* dew

roucouler to coo (*pigeon*)

rouge *m., adj.* red; **Peau-Rouge** *m.* "Red Indian"

rougir to blush, redden

rougissant *adj.* blushing; flushed

roulant *adj.* rolling; sliding; **escalier** (*m.*) **roulant** escalator

rouleau *m.* roll; silk fabric (*for painting*)

rouler to travel (along) (*by car, train*); to roll

route *f.* road, highway; **en route** on the way, en route; **mise** (*f.*) **en route** start-up; **prendre la route** to leave (*on a trip*)

rouvert *p.p. of* **rouvrir**

se rouvrir (*like* **ouvrir**) to reopen

rouvrirent *p.s. of* **rouvrir**

rouvrit *p.s. of* **rouvrir**

royaume *m.* realm, kingdom

ruban *m.* ribbon; (*adhesive*) tape

rubrique *f.* heading; newspaper column

rue *f.* street

ruisseau *m.* stream, brook

rusé *adj.* cunning, sly

rustre *m.* boor, bumpkin

rythme *m.* rhythm

rythmique *adj.* rhythmic

S

sa *poss. adj., f. s.* his, her, its, one's

sable *m.* sand

sabre *m.* saber, sword

sac *m.* sack; bag; handbag

saccadé *adj.* jerky, abrupt

sacrifier to sacrifice

sage *adj.* good, well-behaved; wise

saigné *adj.* bled; killed

saignée *f.* bleeding; blood-letting

saigner to bleed

saint(e) *m., f.* saint; *adj.* holy

saisir to seize, grasp; to understand, hear; **se saisir de** to seize upon, lay hands on

saisissant *adj.* startling, striking; gripping

saison *f.* season

sale *adj.* dirty

salé *adj.* salted; salt; **pré-salé** *m.* salt-meadow sheep, mutton

salir to dirty, pollute

salive *f.* saliva

salle *f.* room; auditorium; **salle à manger** dining room; **salle de bains** bathroom; **salle de cinéma** movie theater; **salle de classe** classroom; **salle du trône** throne room

salon *m.* exhibit; salon; living room

salsifis *m. s.* salsify (*vegetable*)

saluer to greet; to salute

salut *m.* salvation

salutation *f.* greeting

sang *m.* blood

sanglot *m.* sob

sans *prep.* without; **sans arrêt(s)** unceasingly; nonstop; **sans but** aimlessly; **sans cesse** unceasingly; **sans doute** doubtless, for sure; **sans fin** endless(ly); **sans hâte** unhurriedly; **sans trêve** unceasingly

santé *f.* health; **en bonne (meilleure, mauvaise) santé** in good (better, poor) health

saphir *m.* sapphire

sapin *m.* fir tree

satisfaire (*like* **faire**) *irreg.* to satisfy; to please

satisfaisant *adj.* satisfying

satisfait *adj.* satisfied; pleased; *p.p. of* **satisfaire**

satisfirent *p.s. of* **satisfaire**

satisfit *p.s. of* **satisfaire**

sauce *f.* sauce; gravy; salad dressing

saucisse *f.* sausage; **chair** (*f.*) **à saucisse** sausage meat
saucisson *m.* sausage, salami
sauf *prep.* except
saumon *m.* salmon
sauter to jump; to skip
sauvage *adj.* wild; uncivilized
sauvagesse *f., a.* savage; *Q.* Indian
sauver to rescue, save; **se sauver** to run away, clear out
savant *adj.* learned, scholarly
savoir (*p.p.* **su**) *irreg.* to know; to know how to; to find out; *m.* knowledge; **en savoir plus** to know more about it; **savoir comment s'y prendre** to know what to do; **savoir par cœur** to know by heart; **savoir par quel bout commencer** to know how to begin
savoir-vivre *m.* good manners
savon *m.* soap
savoureux (-euse) *adj.* tasty, delicious
scène *f.* stage; scenery; scene; **mettre en scène** to stage; to display
scepticisme *m.* skepticism
sceptique *m., f.* skeptic; *adj.* skeptical
schéma *m.* diagram, sketch
sciemment *adv.* knowingly, wittingly
science *f.* science; knowledge
scientifiquement *adv.* scientifically
scolaire *adj.* school, academic; **année** (*f.*) **scolaire** school year
se (s') *pron.* oneself; himself; herself; itself; themselves; to oneself, *etc.*; each other
séance *f.* movie showing
sec (sèche) *adj.* dry; **à sec** broke (*without cash*); out of ideas
sécher (je sèche) to dry; **sécher ses larmes** to dry one's tears
secondaire *adj.* secondary
seconde *f.* second (*unit of time*)
secouer to shake; to jolt
secourir (*like* **courir**) to help, aid
secours *m.* help; assistance; rescue service; **porter secours à** to help

secouru *p.p. of* **secourir**
secoururent *p.s. of* **secourir**
secourut *p.s. of* **secourir**
secret (secrète) *m.* secret; *adj.* secret, private
sécurité *f.* security; safety
séduire (*like* **conduire**) *irreg.* to charm, win over; to seduce
séduisirent *p.s. of* **séduire**
séduisit *p.s. of* **séduire**
séduit *adj.* charmed, won over; *p.p. of* **séduire**
seizième *adj.* sixteenth
séjour *m.* stay, sojourn
selon *prep.* according to
semaine *f.* week
semblable (à) *adj.* like, similar; such
sembler to seem; to appear
semence *f.* seed
semer (je sème) to scatter, sow
sens *m.* meaning; sense; way, direction; **au sens large** in the larger sense; **avoir le sens de l'humour** to have a sense of humor; **bon sens** good sense, common sense; **sens interdit** wrong way (*one-way street*)
sensation *f.* feeling, sensation
sensibilité *f.* sensitivity
sensible (à) *adj.* sensitive (to); evident, discernable
sentence *f.* sentence (*punishment*)
senti *adj.* felt; *p.p. of* **sentir**
sentier *m.* path
sentiment *m.* feeling
sentir (*like* **partir**) *irreg.* to feel; to sense; to smell (of); **sentir bon (mauvais)** to smell good (bad); **se sentir (bien, mal)** to feel (good, bad); **se sentir en faute** to feel guilty
sentirent *p.s. of* **sentir**
sentit *p.s. of* **sentir**
séparer to separate
septième *adj.* seventh
sérénité *f.* serenity, calmness
série *f.* series
sérieusement *adv.* seriously
sérieux (-ieuse) *adj.* serious

serpent *m.* snake
serrer to tighten; to close, close up; to grip; **se serrer la main** to shake hands
serveur (-euse) *m., f.* bartender; waiter, waitress
servi *adj.* served; *p.p. of* **servir**
service *m.* favor; service; **service de table** dishes, tableware
serviette *f.* napkin; towel
servir (*like* **partir**) *irreg.* to serve; to wait on; to be useful; **à quoi ça sert?** what's the use of that?; **servir à** to be of use in, be used for; **servir de** to serve as, take the place of; **se servir de** to use
servirent *p.s. of* **servir**
servit *p.s. of* **servir**
serviteur *m., a.* servant
ses *poss. adj. m., f., pl.* his; her; its; one's
set: twin-set *m.* matching sweater and cardigan
seuil *m.* threshold; limit
seul *adj., adv.* alone; single; only; **tout(e) seul(e)** all alone
seulement *adv.* only
sévère *adj.* severe; stern, harsh
sévir to rage; to be rife, rampant
shoot *m. fam.* kick (*in soccer*)
si *adv.* so; so much; yes (*response to negative*); *conj.* if; whether; **même si** even if; **s'il vous (te) plaît** please
siècle *m.* century
(le/la/les) sien(ne)(s) *pron., m., f.* his/hers
siffler to whistle
sifflet *m.* whistle; **donner un coup de sifflet** to blow the whistle
signaler to point out
signe *m.* sign, gesture; **faire signe** to gesture; to beckon
signification *f.* meaning
signifier to mean
silencieux (-ieuse) *adj.* silent
sillage *m.* wake, wash (*of ship*)
sillonner to plough; to streak (across)

similitude *f.* resemblance, similarity
simplement *adv.* simply
sincérité *f.* sincerity
singe *m.* monkey, ape
singulièrement *adv.* curiously; conspicuously
sinistre *adj.* sinister, ominous
sinon *conj.* otherwise
situation *f.* situation; job
situer to situate, place; **se situer** to be situated, located
sixième *adj.* sixth
ski *m.* skiing; **skis** *pl.* skis; **station** (*f.*) **de ski** ski resort
skier to ski
snob *adj.* snobbish
sobre *adj.* sober
société *f.* society; organization; company
sœur *f.* sister; **bonnes sœurs** *pl.* nuns
soi (soi-même) *pron., neu.* oneself; **chez soi** at home
soie *f.* silk; **rouleau** (*m.*) **de soie** silk canvas (*for painting*)
soigner to take care of; to treat; **se soigner** to take care of oneself
soin *m.* care; treatment; **avoir (prendre) soin de** to take care of
soir *m.* evening; **hier soir** yesterday evening, last night
soirée *f.* party; evening
soit *subj. of* **être**; for instance; **soit... soit...** *conj.* either . . . or . . .
sol *m.* soil; ground; floor
soldat *m.* soldier
soleil *m.* sun; **coucher** (*m.*) **du soleil** sunset; **lever** (*m.*) **du soleil** sunrise; **soleil couchant** setting sun
solennel(le) *adj.* solemn
solide *m.* solid; *adj.* sturdy
solitaire *adj.* solitary; single; alone
sombre *adj.* dark
sommeil *m.* sleep
sommet *m.* summit, top
son *m.* sound; *poss. adj. m. s.* his, her, its

sondage *m.* opinion poll
songe *m.* dream, daydream
songer (nous songeons) (à) to think, imagine
sonner to ring (*a bell*)
sonore *adj.* pertaining to sound; sonorous
sorcier (-ière) *m., f.* wizard, witch
sort *m.* destiny, fate
sorte *f.* sort, kind; manner; **de sorte que** so that; **de toutes sortes** of all types
sorti *p.p. of* **sortir**
sortie *f.* exit; going out; evening out
sortilège *m.* witchcraft, spell
sortir (like partir) to leave; to take out; to go out
sortirent *p.s. of* **sortir**
sortit *p.s. of* **sortir**
sot(te) *adj.* stupid; silly; foolish
sottise *f.* stupidity, foolishness
sou *m.* sou (*copper coin*); cent; *pl. fam.* money
souche *f.* origin; tree stump
souci *m.* worry, care
se soucier (de) to worry (about)
soudain *adj.* sudden; *adv.* suddenly
soudard *m. fam.* tough, old soldier
souffert *p.p. of* **souffrir**
souffle *m.* wind; breath
souffler to blow
souffrir (like ouvrir) (de) *irreg.* to suffer (from)
souffrirent *p.s. of* **souffrir**
souffrit *p.s. of* **souffrir**
souhaiter to wish, desire
souiller to soil, dirty
soulagé *adj.* relieved
soulagement *m.* relief
soulever (je soulève) to raise, lift up; **cela me soulève le cœur** that makes me nauseated; **se soulever** to get up, rise
souligner to underline; to emphasize
soumettre (like mettre) *irreg.* to submit; **se soumettre à** to submit oneself to
soumirent *p.s. of* **soumettre**
soumis *adj.* submissive, docile; *p.p. of* **soumettre**

soumit *p.s. of* **soumettre**
soupe *f.* soup
soupir *m.* sigh; **pousser un soupir** to heave, utter a sigh
soupirer to sigh
souple *adj.* flexible; supple
sourcil *m.* eyebrow; **froncer le sourcil** to knit one's brow
sourd *adj.* deaf; unresponsive; muffled, muted (*noise*)
sourdement *adv.* secretly, sotto voce
souri *p.p. of* **sourire**
sourire (like rire) *irreg.* to smile; *m.* smile
sourirent *p.s. of* **sourire**
souris *f.* mouse
sourit *p.s. of* **sourire**
sournois *adj.* sly, cunning
sous *prep.* under, beneath
sous-alimenté *adj.* undernourished
sous-développé *adj.* underdeveloped
sous-marin *adj.* underwater; *m.* submarine
soustrait *adj.* hidden, withdrawn
soutenir (like tenir) *irreg.* to support; to assert
soutenu *p.p. of* **soutenir**
souterrain *adj.* underground
soutinrent *p.s. of* **soutenir**
soutint *p.s. of* **soutenir**
souvenir *m.* memory, recollection; souvenir
se souvenir (like venir) de *irreg.* to remember
souvent *adv.* often
souvenu *p.p. of* **souvenir**
se souvinrent *p.s. of* **se souvenir**
se souvint *p.s. of* **se souvenir**
spectacle *m.* show, performance
spectateur (-trice) *m., f.* spectator; **spectateurs** *m. pl.* audience
spleen *m.* spleen, low spirits
sport *m.* sport(s); **faire du sport** to do, participate in sports
sportif (-ive) *m., f.* athletic person; *adj.* athletic; sports-minded; sports
stade *m.* stadium
star *f.* (*film*) star

station *f.* (*vacation*) resort; station; **station de métro** subway station; **station de ski** ski resort

stop *m.* hitchhiking; stoplight, stop sign; **faire de l'auto-stop** (*fam.* **du stop**) to hitchhike

stratégie *f.* strategy

strictement *adv.* strictly

strophe *f.* stanza

structuré *adj.* structured

stupéfait *adj.* stupefied, amazed, astounded

stupéfiant *adj.* astounding, amazing

stupéfier to stupefy, amaze

stupeur *f.* stupor

su *p.p. of* **savoir**

subir to undergo; to endure

subitement *adv.* suddenly

subjuguer to subjugate

submergé *adj.* flooded, swamped

subvenir (*like* **venir**) **à** to supply, provide for

subvenu *p.p. of* **subvenir**

subvinrent *p.s. of* **subvenir**

subvint *p.s. of* **subvenir**

succès *m.* success

succomber to succumb

sucré *adj.* sweet; sugared

sud *m.* south; **sud-est** *m.* southeast; **sud-ouest** *m.* southwest

sueur *f.* sweat, perspiration

suffi *p.p. of* **suffire**

suffire (*like* **conduire**) *irreg.* to suffice; **il suffit de** that suffices, it's enough (to)

suffirent *p.s. of* **suffire**

suffit *p.s. of* **suffire**

suffoqué *adj.* suffocated

suggérer (**je suggère**) to suggest

se suicider to commit suicide

suif *f.* tallow; candle-grease

suite *f.* continuation; series; result; **faire suite à** to be a continuation of; **par la suite** later on, afterwards; **suite à** following upon; **tout de suite** immediately, right away

suivant *adj.* following; *prep.* according to

suivi (de) *adj.* followed (by); *p.p. of* **suivre**

suivirent *p.s. of* **suivre**

suivit *p.s. of* **suivre**

suivre (*p.p.* **suivi**) *irreg.* to follow

sujet *m.* subject; topic; **à son sujet** about it (her/him); **au sujet de** concerning

superficiel(le) *adj.* superficial

supérieur *adj.* superior; upper; advanced

superstitieux (-ieuse) *adj.* superstitious

supplice *m.* torture; punishment

supplicié(e) *m., f.* torture victim

supportable *adj.* bearable, tolerable

supporter to bear, tolerate; to support, sustain

supposer to suppose; to imagine

supprimer to abolish, suppress; to delete

sur *prep.* on; in; on top; out of; about

sûr *adj.* sure, certain; safe; **bien sûr** of course

surent *p.s. of* **savoir**

surgir to come into view, appear

surmulet *m.* surmullet, goatfish

surprenant *adj.* surprising

surprendre (*like* **prendre**) *irreg.* to surprise

surprirent *p.s. of* **surprendre**

surpris *adj.* surprised; *p.p. of* **surprendre**

surprit *p.s. of* **surprendre**

surtout *adv.* especially; above all

surveiller to watch over, supervise

suspendu *adj.* suspended

sut *p.s. of* **savoir**

svelte *adj.* svelte, slender

syllabe *f.* syllable

symboliser to symbolize

synthèse *f.* synthesis

T

ta *poss. adj., f. s., fam.* your

table *f.* table; **service** (*m.*) **de table** dishes, tableware; **table basse** coffee table; **table d'hôte** communal table (*in restaurant*); fixed-price meal

tableau *m.* painting; chart; **tableau (noir)** blackboard, chalkboard

tablier *m.* apron, smock

tache *f.* spot; stain

tâche *f.* task; **prendre à tâche (de faire quelque chose)** to make it one's duty (to do s.th.)

tacher to spot, stain; to get a spot on

tactique *f. s.* tactics

taille *f.* size; waist; build; **de taille moyenne** average height

se taire (*like* **plaire**) *irreg.* to be quiet

talon *m.* heel; **chaussures** (*f. pl.*) **à talons** high-heeled shoes

tambour *m.* drum

tandis que *conj.* while; whereas

tant *adv.* so, so much; so many; **en tant que** as; insofar as; **tant de** so many, so much; **tant et si bien que** so much so that; **tant pis** too bad

tantôt *adv.* soon, presently; **tantôt... tantôt...** sometimes . . . sometimes . . .

tapage *m.* uproar; din; row

taper to hit; to type; **se taper dans la main** to slap each other's hand

tapis *m.* rug

taquinerie *f.* teasing

tard *adv.* late; **plus tard** later

tarder (à) to delay, put off

tarte *adj. fam.* stupid, ridiculous

tasse *f.* cup

tâtonnement *m.* groping; uncertainty

te (t') *pron.* you; to you; **s'il te plaît** *fam.* please

technique *f.* technique; *adj.* technical

teinter to tint

tel(le) *adj.* such; **tel(le) que** such as, like

télé *f. fam.* television

téléphoner (à) to phone, telephone

télévisé *adj.* televised, broadcast

télévision (*fam.* **télé**) *f.* television

tellement (de) *adv.* so; so much, so many

témérité *f.* temerity, boldness

témoignage *m.* evidence; testimony

tempête *f.* tempest, storm; **lampe-tempête** *f.* storm lantern

temps *m., gram.* tense; time, era; weather; **à temps** in time; **avoir le temps de** to have time to; **depuis combien de temps** since when, how long; **de temps en temps** from time to time; **de tout temps** from time immemorial; **du temps de X** in X's day; **en même temps** at the same time; **passer du temps à** to spend time (doing); **perdre du temps** to waste time; **prendre le temps (de)** to take the time (to); **tout le temps** always, the whole time

tendance *f.* tendency; trend; **avoir tendance à** to have a tendency to

tendre to offer, hand over; to stretch out

tendre *adj.* tender, sensitive; soft

tendresse *f.* tenderness

tendu *adj.* tense, taut; fixed; stretched; outstretched (*arms*)

tenez *interj.* look here

tenir (*p.p.* **tenu**) *irreg.* to hold; to keep; **je sais à quoi m'en tenir** I know what to believe; **se tenir** to stay, remain; to be kept; **tenir à** to cherish; to be anxious to; **tenir debout** *fam.* to hold water, be believable; **tenir le coup** to hold on, endure

tennis *m.* tennis; *pl.* tennis shoes

tenter to tempt; to try, attempt

tenu *adj.* held; *p.p. of* **tenir**

terme *m.* term; end; **au sens large du terme** in the broader sense of the term

terminer to end; to finish; **se terminer** to be finished; to end

terrain *m.* ground; land

terrasse *f.* terrace; patio

terrasser to overwhelm; to lay (*s.o.*) low

terre *f.* land; earth; ground; **par terre** on the ground; **pomme** (*f.*) **de terre** potato; **sous terre** underground; **terre natale** native land; **ver** (*m.*) **de terre** earthworm

terrestre *adj.* terrestrial, of the earth

terrible *adj.* terrible; *fam.* great, extraordinary

terrine *f.* earthenware baking dish

tes *poss. adj. m., f., pl.* your

tête *f.* head; mind; *fam.* face; **avoir mal à la tête** to have a headache

tête-à-tête *m.* intimate conversation, tête à tête

texte *m.* text; passage

théâtral *adj.* theatrical

théâtre *m.* theater; **pièce** (*f.*) **de théâtre** (*theatrical*) play

ticket *m.* (*subway, movie*) ticket

tiède *adj.* lukewarm; warm; mild (*air*)

(le/la/les) tien(ne)(s) *pron., m., f., fam.* yours; **les tiens** *m. pl.* close friends, relatives

tiens! *interj.* well, how about that?

tiers *m.* one-third; *adj.* third; **Tiers Monde** Third World

tilleul *m.* lindenflower tea; linden tree

timbale *f.* (*metal*) mug

timbalier *m.* timpani player

timbre *m.* stamp; **timbre-poste** *m.* postage stamp; **timbre-quittance** *f.* receipt stamp

timide *adj.* shy; timid

tinrent *p.s. of* **tenir**

tint *p.s. of* **tenir**

tiré de *adj.* drawn, adapted from

tirer to pull (out); to draw; **se tirer** to pull oneself (out); **tirer des conclusions** to draw conclusions

titre *m.* title; degree; **gros titre** (*newspaper*) headline

toi *pron. fam.* you; **toi-même**

yourself

toile *f.* canvas; painting; **toile d'araignée** spider web

toilette *f.* grooming; **faire sa toilette** to wash up; to get ready

toit *m.* roof

toiture *f.* roofing, roof

tolérer (**je tolère**) to tolerate

tomate *f.* tomato

tombant *adj.* falling; setting; **à la nuit tombante** at nightfall

tombe *f.* tomb, grave

tomber to fall; **tomber malade** to become ill

ton (ta, tes) *poss. adj., fam.* your; *m.* tone

tonnerre *m.* thunder; **coup** (*m.*) **de tonnerre** thunderclap

tordre to twist

tort *m.* wrong; **avoir tort** to be wrong

tortiller to twist, twirl

torturer to torture; **se torturer** to torture oneself

tôt *adv.* early

toucher (à) to touch; to concern

toujours *adv.* always; still

tour *f.* tower; *m.* walk, ride; turn; tour; trick; **à son (votre) tour** in his/her (your) turn; **à tour de rôle** in turn, by turns; **jouer un tour à** to play a trick on

tourelle *f.* turret

touriste *m., f.* tourist

touristique *adj.* tourist

tourner (à) to turn, turn into; **se tourner vers** to turn toward; **tourner mal** to turn out badly

tournoyer (**je tournoie**) to whirl, twirl (around)

tousser to cough

tout(e) (*pl.* **tous, toutes**) *pron., adj.* all; every; everything; each; any; **tout** *adv.* wholly, entirely, quite, very, all; **de tout temps** from time immemorial; **en tout (tous) cas** in any case; **(ne...) pas du tout** not at all; **tous (toutes) les deux** both (of them); **tous les jours** every day; **tout à coup** suddenly; **tout à fait** completely, entirely; **tout à l'heure** in a while; a while ago; **tout au plus** at the very most; **tout de même** all the same, for all that; **tout de suite** immediately, right away; **tout d'un coup** at once, all at once; **toute la journée** all day long; **tout en** + *present participle* while . . . -ing; **tout en haut** way at the top; **toutes sortes de** all sorts, types of; **tout le monde** everybody, everyone; **tout le temps** all the time; **tout(e) nu(e)** completely naked

trace *f.* trace; impression; footprint

tracer (nous traçons) to draw; to trace out

traditionnel(le) *adj.* traditional

traduction *f.* translation

tragiquement *adv.* tragically

train *m.* train; **être en train de** to be in the process of

traîner to drag

train-train *m.* humdrum routine

trait *m.* trait, characteristic

traitement *m.* treatment

traiter (de) to treat; to be about; to call, name

tranchée *f.* trench

trancher to settle (*a question once and for all*)

tranquille *adj.* quiet, calm

tranquillisant *m.* tranquilizer

tranquillité *f.* tranquility; calm

transformer to transform; to change

transpercer (nous transperçons) to pierce; to transfix

transport(s) *m.* transportation; **transports en commun** public transportation

traquenard *m.* trap; ambush

travail (*pl.* **travaux)** *m.* work; project; job; employment; *pl.* public works

travailler to work; **travailler à la chaîne** to work on the assembly line; **travailler dur** to work hard

travailleur (-euse) *m., f.* worker; *adj.* hardworking

travelling *m.* dolly, travelling platform (*cinema*)

travers: à travers *prep.* through; **en travers** across

traversée *f.* crossing

traverser to cross

trèfle *m.* trefoil, clover; clubs (*cards*)

tréfonds *m.* deepest part; **le tréfonds de mon être** my innermost being

tremblant *adj.* trembling

trembler to shake, tremble

trépidant *adj.* agitated; bustling

très *adv.* very; most; very much; **très bien** very well (good)

tresse *f.* braid; tress (*hair*)

trêve *f.* respite, intermission; truce; **sans trêve** unceasingly

tribu *f.* tribe

tricorne *m.* tri-cornered hat

trier to sort out; **trié sur le volet** *adj.* very select, hand-picked

tringle *f.* rod, bar; square molding

triomphalement *adv.* triumphantly

triomphant(e) *m., f.* triumphant (one); *adj.* triumphant

triomphe *m.* triumph

triste *adj.* sad

tristesse *f.* sadness

troisième *adj.* third

tromper to deceive; **se tromper (de)** to be mistaken (about), make a mistake

trompette *f.* trumpet

trompeur (-euse) *adj.* deceiving

tronc *m.* (*tree*) trunk

trône *m.* throne; **salle (** *f.* **) du trône** throne room

trop (de) *adv.* too much (of); too many (of)

trou *m.* hole

troublant *adj.* troubling, disturbing

troublé *adj.* troubled, worried

trouer to pierce, make holes (in)

trouver to find; to deem; to like; **se trouver** to be; to be located

truc *m. fam.* knack; thing; gadget

tu *pron. fam. s.* you

tu *p.p. of* **se taire**

tubercule *m.* tuber (*vegetable*)

tuer to kill

se turent *p.s. of* **se taire**

se tut *p.s. of* **se taire**

tutoyer (je tutoie) to address with **tu**, address familiarly

twin-set *m.* matching sweater and cardigan

type *m.* type; *fam.* guy

typique *adj.* typical

tyran *m.* tyrant

U

un(e) *art., pron.* a; *adj.* one; **l'un(e) l'autre** one another; **un(e) autre** another; **une fois** once

uni *adj.* plain (*material*); united; close

unifié *adj.* unified, in agreement

unique *adj.* only, sole; **fils (fille) unique** only son, daughter

univers *m.* universe

universitaire *adj.* (*of or belonging to the*) university

usage *m.* use; usage

usager (-ère) *m., f.* user

usine *f.* factory

ustensile *m.* utensil

utile *adj.* useful

utilisation *f.* utilization, use

utiliser to use, utilize

V

vacances *f. pl.* vacation; **passer des vacances** to spend one's vacation; **pendant les vacances** during vacation

vagabond(e) *m., f.* vagabond, vagrant

vagabonder to wander, roam

vague *f.* (*ocean*) wave; fad

vain *adj.* vain; **en vain** in vain

vaincre (*p.p.* **vaincu)** *irreg.* to vanquish, conquer

vaincu *adj.* conquered; *p.p. of* **vaincre**

vainquirent *p.s. of* **vaincre**

vainquit *p.s. of* **vaincre**

val *m.* valley

valable *adj.* valid, good

valeur *f.* value; worth

valise *f.* suitcase

vallée *f.* valley

vallon *m.* small valley, dell

valoir (*p.p.* **valu**) *irreg.* to be worth; to obtain, win; to cost; **il vaut mieux que** + *subj.* it is better that; **ne pas valoir cher** not to be up to much; **valoir la peine** to be worth the trouble

valu *p.p. of* **valoir**

valurent *p.s. of* **valoir**

valut *p.s. of* **valoir**

vaniteux (-euse) *adj.* vain, haughty

vanter to praise, speak in praise of; **se vanter de** to boast about

vaporeux (-euse) *adj.* hazy; flimsy

vassal(e) *m., f.* vassal

vaste *adj.* vast; wide, broad

vécu *adj.* lived; real-life; *p.p. of* **vivre**

vécurent *p.s. of* **vivre**

vécut *p.s. of* **vivre**

vedette *f.* star, celebrity (*m. or f.*)

végétarien(ne) *m., f., adj.* vegetarian

véhicule *m.* vehicle

veille *f.* the day (evening) before; eve

veiller to be watchful, vigilant; **veiller sur** to watch over

veine *f.* vein; **avoir de la veine** *fam.* to be lucky

vendange *f.* grape harvest

vendeur (-euse) *m., f.* sales clerk

vendre to sell

vendredi *m.* Friday

venger (nous vengeons) to avenge; **se venger (de)** to take vengeance (for)

venin *m.* venom

venir (*p.p.* **venu**) *irreg.* to come; **faire venir** to send for; **s'en venir** + *inf. fam.* to come along; **venir de** + *inf.* to have just (*done s.th.*)

vent *m.* wind

vente *f.* sale; selling

ventre *m.* abdomen, stomach; **avoir mal au ventre** to have a stomachache

venu *adj.* arrived; *p.p. of* **venir**

ver *m.* worm, earthworm; **ver de terre** earthworm

verdure *f.* greenery, foliage

verger *m.* orchard

vérifier to verify

véritable *adj.* true; real

vérité *f.* truth

vermine *f.* vermin

verni *adj.* glazed; varnished

vernissage *m.* opening (*of an art show*)

verre *m.* glass

vers *prep.* around, about (*with time*); toward(s), to; about; *m.* line (*of poetry*)

version *f.* version; written homework

vert *adj.* green

vertu *f.* virtue

veste *f.* jacket, suit coat

vêtement *m.* garment; **vêtements** *pl.* clothes, clothing

vêtu *adj.* dressed

veuf (veuve) *m., f.* widower, widow

vexer to upset (*s.o.*)

viande *f.* meat

vicaire *m.* vicar, priest

vice-président(e) *m., f.* vice-president

victime *f.* victim (*m. or f.*)

victoire *f.* victory

victorieux (-ieuse) *adj.* victorious, triumphant

vide *m.* empty space; vacuum; *adj.* empty

vider to empty; **se vider** to empty, become empty

vie *f.* life; **gagner sa vie** to earn one's living

vieillesse *f.* old age

vieillir to grow old; to age

vieux (vieil, vieille) *adj.* old

vif (vive) *adj.* lively, bright

vigoureux (-euse) *adj.* vigorous, strong

vilain *adj.* ugly; naughty

ville *f.* city; **centre-ville** *m.* downtown

villégiature *f.* stay (*in the country, by the sea, etc.*)

vin *m.* wine; **coq** (*m.*) **au vin** chicken prepared with red wine; **marchand(e)** (*m., f.*) **de vin** wine merchant

vinaigre *m.* vinegar

vinrent *p.s. of* **venir**

vint *p.s. of* **venir**

violet(te) *adj.* purple, violet

virent *p.s. of* **voir**

virer to (make a) turn (*while driving*)

virtuose *m., f.* virtuoso

visage *m.* face

visite *f.* visit; medical checkup; **rendre visite à** to visit (*people*)

visiter to visit (*a place*)

visiteur (-euse) *m., f.* visitor

vit *p.s. of* **voir**

vite *adv.* quickly, fast, rapidly

vitesse *f.* speed; **limitation** (*f.*) **de vitesse** speed limit

vitre *f.* pane of glass; car window

vitré *adj.* glassed-in, glazed

vivant *adj.* living; alive; **bon vivant** *m.* bon vivant, one who enjoys life

vive... ! *interj.* hurrah for . . . !

vivement *adv.* in a lively way

vivre (*p.p.* **vécu**) *irreg.* to live; **savoir-vivre** *m.* good manners

vocabulaire *m.* vocabulary

voici *prep.* here is/are

voie *f.* way, road; course; lane; railroad track

voilà *prep.* there is/are; **vous (me, etc.) voilà** there you are (I am, etc.)

voile *m.* veil

voir (*p.p.* **vu**) *irreg.* to see

voire *adv.* even, indeed

voisin(e) *m., f.* neighbor

voiture *f.* car, automobile; carriage, coach

voix *f.* voice; vote; **à voix basse (haute)** in a low (high) voice

volaille *f.* fowl, poultry

vol-au-vent *m.* vol-au-vent (*meat- or fish-filled pastry*)

voler to fly

volet *m.* (*window*) shutter; **trié sur le volet** *adj.* very select, hand-picked

volontaire *adj.* voluntary

volonté *f.* will; willingness

vos *poss. adj., pl.* your
votre *poss. adj., m., f.* your
(le/la/les) vôtre(s) *pron., m., f.*
　　yours; **les vôtres** *pl.* your close
　　friends, relatives
vouloir (*p.p.* **voulu**) *irreg.* to wish,
　　want; to demand; **en vouloir à**
　　to hold s.th. against (*s.o.*);
　　vouloir bien to be willing, glad
　　to; **vouloir dire** to mean
voulu *adj.* desired, wished; *p.p. of*
　　vouloir
voulurent *p.s. of* **vouloir**
voulut *p.s. of* **vouloir**

vous *pron.* you; yourself; to you; **s'il
　　vous plaît** please; **vous-même**
　　pron. yourself
vouvoyer (**je vouvoie**) to use the
　　vous form
voyage *m.* trip; **faire un voyage** to
　　take a trip
voyager (**nous voyageons**) to travel
voyageur (**-euse**) *m., f.* traveler
voyons *interj.* let's see; come, come
vrai *adj.* true, real
vu *adj.* seen; *p.p. of* **voir**
vue *f.* view; panorama; sight; **en vue
　　de** in view of; **point** (*m.*) **de**

vue point of view
vulgaire *adj.* vulgar; common,
　　everyday

W

wagon *m.* train car

Y

y *pron.* there; **il y a** there is/are; ago
yeux (*m. pl. of* **œil**) eyes

Z

zone *f.* zone, area
zut! *interj.* darn! drat!

64 From *Le Blé en herbe* by Colette (Paris: Flammarion, 1969).

69 From *Antigone* by Jean Anouilh © Editions de La Table Ronde, 1946.

84 «Le Petit Coq noir» from *Les Contes du chat perché* by Marcel Aymé. © Editions Gallimard.

95 From *Un Nègre à Paris* by Bernard B. Dadié © 1959 Présence Africaine, Paris.

117 From *Rhinocéros* by Eugène Ionesco. © Editions Gallimard.

124 From *Les Belles Images* by Simone de Beauvoir. © Editions Gallimard.

129 From *Caligula* by Albert Camus. © Editions Gallimard.

141 From *Une vie pour deux* by Marie Cardinal (Paris: Editions Bernard Grasset).

151 From *Les enfants du bonhomme dans la lune* by Roch Carrier (Montreal: Editions Stanké, 1983).

158 From «Le Sportif au lit» from *La nuit remue* by Henri Michaux. © Editions Gallimard.

167, 171 From *La Petite Poule d'Eau* by Gabrielle Roy. Copyright Fonds Gabrielle Roy.

176 From *Dramouss* by Camara Laye (Paris: Librairie Plon).

182 «A mon mari» by Yambo Ouologuem from *Nouvelle Somme de poésie du monde noir* ©1966 Présence Africaine, Paris.

191 From *La Naissance d'un maître* by André Maurois. © Editions Gallimard.

197 From «Comment Wang-Fô fut sauvé» by Marguerite Yourcenar. © Editions Gallimard.

210 From *Un Été dans l'Ouest* by Philippe Labro. © Editions Gallimard.

ABOUT THE AUTHORS

Lucia F. Baker holds a Diplôme de Hautes Etudes from the University of Grenoble and an M.A. from Middlebury College, and has done additional graduate work at Radcliffe College and Yale University. She recently retired after more than twenty years of teaching at the University of Colorado (Boulder). In addition to teaching first- and second-year French language courses, she coordinated the Teaching Assistant Training Program, which includes the methodology class and language course supervision. Professor Baker received two Faculty Teaching Excellence awards and in 1983 was honored by the Colorado Congress of Foreign Language Teachers for unusual service to the profession.

Ruth A. Bleuzé holds an M.A. in International Relations from the University of Pennsylvania and a Ph.D. in French from the University of Colorado (Boulder). She has taught language, literature, history, and civilization courses at the University of Colorado (Boulder and Denver campuses), Loretto Heights College, and Dartmouth College. She received a graduate student Teaching Excellence award in 1976, and in 1977 was listed in *Who's Who in American Colleges and Universities.* Dr. Bleuzé is currently director of training for Prudential Relocation Intercultural Services, a management consultant firm providing cross-cultural and language training for executives from multinational companies who are relocating to foreign countries.

Laura L. B. Border received her Ph.D. in French from the University of Colorado at Boulder. She taught first-, second-, and third-year French courses for many years. She studied French language, literature, and culture at the University of Bordeaux as an undergraduate student, and later taught English conversation, translation, and phonetics there. A recipient of the graduate student Teaching Excellence award at Boulder, she is now director of the Graduate Teacher Program at the Graduate School of the University of Colorado at Boulder.

Carmen Grace is the coordinator of *Collage, Quatrième édition.* She holds an M.A. in French from the University of Colorado at Boulder where she has taught courses in literature, language, civilization, and methodology during the last twenty years. She directed the first-year Teaching Assistant Program for three years. She now coordinates the Intermediate Language Program and supervises teaching certification candidates. She has also taught English courses at the University of Bordeaux. Awards received include a French Government Fellowship to the Sorbonne and a University of Colorado Teaching Excellence Award.

Janice Bertrand Owen received her Ph.D. in French Literature from the University of Colorado (Boulder). She has taught language and literature classes at the Boulder and Denver campuses for eighteen years. In 1977 she directed the University of Colorado Study Abroad Program in Chambéry, and in 1979 designed and taught an intensive course for secondary teachers of French in the Boulder Valley Schools.

Ann Williams-Gascon is associate professor of French at Metropolitan State College of Denver, where she teaches courses in language, literature, and contemporary French culture. She was the recipient of a 1994 Excellence in Teaching Award from the Golden Key Honor Society and received the Colorado Congress of Foreign Language Teachers' Young Educator Award in 1991. Her doctoral degree is from Northwestern University and she also has a Diplôme d'Etudes Approfondies from the Université de Lyon II.